Philosophieunterricht – Sekundarstufe II

Martin Morgenstern · Robert Zimmer

TREFFPUNKT PHILOSOPHIE

2 Ansichten und Selbstbilder des Menschen

PATMOS

INHALT

III Zwischen Engel und Teufel – Der zwiespältige Mensch

IV Tier unter Tieren? – Der Mensch als Naturwesen

V Unsere zweite Natur? – Kultur und Gesellschaft

VI Mit Leib und Seele – Leben über den Tod hinaus?

VORWORT

Liebe Schülerinnen und Schüler,

irgendwann haben wir uns alle einmal über uns selber gewundert mit der Feststellung: »Ich verstehe mich selbst nicht mehr!« Was wie eine Redensart daherkommt, erweist sich bei näherem Hinsehen als ein Satz mit doppeltem Boden. Die Erkenntnis, die uns im Alltag manchmal überkommt – dass wir nämlich nicht mehr genau wissen, wer und was wir eigentlich sind –, beziehen wir zunächst einmal auf uns persönlich. Dahinter steckt aber auch eine zentrale philosophische Frage, die Frage nämlich: »Was ist der Mensch?« Immanuel Kant hat diese Frage sogar als die Grundfrage der Philosophie bezeichnet.

Der zweite Band der Reihe *Treffpunkt Philosophie* lädt dazu ein, über diese Frage zu diskutieren, Argumente auszutauschen und Antworten kennen zu lernen. Der Mensch hat viele Ansichten und Selbstbilder. Entsprechend vielfältig und zahlreich sind auch die Antworten, die die Philosophische Anthropologie auf ihre Grundfrage gibt. Wie die anderen Bände der Reihe *Treffpunkt Philosophie* will auch dieser Band Anlässe und Hilfsmittel für philosophische Diskussionen zur Verfügung stellen. Neben den ausgewählten Texten gibt es einen einführenden »Wegweiser«, »Diskussionsforen« und »Info-Boxen«, die als Angebote zu verstehen sind, um die Auseinandersetzung mit der Frage nach der Natur des Menschen in Gang zu setzen. Nicht alle Wege müssen gegangen, nicht alle Angebote müssen wahrgenommen werden. Jeder ist aufgefordert auch diesen *Treffpunkt Philosophie* selbständig zu erkunden, ganz im Sinne der Aufforderung Kants: »Habe Mut dich deines *eigenen* Verstandes zu bedienen!«

Wir danken allen, die uns mit Anregungen und Kritik unterstützt haben. Unser besonderer Dank gilt Herrn Dr. Wilfried Wolff und seinen Schülern für den kritischen Test des Manuskripts im Unterricht.

St. Wendel/Berlin im Februar 1999 *Martin Morgenstern · Robert Zimmer*

WEGWEISER

Themen der Philosophischen Anthropologie

Seitdem es das Bestreben der Philosophie gibt, die Welt allein mit Hilfe der kritischen Vernunft zu begreifen, war die Frage »Was ist der Mensch?« immer wieder Gegenstand philosophischen Nachdenkens. Auch jedes philosophische System, sofern es ein Gesamtbild der Welt zu geben versuchte, enthielt Vorstellungen vom Wesen des Menschen und seiner Stellung in der Welt. Doch wenngleich der Mensch ein uraltes Thema der Philosophie ist, wurden die verschiedenen Aspekte, die mit der Frage nach dem Wesen des Menschen verknüpft sind, lange Zeit in verschiedenen Disziplinen der Philosophie untersucht. So war etwa die Frage, ob der Mensch von Natur aus gut oder böse ist, ein Thema der Religionsphilosophie, der Ethik und der Politischen Philosophie, während die Frage der Unsterblichkeit der Seele im Zentrum von Metaphysik und Religionsphilosophie stand. Eine zusammenhängende Untersuchung der verschiedenen philosophischen Aspekte der Frage nach dem Wesen des Menschen entstand erst zu Beginn des 20. Jahrhunderts, als die Philosophische Anthropologie sich als eine eigenständige Disziplin der Philosophie herausbildete.

Zum Wesen und zur Stellung des Menschen in der Welt gehört offensichtlich sein Eingebundensein in die Natur und in das Reich des Lebendigen. Daher kommt es für die Philosophische Anthropologie entscheidend darauf an zu klären, wodurch der Mensch sich von den Tieren unterscheidet und was er mit ihnen gemeinsam hat. Die Frage nach dem Unterschied zwischen Tier und Mensch erweist sich damit geradezu als die Leitfrage der Philosophischen Anthropologie. Ein erster Themenkomplex betrifft die Frage, was der Mensch als körperlich-triebhaftes Naturwesen mit den Tieren gemeinsam hat. Welche körperlichen und seelischen Merkmale hat der Mensch von Natur aus und welche Rolle spielen insbesondere die Triebe und Instinkte in seinem Verhalten? Ein weiterer Themenkomplex beschäftigt sich mit dem Menschen als Geist- oder Vernunftwesen. Sind es, wie oft behauptet wurde, Vernunft, Denken und Sprache, durch die der Mensch sich wesentlich von den Tieren unterscheidet? Auch die zentralen Fragen der traditionellen Metaphysik, ob der Mensch eine unsterbliche Seele besitzt und ob sein Handeln das Ergebnis seines freien Willens ist, werden heute in der Philosophischen Anthropologie gestellt. Die Fähigkeit des Menschen komplexe Gesellschaften aufzubauen und Schöpfer kultureller und technischer Leistungen zu sein, gibt zu weiteren Fragen Anlass. Unterscheidet sich der Mensch etwa dadurch von den Tieren, dass er durch Arbeit und Technik seine gesellschaftlich-kulturelle Lebensform gestaltet und dadurch auch sich selbst schafft?

Die Entstehung der Philosophischen Anthropologie war von Beginn an mit der Entwicklung und den Erkenntnissen der Human- und Naturwissenschaften verknüpft. Deshalb hat sich in der philosophischen Auseinandersetzung mit den Fragen nach dem Wesen des Menschen zunehmend die Einsicht durchgesetzt, dass die Ergebnisse der

Wissenschaften vom Menschen als Basis des Philosophierens anerkannt werden müssen, um ein zutreffendes »Bild vom Menschen« zu gewinnen.

Zur Konzeption der Reihe »Treffpunkt Philosophie« und des zweiten Bandes

Der zweite Band der Reihe »Treffpunkt Philosophie« will einige der wichtigsten Erfahrungsbereiche ansprechen, in denen der Mensch sich in typisch »menschlichen« Tätigkeiten und Situationen zeigt. Die Frage, was der Mensch nun eigentlich ist, worin das Wesen des Menschen im Unterschied zu anderen Lebewesen besteht, wird auch hier nicht endgültig beantwortet werden. Es geht vielmehr, wie in den anderen Bänden auch, um eine Gesprächsgrundlage und ein Diskussionsforum, an dem alle teilnehmen und in dem alle ihre Erfahrungen und Überlegungen einbringen können.

Die ausgewählten Erfahrungsbereiche bilden jeweils das Leitthema für eine der sechs Unterrichtseinheiten, in die der vorliegende Band gegliedert ist. Jede Unterrichtseinheit enthält eine kurze Einführung und mehrere Texte, die selbst wiederum eingeleitet und durch Fragen erschlossen werden. Es begegnen verschiedene Textsorten, also nicht nur philosophische Texte im strengen Sinn, sondern auch Auszüge aus Literatur, Sachbüchern und Zeitungen. Philosophisches Nachdenken findet nicht nur bei Fachphilosophen, sondern in allen Bereichen des Lebens statt. Die Texte bringen zugleich wichtige Aspekte des Leitthemas, aber auch gegensätzliche Positionen zur Sprache, die im Unterricht Anlässe zur kritischen Diskussion geben. Die dazu in den Abschnitten »Forum« gesammelten Fragen und Aufgaben stellen Angebote und Anregungen dar, sich mit den Texten eigenständig auseinander zu setzen.

Die Info-Box am Ende jeder Unterrichtseinheit versucht in übersichtlicher und verständlicher Form das Leitthema im Rahmen der Philosophiegeschichte darzustellen. Die philosophiegeschichtliche Aufarbeitung gibt nicht nur eine Orientierung über das Thema und die wichtigsten philosophischen Positionen zu den strittigen Fragen, sondern liefert auch Anknüpfungspunkte für eine weitergehende Auseinandersetzung mit dem Thema.

In den beiden ersten Unterrichtseinheiten »Arbeit« und »Technik« werden konkrete, den Alltag bestimmende Erfahrungsbereiche diskutiert. Der Mensch begegnet uns hier als derjenige, der unablässig seine Umwelt gestaltet und dafür immer komplexere Mittel erfindet. Die dritte Unterrichtseinheit »Zwischen Engel und Teufel – Der zwiespältige Mensch« versucht das Bewusstsein für die Rätselhaftigkeit und die Vielschichtigkeit des Menschen zu wecken.

Die vierte Unterrichtseinheit betrachtet den Menschen in seinen natürlichen Anlagen, Trieben und Instinkten, also in dem, was ihm von Natur aus mitgegeben ist. Die fünfte Unterrichtseinheit beschäftigt sich dagegen damit, wie der Mensch seine soziale Umwelt gestaltet und wie er sich damit gleichsam eine »zweite Natur« schafft.

In der abschließenden sechsten Unterrichtseinheit »Mit Leib und Seele – Leben über den Tod hinaus« kommt eines der wichtigsten Themen der Philosophie überhaupt zur Sprache. Es geht um die schwierige Beziehung zwischen Körper und Geist und damit zugleich um die Frage, ob die Seele des Menschen ein selbständiges Dasein nach dem Tod haben kann.

Einige der in den Unterrichtseinheiten aufgegriffenen Themen verweisen bereits auf die Folgebände der Reihe »Treffpunkt Philosophie«. Mit der Frage nach dem Bösen des Menschen wird ein Thema berührt, das auch in der Ethik eine wichtige Rolle spielt

(Bd. 3). Das Thema Gesellschaft gehört auch zur Politischen Philosophie (Bd. 4), und das Leib-Seele-Problem und die Frage der Unsterblichkeit haben auch in der Metaphysik und Religionsphilosophie (Bd. 5: Philosophie und Weltbild) ihren Platz.

Der lockere Aufbau der Unterrichtseinheiten erlaubt es Lehrern und Schülern eine eigenständige Auswahl zu treffen. Anzahl und Reihenfolge der behandelten Unterrichtseinheiten können variieren. Aber auch Texte und Textpaare können nach dem Bausteinprinzip kombiniert und zu neuen thematischen Einheiten zusammengefasst werden. So könnten die Texte der Unterrichtseinheit III zum Problem des Bösen mit den Texten der Einheit IV zum Problem der Aggression verknüpft werden. Das Forum »Das Problem des Bösen« aus der Unterrichtseinheit III kann z.B. mit dem Text IV 9 von Ulrich Horstmann verknüpft werden. Auch Texte aus den Unterrichtseinheiten »Arbeit« (I) und »Technik« (II) bieten sich zur gegenseitigen Ergänzung an.

Wie die anderen Bände der Reihe »Treffpunkt Philosophie« ist auch der vorliegende Band zur Anthropologie gleichzeitig als Arbeitsbuch, als Diskussionsbuch und als Nachschlagewerk nutzbar.

I SAVOIR VIVRE – ODER: ARBEIT IST DAS HALBE LEBEN

Einführung

Wir verbringen einen großen Teil unseres Lebens mit Arbeit. Für manche ist sie lediglich ein Mittel, um den Lebensunterhalt zu verdienen, für andere liegt in der Arbeit Erfüllung und Selbstverwirklichung. Die Frage, ob unser Beruf eine »Berufung« oder nur ein »Job« ist, ob wir leben, um zu arbeiten, oder arbeiten um zu leben, ist nicht nur zwischen einzelnen Menschen umstritten, sondern auch zwischen verschiedenen Kulturen. Seit der Renaissance gilt in Europa Arbeit nicht nur als verdienstvoller Beitrag zur Sicherung der Grundlagen der Kultur, sondern auch als moralische Pflicht und Erfüllung des menschlichen Lebens. Im Europa der Antike wurde dagegen Muße, also die Freiheit vom Arbeitszwang, höher bewertet als Arbeit. Vor allem körperliche Arbeit galt als Makel und wurde nur von niederen sozialen Schichten verrichtet. Kreativität wurde immer mit Muße verbunden. »Müßiggang« ist dagegen heute in unserer Sprache ein meist negativ verstandener Begriff, der so viel wie »Faulheit« bedeutet. In Zeiten der Arbeitslosigkeit ist Arbeit im Sinne bezahlter Erwerbstätigkeit sogar zu einem Privileg geworden.

Obwohl Arbeit seit der Neuzeit als eine Möglichkeit menschlicher Selbstverwirklichung aufgewertet worden ist, wird doch häufig ein Unterschied gemacht zwischen hochqualifizierter, schöpferischer Arbeit wie der eines Architekten oder Künstlers und niederer, körperlicher Arbeit, die eben »getan werden muss«. Doch ist körperliche Arbeit tatsächlich bloß Mühe und Plage oder ist auch in ihr Selbstverwirklichung und Erfüllung möglich? Und lassen sich überhaupt schöpferische und niedere Arbeit klar trennen?

Auch in der Philosophie wird die Thematik Arbeit unter verschiedenen Gesichtspunkten diskutiert. Gefragt wird vor allem nach der Rolle, die Arbeit im menschlichen Leben spielt bzw. spielen sollte. Gehört Arbeiten zum Wesen des Menschen? Ist Arbeit eine Pflicht, ein notwendiges Übel oder ein ursprüngliches Bedürfnis des Menschen? Hilft sie bei unserer Selbstverwirklichung oder hält sie davon ab? Welche Form hat die Arbeit in unserer Gesellschaft angenommen und was bedeutet Arbeitslosigkeit für den, der davon betroffen ist?

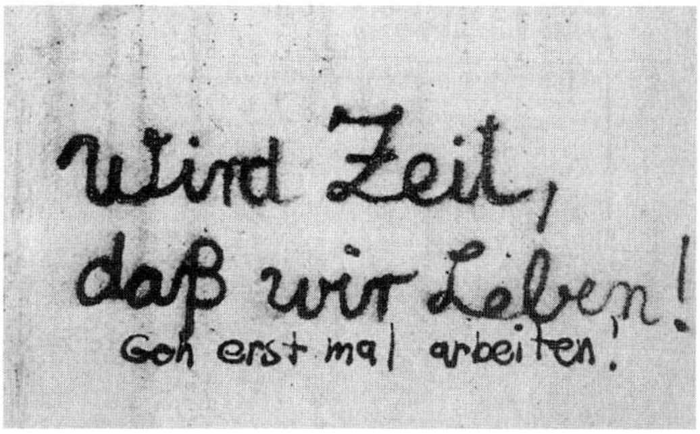

Graffito

I 1: Jean-Jacques Rousseau: Arbeiten als Pflicht innerhalb der Gesellschaft

Jean-Jacques Rousseau ist einer der wichtigsten Philosophen und Schriftsteller des 18. Jahrhunderts. Er hat sowohl die Aufklärung als auch die Romantik nachhaltig beeinflusst. In seinem Werk wendet er sich gegen Sittenverderbnis und die schädlichen Folgen der Zivilisation und setzt Tugend und Natürlichkeit gleich. Seine Forderung »Zurück zur Natur!« hat auf die weitere Geistesgeschichte und auf das Bewusstsein der Menschen bis heute nachhaltig eingewirkt.
Rousseau wurde am 28. 6. 1712 in Genf als Sohn eines Uhrmachers geboren. Das moralisch strenge Klima des calvinistischen Genf hat seine Haltung geprägt.
Rousseau wurde berühmt, als er 1750 mit seiner Rede über die Wissenschaft und Künste *den Preis der Akademie von Dijon gewann.*
Mehrmals in seinem Leben kam er wegen seiner Kritik an Gesellschaft, Sitten und Staat mit staatlichen Autoritäten in Konflikt. 1765 musste er die Schweiz verlassen. Er ging nach Paris und von dort nach England, wo er mit dem schottischen Philosophen David Hume zusammentraf. Nach Paris zurückgekehrt, wurde er wiederum von der staatlichen Zensur verfolgt. Jean-Jacques Rousseau starb am 20. 5. 1778 auf dem Gut eines befreundeten Adligen.
Rousseau hat mit vielen seiner Werke neue Wege beschritten. 1762 veröffentlichte er zwei seiner bedeutendsten Schriften: den philosophischen Erziehungsroman Emile *und* Der Gesellschaftsvertrag, *ein gegen die absolute Monarchie gerichtetes Werk der politischen Philosophie. Seine* Bekenntnisse *(1782/89) sind die erste moderne Autobiographie der Weltliteratur. Von den Jakobinern wurde Rousseau als Vordenker der Französischen Revolution verehrt. 1794 überführten sie seinen Sarkophag feierlich ins Pariser Pantheon.*
Der Text ist dem Roman Emile *entnommen, in dem Rousseau das Beispiel einer idealen Erziehung unter natürlichen Bedingungen vorführt. Innerhalb dieser Erziehung spielt auch die Einstellung zur Arbeit eine wichtige Rolle.*

Denken wir uns zehn Menschen, von denen jeder zehn Bedürfnisse hat. Jeder muss sich also zur Befriedigung seiner Bedürfnisse zehn verschiedenen Beschäftigungen widmen. Da aber jeder verschieden begabt und geschickt ist, so wird einer das, der andere jenes schlechter machen. Jeder kann alles und macht alles und ist dennoch schlecht bedient. Nun bilden wir aus den zehn Menschen eine Gesellschaft und jeder widmet sich für sich und für die neun anderen derjenigen Beschäftigung, die ihm am besten liegt. Dann zieht jeder aus den Talenten aller anderen den gleichen Nutzen, als ob er alle selbst hätte. Jeder vervollkommnet sein Talent durch dauernde Übung, und so kommt es dahin, dass nicht nur alle zehn vollkommen versorgt sind, sondern auch noch Überschuss für andere haben. Das ist das offensichtliche Prinzip aller unserer Einrichtungen. […]

Nach diesem Prinzip könnte ein Mensch, der sich als isoliertes Wesen betrachtet, an niemanden anschließt und völlig sich selbst genügen will, nur unglücklich sein. Ja, er könnte nicht einmal existieren, denn die Welt ist in Mein und Dein aufgeteilt, und er besitzt nichts als seinen Körper. Woher sollte er seinen Unterhalt nehmen? Wenn wir den Naturzustand verlassen, zwingen wir auch die anderen dasselbe zu tun. Niemand kann darin verharren, wenn die anderen es nicht wollen. […]

Der Mensch und Bürger, er sei, was er wolle, kann der Gesellschaft nichts anderes geben als sich selbst, denn seine anderen Güter gehören ihr ohnehin. Wenn ein Mann reich ist, so nützt er entweder seinen Reichtum nicht, oder die Öffentlichkeit nimmt daran teil. [...]

Folglich bleibt er der Gesellschaft alles schuldig, solange er nur mit seinen Gütern bezahlt. »Aber mein Vater hat doch, als er den Reichtum erwarb, der Gesellschaft gedient«... Mag sein. Er hat seine Schuld bezahlt, aber nicht deine. Du schuldest den anderen mehr, als wenn du arm geboren wärst, und es ist nicht gerecht, dass das, was ein Mensch für die Gesellschaft getan hat, einen anderen von seinen Schulden entbindet. Denn jeder muss sich ganz geben, kann nur für sich bezahlen, und kein Vater kann seinem Sohn das Recht vererben ein unnützes Glied der Gesellschaft zu werden. Das tut er aber, wenn er ihm, wie du sagst, seine Reichtümer, die der Beweis und der Preis seiner Arbeit sind, vermacht. Wer im Müßiggang verzehrt, was er nicht verdient hat, stiehlt es. Ein Rentner, den der Staat für sein Nichtstun bezahlt, unterscheidet sich in meinen Augen nicht von einem Straßenräuber, der auf Kosten der Reisenden lebt. Wer außerhalb der Gesellschaft lebt, schuldet niemandem etwas und hat das Recht zu leben, wie es ihm gefällt. In der Gesellschaft aber lebt er notwendigerweise auf Kosten der anderen: Er schuldet ihnen Arbeit als Preis für seinen Unterhalt. Das gilt ohne Ausnahme. Arbeiten ist also eine unerlässliche Pflicht des Menschen innerhalb der Gesellschaft. Arm oder reich, mächtig oder schwach, jeder müßige Bürger ist ein Schmarotzer.

I 2: Jean de La Fontaine: Die Grille und die Ameise

Jean de La Fontaine ist der berühmteste Fabeldichter der Neuzeit. Wie viele andere französische Autoren seiner Zeit lebte und schrieb er im Umkreis des Hofes Ludwigs XIV. Die dort gemachten Beobachtungen über den Menschen und die Gesellschaft verarbeitete er in seinem Werk.
Jean de La Fontaine wurde am 8. 7. 1621 in Château-Thierry in der Champagne geboren. Nach seinem Studium der Theologie und der Rechtswissenschaften nahm er zunächst eine Stelle als Forstmeister an. Ab 1656 lebte er in Paris, wo er unter der Protektion einflussreicher aristokratischer Kreise stand. Dort starb er am 13. 4. 1695.
La Fontaine hat Gedichte, Erzählungen und Romane geschrieben. Berühmt wurde er jedoch durch seine Tierfabeln, die in insgesamt 12 Bänden von 1668 bis 1694 erschienen. Sie wurden z. T. durch den antiken Fabeldichter Äsop inspiriert. In dem Gewand der witzig-hintergründigen Tiergeschichten sollen die wahren Antriebe der menschlichen Natur entlarvt werden.
»Die Grille und die Ameise« gehört zu den bekanntesten Fabeln La Fontaines und war bereits in der ersten Ausgabe der Fabeln im Jahr 1668 enthalten. La Fontaine stellt hier zwei Lebenshaltungen einander gegenüber, die sich durch ihre Einstellung zur Arbeit unterscheiden.

Die Grille und die Ameise

Den ganzen Sommer über hatte die Grille gesungen. Als jedoch der Herbstwind kam, hatte sie nichts beiseite getan, nicht das kleinste Stückchen Fliege oder Wurm. Zur Ameise, ihrer Nachbarin, ging sie, ihre Not zu klagen, erbat sich von ihr ein bisschen Korn, um über den Winter zu kommen. »Ich zahle«, sprach sie, »noch vor dem August, auf Grillenehre, Kapital und Zinsen zurück.«

Der Ameise liegt das Borgen nicht, es ist ihre geringste Schwäche. »Was taten Sie zur Sommerszeit?«, fragt sie die Bittstellerin.

»Ich sang«, sagt die, »wenn Sie gestatten: Tag und Nacht, für jedermann.« – »Sie sangen? Ei, das höre ich gern: Dann können Sie ja jetzt tanzen!«

Pablo Picasso, Gitarre spielender Harlekin, 1918

René Magritte, Das gute Beispiel, 1953

I 3: Miguel de Unamuno: Die Produktivität des Müßiggangs

Miguel de Unamuno gehört zu den bedeutendsten spanischen Philosophen und Schriftstellern des frühen 20. Jahrhunderts. Er ist von der in der ersten Jahrhunderthälfte einflußreichen Lebensphilosophie geprägt, wird aber auch mit der Existenzphilosophie in Verbindung gebracht. Unamuno betont die Bedeutung der irrationalen Kräfte im menschlichen Leben wie Triebe, Leidenschaften oder auch schöpferische Fähigkeiten.
Miguel de Unamuno wurde am 22.9.1864 in Bilbao geboren und war seit 1891 Professor in Salamanca, wo er am 31.12.1936 starb. Seine Hauptwerke sind Das tragische Lebensgefühl *(1913) und* Das Leben des Don Quichotte und des Sancho *(1914). Daneben schrieb er zahlreiche Essays und Artikel.*
Der Text ist dem Essay »Plädoyer des Müßiggangs« (1908) entnommen. In ihm stellt Unamuno die Ansicht in Frage, dass Arbeit die Grundlage der menschlichen Kultur sei.

Bei meinem letzten Aufenthalt in Portugal, zur heißesten Tageszeit, als sich die Trägheit meines Körpers und meiner Seele bemächtigte, vertrieb ich mir die Zeit damit, aufs Bett hingestreckt langsam Lord Byron[1] zu lesen. Von Zeit zu Zeit ließ ich das Buch sinken, um... nachzudenken?, nein, um mir allerhand Luftschlösser zusammenzuphantasieren.

Zuweilen raffte ich mich dazu auf, an den Balkon zu treten, um einen Augenblick lang das Meer zu betrachten, das da träge am Strand ausgestreckt lag. Und das Gluckern des Ozeans, vermischt mit den Echos von Lord Byron, der diesen so sehr geliebt hatte, half mir, weiterhin Dinge ohne festen Umriss und Substanz zusammenzuphantasieren. In meinem Geist herrschte eine poetische, das heißt aber schöpferische Situation, welche die Trägheit hervorruft. Denn der Dichter ist zuallererst ein Faulenzer, ein Nichtstuer, und das sage ich zum Lob des Poeten.

1 Lord Byron, eigentlich George Gordon Noel (1788–1824): englischer Dichter der Romantik.

Will ich etwa ein Loblied auf die Faulenzerei anstimmen, ich, der ich als arbeitsamer und aktiver Mensch gelte? Ja, ich möchte – zumindest teilweise – ein Loblied aufs Nichtstun singen; ich will euch sagen, dass der Müßiggänger einer der aktivsten Menschen ist. [...] Es gibt Formen intensivster Aktivität, die man in augenscheinlichstem Müßiggang ausüben kann.

Schließlich und endlich verdanken wir die Zivilisation den Müßiggängern, den Beschäftigungslosen. Die Zivilisation setzte ein, als ein Mensch den anderen der Versklavung unterwarf, ihn dazu zwang, für beide zu arbeiten, und nun, der Notwendigkeit enthoben, sich selbst anstrengen zu müssen, um sich das tägliche Brot zu verdienen, auf einmal zu den Sternen aufblicken konnte, um sich zu fragen: »Warum mögen sie wohl so kreisen? Warum wohl gehen sie jetzt hier und morgen da auf?« [...]

Ich glaube tatsächlich beobachtet zu haben, dass es in weniger arbeitsamen, das heißt ärmeren Völkern – die aber nicht ärmer sind, weil sie weniger fleißig sind, sondern eben einfach ärmer – mehr Leute gibt, die arbeiten, obwohl das Gesamt weniger arbeitet, während in den arbeitsameren Völkern ein Großteil der Arbeit von einigen wenigen verrichtet wird und die anderen Nutznießer davon sind.

Und so kommt es, dass der Umstand, dass in den arbeitsameren Völkern gewisse Hochformen der Kultur, in der Kunst, in der Wissenschaft, in der Literatur, hervorgebracht werden, nicht darauf zurückzuführen ist, dass sie fleißiger wären, sondern dass es in ihnen mehr Unbeschäftigte, mehr Müßiggänger gibt. Eine gewisse Anzahl von Müßiggängern ist notwendig zur Entwicklung einer höheren Kultur. Die Drohnen sind die Aristokratie des Bienenstocks. Und in den Ameisenstaaten sind es die geschlechtslosen Ameisen, die ewigen Tanten, die die Arbeit verrichten; die anderen, die geschlechtlichen, haben Flügel und arbeiten nicht. Das heißt, in gewisser Hinsicht arbeiten sie doch, weil sie ja den Fortbestand des Ameisenstaates garantieren.

Die Arbeit ist eine sehr heilige und gute Sache, aber... Aber eines Tages beschwerte sich ein Vater bitterlich bei mir darüber, was für missratene Kinder er doch hätte. »Nach all den Opfern, die ich für sie gebracht habe...«, sagte er. Und seine Opfer hatten darin bestanden, ein Vermögen anzuhäufen, wofür er seine eigenen Kinder vernachlässigt hatte. Stunden um Stunden verbrachte er am Schreibtisch, die er ihnen hätte widmen sollen. Er glaubte, seine väterliche Pflicht bestünde darin, seinen Kindern ein Vermögen zu hinterlassen. Das heißt, er glaubte nicht einmal das, denn wenn er seine Zeit darauf verwandte, ein Vermögen anzuhäufen, so deshalb, weil er nicht wusste, wozu er sie sonst hätte verwenden sollen; die Arbeit war eine Zerstreuung für ihn.

Viele prangern nämlich diejenigen an, die sich keinerlei Ziel im Leben setzen, setzen sich selbst aber auch keines, sondern arbeiten um des Arbeitens willen, um sich nicht zu langweilen. Einmal wurde in einer Gesprächsrunde, an der auch ich teilnahm, über eine bestimmte Person schlecht geredet, und einer der Umstehenden glaubte, für den Betreffenden in die Bresche springen zu müssen, indem er sagte: »Trotz allem kann man nicht abstreiten, dass er ein sehr fleißiger Mensch ist; immerzu sieht man ihn studieren...« Worauf ein anderer erwiderte: »Natürlich, er hat ja auch nichts anderes zu tun...« Und es liegt ein Körnchen Wahrheit darin.

Immer hat mich, wie viele andere auch, die berühmte Fabel von der Grille und der Ameise[2] empört. Dabei sind doch der Egoismus und die Unmenschlichkeit der letzteren nur zu offensichtlich. Denn es steht fest, und das habe ich genau recherchiert, dass sie sich während der Arbeit am Gesang der Grille erfreute.

2 Die Fabel »Die Grille und die Ameise« (1668) des französischen Dichters Jean de La Fontaine (1621–1695). Siehe Text I 2.

Ich weiß nicht, wer es war, der gesagt hat, dass die größten Bravourstücke Kinder der Angst sind, und wenn es noch keiner gesagt hat, dann sage ich es eben jetzt, was auf das Gleiche hinauskommt. Ebenso kann man auch sagen, dass die fruchtbarsten Anstrengungen des menschlichen Geistes Kinder der Faulheit, des Müßiggangs sind. Der Mensch arbeitet, um Arbeit zu vermeiden, er arbeitet, um nicht zu arbeiten. Es ist unglaublich, welche Arbeiten der Mensch auf sich nimmt, nur um nicht zu arbeiten.

Und schließlich und endlich: Wer weiß schon, was Arbeiten ist und was nicht?

FORUM

Zur Texterschließung

1 | Wie erklärt Rousseau das Prinzip der Arbeitsteilung?

2 | Was bedeutet nach Rousseau die Arbeitsteilung für die Abhängigkeit des Einzelnen von der Gesellschaft?

3 | Mit welchen Gründen lehnt Rousseau die Möglichkeit ab, ohne Arbeit von einem ererbten Vermögen leben zu können?

4 | Warum kommt die Grille in La Fontaines Fabel in materielle Nöte?

5 | Mit welcher Begründung lehnt die Ameise die Bitte der Grille ab?

6 | Wie beurteilt Unamuno das Verhalten der Grille und der Ameise?

7 | Wie erklärt Unamuno seine These, dass wir die Zivilisation dem Müßiggang verdanken?

8 | Welche Beispiele für fehlgeleitete Arbeitswut nennt Unamuno?

Arbeit: Pflicht, Notwendigkeit oder Lust? – Zur Diskussion

1 | Nehmen wir an, ein Mitschüler/eine Mitschülerin hätte so viel Geld geerbt, dass er/sie nicht mehr arbeiten müsste: Welche Vorschläge würden Sie ihm/ihr zur Lebensgestaltung machen? Würden Sie ihm/ihr dennoch raten zu arbeiten? Wie würden Sie sich selbst in einer solchen Situation verhalten? Begründen Sie Ihre Meinung!

2 | Wie stehen Sie zur Ansicht Rousseaus, dass die Gesellschaft einen Anspruch darauf hat, dass sich jeder Einzelne seine Lebenssicherung durch Arbeit verdient? Sollte Ihrer Meinung nach die Gesellschaft auch das Recht haben, einen Bürger zur Annahme einer bestimmten Arbeit zu verpflichten? Nennen Sie Gründe dafür und dagegen! Was halten Sie von der Forderung, die Gesellschaft müsse jedem Bürger einen Arbeitsplatz zur Verfügung stellen?

3 | Kommentieren Sie die Tätigkeit der Grille in La Fontaines Fabel! In welchem Sinne ist sie gesellschaftlich nutzlos, in welchem Sinne ist sie nützlich? Vergleichen Sie die gesellschaftliche Rolle eines Künstlers (»Grille«) mit der eines Bankers oder wohlhabenden Geschäftsmannes (»Ameise«). In welchem Sinne kann eine geistige und künstlerische Tätigkeit als »Arbeit« aufgefasst werden? In welchem Sinne verrichtet z. B. ein Profifußballer Arbeit?

4 | Erstellen Sie in der Klasse eine Merkmalliste für produktive und unproduktive Arbeit! Erstellen Sie eine eigene Definition für »produktive Arbeit«!

5 | Stimmen Sie der Ansicht Unamunos zu, dass Müßiggang eine Voraussetzung für schöpferische Tätigkeit ist? Ist es sinnvoll, zwischen Müßiggang im Sinne von »fun« und schöpferischer Muße zu unterscheiden? Begründen Sie Ihre Ansicht und nennen Sie Beispiele.

I 4: Karl Marx: Der Prozess der Arbeit in seiner natürlichen und seiner entfremdeten Form

Karl Marx ist der geistige Vater des »Marxismus«, einer der bedeutendsten philosophischen Strömungen des 19. und 20. Jahrhunderts. Seine Theorie entstand aus einer Kritik an der Philosophie Hegels und aus dem Studium der Industriegesellschaft des 19. Jahrhunderts. Die materiellen Bedingungen des Lebens, insbesondere die Arbeits- und Produktionsbedingungen sind für Marx Grundlage der Kulturentwicklung und gleichzeitig Schlüssel zum Verständnis des Menschen. Marx ist der erste Philosoph, der die materielle Arbeit in den Mittelpunkt seiner Philosophie stellt. In der schöpferischen Arbeit liegt für Marx die Selbstverwirklichung des Menschen. Die Lohnarbeit der »kapitalistischen« Gesellschaft ist für Marx dagegen eine Form der »entfremdeten« Arbeit. Der neuen Arbeiterklasse, dem Proletariat, war die historische Aufgabe zugedacht, diese Entfremdung zu beseitigen, die kapitalistische Gesellschaft zu überwinden und die Bedingungen für die klassenlose Gesellschaft des Kommunismus zu schaffen. Marx und seine Nachfolger verstanden Philosophie als eine revolutionäre, gesellschaftsverändernde Kraft. Der Marxismus ist deshalb sowohl eine philosophische Gesellschafts- und Geschichtstheorie als auch eine politische Bewegung.
Karl Marx wurde am 5.5.1818 in Trier geboren. Schon während seiner Studienzeit in Bonn und Berlin setzte er sich intensiv mit der Philosophie Hegels auseinander, des damals einflussreichsten zeitgenössischen Philosophen. Nach seinem Studium arbeitete er als politischer Journalist und kam bald mit der preußischen Zensur in Konflikt. Den größten Teil seines Lebens verbrachte er unter sehr ärmlichen materiellen Verhältnissen im Exil. 1843 ging er nach Paris, später nach Brüssel und London, wo er am 14.3.1883 verstarb. Zusammen mit seinem Freund und Mitarbeiter Friedrich Engels (1820–1895) nahm er aktiven Anteil an der Entstehung einer organisierten sozialistischen Arbeiterbewegung.
Im berühmten Manifest der Kommunistischen Partei *(1848) formulierte Marx zusammen mit Engels seine Anschauungen als gesellschaftspolitisches Programm. Eine ausführliche Analyse der kapitalistischen Gesellschaft legte er in seinem dreibändigen Hauptwerk* Das Kapital *(1867/1885/1894) vor, aus dem der folgende Text entnommen ist.*

Die Arbeit ist zunächst ein Prozess zwischen Mensch und Natur, ein Prozess, worin der Mensch einen Stoffwechsel mit der Natur durch seine eigne Tat vermittelt, regelt und kontrolliert. Er tritt dem Naturstoff selbst als eine Naturmacht gegenüber. Die seiner Leiblichkeit angehörigen Naturkräfte, Arme und Beine, Kopf und Hand, setzt er in Bewegung, um sich den Naturstoff in einer für sein eignes Leben brauchbaren Form anzueignen. Indem er durch diese Bewegung auf die Natur außer ihm wirkt und sie verändert, verändert er zugleich seine eigne Natur. Er entwickelt die in ihr schlummernden Potenzen und unterwirft das Spiel ihrer Kräfte seiner eignen Botmäßigkeit. Wir haben es hier nicht mit den ersten tierartig instinktmäßigen Formen der Arbeit zu tun. Dem Zustand, worin der Arbeiter als Verkäufer seiner eignen Arbeitskraft auf dem Warenmarkt auftritt, ist in urzeitlichen Hintergrund der Zustand entrückt, worin die menschliche Arbeit ihre erste instinktartige Form noch nicht abgestreift hatte. Wir unterstellen die Arbeit in einer Form, worin sie dem Menschen ausschließlich angehört. Eine Spinne verrichtet Operationen, die denen des Webers ähneln, und eine Biene beschämt durch den Bau ihrer Wachszellen manchen menschlichen Baumeister. Was aber von vornherein den schlechtesten Baumeister vor der besten Biene auszeichnet, ist, dass er die Zelle in seinem Kopf gebaut hat, bevor er sie in Wachs baut. Am

Ende des Arbeitsprozesses kommt ein Resultat heraus, das beim Beginn desselben schon in der Vorstellung des Arbeiters, also schon ideell vorhanden war. Nicht dass er nur eine Formveränderung des Natürlichen bewirkt; er verwirklicht im Natürlichen zugleich seinen Zweck, den er weiß, der die Art und Weise seines Tuns als Gesetz bestimmt und dem er seinen Willen unterordnen muss. Und diese Unterordnung ist kein vereinzelter Akt. Außer der Anstrengung der Organe, die arbeiten, ist der zweckmäßige Wille, der sich als Aufmerksamkeit äußert, für die ganze Dauer der Arbeit erheischt, und umso mehr, je weniger sie durch den eignen Inhalt und die Art und Weise ihrer Ausführung den Arbeiter mit sich fortreißt, je weniger er sie daher als Spiel seiner eignen körperlichen und geistigen Kräfte genießt.

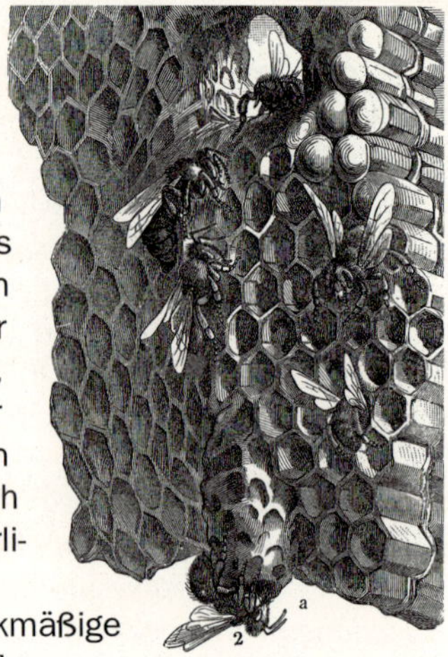

Die einfachen Momente des Arbeitsprozesses sind die zweckmäßige Tätigkeit oder die Arbeit selbst, ihr Gegenstand und ihr Mittel. [...]

Der Arbeitsprozess, wie wir ihn in seinen einfachen und abstrakten Momenten dargestellt haben, ist zweckmäßige Tätigkeit zur Herstellung von Gebrauchswerten, Aneignung des Natürlichen für menschliche Bedürfnisse, allgemeine Bindung des Stoffwechsels zwischen Mensch und Natur, ewige Naturbedingung des menschlichen Lebens und daher unabhängig von jeder Form dieses Lebens, vielmehr allen seinen Gesellschaftsformen gleich gemeinsam. [...]

Der Arbeitsprozess, wie er als Konsumtionsprozess der Arbeitskraft durch den Kapitalisten vorgeht, zeigt nun zwei eigentümliche Phänomene.

Der Arbeiter arbeitet unter der Kontrolle des Kapitalisten, dem seine Arbeit gehört. Der Kapitalist passt auf, dass die Arbeit ordentlich vonstatten geht und die Produktionsmittel zweckmäßig verwandt werden, also kein Rohmaterial vergeudet und das Arbeitsinstrument geschont, d.h. nur so weit zerstört wird, als sein Gebrauch in der Arbeit ernötigt.

Zweitens aber: Das Produkt ist Eigentum des Kapitalisten, nicht des unmittelbaren Produzenten, des Arbeiters. Der Kapitalist zahlt z.B. den Tageswert der Arbeitskraft. Ihr Gebrauch, wie der jeder andren Ware, z.B. eines Pferdes, das er für einen Tag gemietet, gehört ihm also für den Tag. Dem Käufer der Ware gehört der Gebrauch der Ware, und der Besitzer der Arbeitskraft gibt in der Tat nur den von ihm verkauften Gebrauchswert, indem er seine Arbeit gibt. Von dem Augenblicke, wo er in die Werkstätte des Kapitalisten trat, gehörte der Gebrauchswert seiner Arbeitskraft, also ihr Gebrauch, die Arbeit, dem Kapitalisten. Der Kapitalist hat durch den Kauf der Arbeitskraft die Arbeit selbst als lebendigen Gärungsstoff den toten ihm gleichfalls gehörigen Bildungselementen des Produkts einverleibt. Von seinem Standpunkt ist der Arbeitsprozess nur die Konsumtion der von ihm gekauften Ware Arbeitskraft, die er jedoch nur konsumieren kann, in dem er ihr Produktionsmittel zusetzt. Der Arbeitsprozess ist ein Prozess zwischen Dingen, die der Kapitalist gekauft hat, zwischen ihm gehörigen Dingen. Das Produkt dieses Prozesses gehört ihm daher ganz ebenso sehr als das Produkt des Gärungsprozesses in seinem Weinkeller. [...]

Das Reich der Freiheit beginnt ... in der Tat erst da, wo das Arbeiten, das durch Not und äußere Zweckmäßigkeit bestimmt ist, aufhört; es liegt also der Natur der Sache nach jenseits der Sphäre der eigentlichen materiellen Produktion. Wie der Wilde mit der Natur ringen muss, um seine Bedürfnisse zu befriedigen, um sein Leben zu erhalten und zu reproduzieren, so muss es der Zivilisierte, und er muss es in allen Gesellschaftsformen und unter allen möglichen Produktionsweisen. Mit seiner Entwicklung erweitert sich dies Reich der Naturnotwendigkeit, weil die Bedürfnisse; aber zugleich erweitern sich die Produktivkräfte, die diese befriedigen. Die Freiheit in diesem Gebiet kann nur darin bestehn, dass der vergesellschaftete Mensch, die assoziierten Produzenten, diesen ihren Stoffwechsel mit der Natur rationell regeln, unter ihre gemeinschaftliche Kontrolle bringen, statt von ihm als von einer blinden Macht beherrscht zu werden; ihn mit dem geringsten Kraftaufwand und unter den ihrer menschlichen Natur würdigsten und adäquatesten Bedingungen vollziehn. Aber es bleibt dies immer ein Reich der Notwendigkeit. Jenseits desselben beginnt die menschliche Kraftentwicklung, die sich als Selbstzweck gilt, das wahre Reich der Freiheit, das aber nur auf jenem Reich der Notwendigkeit als seiner Basis aufblühn kann. Die Verkürzung des Arbeitstags ist die Grundbedingung.

I 5: André Gorz: Weniger Arbeit, mehr freie Zeit?

André Gorz (1924–2007) gilt als einer der wichtigsten Denker der sogenannten »Neuen Linken« in Frankreich, d.h. derjenigen, die wie Marx eine Überwindung der kapitalistischen Arbeitsverhältnisse anstreben, dabei aber den marxistischen Denkansatz z.T. verändern und den heutigen Gegebenheiten anzupassen versuchen. Gorz wurde besonders bekannt durch seine These, dass der Mensch die in Folge der Automation und Rationalisierung neu entstehende freie Zeit für sich nutzen und mit schöpferischen Tätigkeiten ausfüllen müsse.
Zu seinen bekanntesten Büchern zählen Wege ins Paradies *(1985) und* Abschied vom Proletariat *(1980/88). Der Textauszug ist dem Aufsatz »Das goldene Zeitalter der Arbeitslosigkeit« entnommen, der am 4.12.1978 in der französischen Zeitung* Le Nouvel Observateur *abgedruckt wurde und in dem Buch* Abschied vom Proletariat *enthalten ist.*

Zehntausende von Robotern sind im Anmarsch. Arbeiter und Angestellte können zu Hause bleiben. Was aber sollen sie dort tun? In den Toyota-Automobilwerken in Japan wurde ein Viertel der Montagearbeiter durch Roboter ersetzt. Bei Citroën in Aulnay-sous-Bois[1] werden die Karosserien von einem Roboter zusammengeschweißt, der die Arbeit von dreißig Arbeitern leistet. In derselben Fabrik wurden die fünfzig Hubwagenführer mit ihren Hubstaplern von fünf Programmierern am Schaltpult verdrängt. Die Einzelteilmagazine sind jetzt automatisiert, und die Karren, die die Teile heraussuchen und verteilen, werden von Computern gesteuert. [...]

Im Zeitalter der Automation schafft Wachstum keine Arbeitsplätze mehr; oft vernichtet es sie sogar. Die meisten Industrien können nämlich schon jetzt oder in Zukunft mehr produzieren bei gleichzeitiger Verringerung der Beschäftigtenzahl. In Deutschland zielt nahezu die Hälfte (46%) aller Investitionen auf die Einsparung von Arbeitsplätzen ab.

1 Aulnay-sous-Bois: Kleinstadt 10 km nordöstlich von Paris, Sitz eines großes Automobilwerks, in dem Wagen der Marke »Citroën« hergestellt werden.

Vincent van Gogh, Auf dem Weg zum Feld, 1890

Adolf von Menzel,

Wir stehen also am Ende der Epoche, in der menschliche Arbeit die Quelle allen Reichtums war. Seit fünfundzwanzig Jahren bahnt sie sich an, jetzt hat sie begonnen: die dritte industrielle Revolution. Sie verspricht oder droht – je nachdem, wie man es betrachtet –, in Bereiche vorzudringen (vor allem Erziehungswesen und Medizin), die von der Industrialisierung bisher kaum berührt worden sind. Sie hebt den Zusammenhang zwischen Produktionswachstum und Beschäftigungszuwachs auf und stößt die These um, dass eine Belebung der Investitionstätigkeit die Arbeitslosigkeit verringere. [...]

Nun stellt sich die Frage: Führt die dritte industrielle Revolution in die Gesellschaft der Arbeitslosigkeit oder in die Gesellschaft der Freizeit? Wird sie den Menschen von verkrüppelnder Arbeit befreien oder wird sie ihn noch mehr verkrüppeln, indem sie ihn zu erzwungener Untätigkeit verdammt? Wird sie ein neues Goldenes Zeitalter bringen, in dem wir immer weniger arbeiten und dennoch über immer mehr Reichtum verfügen, oder wird sie die einen zu Arbeitslosigkeit, die anderen zu Überproduktivität verurteilen? [...]

Wenn allen zu Bewusstsein käme, dass es eigentlich keine Produktionsprobleme, sondern nur noch ein Distributionsproblem, d.h. das Problem der gerechten Verteilung des produzierten Reichtums und der gesellschaftlich notwendigen Arbeit auf die Gesamtheit der Bevölkerung, gibt, dann wäre die Aufrechterhaltung des gegenwärtigen Gesellschaftssystems gefährdet. Was würde aus der Arbeitsdisziplin, der Leistungsethik und der Wettbewerbsideologie, wenn jeder wüsste, dass es technisch möglich ist immer besser zu leben und dabei immer weniger zu arbeiten, und dass das Recht auf ein »volles Gehalt« nicht mehr dem allein vorbehalten zu sein braucht, der auch »volle Arbeit« leistet? Solche Sachverhalte verschweigt man lieber, denn sonst wären die ideologischen Fundamente der herrschenden Ordnung bald untergraben. Also sagt man der Bevölkerung nicht, dass sie nicht mehr so viel zu arbeiten braucht, sondern dass »die Arbeit knapp wird«, man sagt ihr nicht, dass wir immer mehr Freizeit haben werden, sondern dass es »weniger Arbeitsplätze geben wird«. Die Verheißungen der Automation werden als Bedrohungen dargestellt, und die Arbeiter werden dazu gebracht, sich um die knappen Arbeitsplätze zu reißen, statt gemeinsam für eine neue ökonomische Rationalität zu kämpfen. [...]

Eisenwalzwerk, 1875

Autoproduktion, 1999

Wir sind an dem Punkt angelangt, an dem es im offiziellen Sprachgebrauch nicht mehr heißt, die Arbeit schafft Produkte, sondern die Produktion schafft Arbeit. Man arbeitet nicht mehr, um zu produzieren, sondern man produziert, um zu arbeiten. Die Bevölkerungspolitiker fordern uns sogar auf, mehr Kinder in die Welt zu setzen, damit es genügend Konsumenten für unsere Produktion gibt. Diese Logik führt letzten Endes in die Kriegswirtschaft und zum Krieg selbst; bislang waren dies immer noch die einzig wirksamen Methoden, um die Vollbeschäftigung von Menschen und Maschinen zu gewährleisten, wenn die Produktionskapazität die Konsumkapazität überstieg.

Die Theoretiker der automatisierten Gesellschaft versichern jedoch, dass in den kommenden Jahren auch mit weniger barbarischen Methoden »Arbeit geschaffen« werden könne. Im Wesentlichen bestehen diese Methoden darin, bezahlte Experten das tun zu lassen, was die Leute bisher nach eigenem Gutdünken und nach ihrer eigenen Phantasie getan haben. Gesundheitspflege, Kosmetik, Säuglingspflege, Kindererziehung usw. – all das kann standardisiert in die Hände von Fachleuten gelegt werden, die für das Wohlergehen (und die Konformität[2]) der Bevölkerung sorgen.

Genau in dem Augenblick, da die Automatisierung der Bevölkerung Zeit und Möglichkeit zu geben »droht«, sich mehr um sich selbst zu kümmern, wird das Heer der Experten auf den Plan gerufen, um den Leuten einzureden, nichts selbst und für sich selbst zu tun. Alles können die Spezialisten übernehmen: den Säugling füttern, die Mahlzeiten zubereiten, den Körper pflegen, einen Kameraden trösten, der traurig ist, mit einem Freund über die Herzensangelegenheiten reden. Millionen Arbeitsplätze können geschaffen, unerforschte Räume für den Warenaustausch erschlossen werden, wenn man jeden Einzelnen zum Lieferanten einer einzigen speziellen Dienstleistung und – für alles andere – zum passiven Konsumenten der Dienstleistung anderer Experten macht. Werden diese neuen Tätigkeiten produktiv sein? Sicherlich nicht. Vielmehr reduzieren sie die Autonomie[3] der Leute und

2 Konformität: eine an die gesellschaftlichen Regeln und Erwartungen angepasste Haltung.

3 Autonomie: Selbständigkeit, Unabhängigkeit.

verstärken ihre Entfremdung und Abhängigkeit. Ihre einzige Funktion ist kostenpflichtig zu machen, was bisher kostenlos war und so den Umlauf einer wachsenden Geldmenge zu gewährleisten. [...]

Auf ganze Bereiche unserer Gesellschaft hat sich diese Art von Tauschgeschäften schon ausgedehnt. Und damit das »Beschäftigungsvolumen vergrößert wird«, verheißt man uns noch Schlimmeres: Jeder wird als Vollzeit-Job langweilige Aufgaben im Dienste der anderen erfüllen, um die ebenso unangenehmen Dienste bezahlen zu können, die andere für ihn leisten. Wären nicht alle besser dran, wenn jeder nicht mehr Geld, sondern mehr Zeit hätte, um sich mehr um sein eigenes Leben und das der Gemeinschaft und seiner Kommune kümmern zu können? Wir würden weniger Arbeit tun, die uns gleichgültig oder lästig ist, und mehr Arbeit, die uns anregt, in der wir uns ausdrücken und entfalten können. Wir könnten jene »allseitig entwickelten« Individuen werden, die laut Marx in der kommunistischen Gesellschaft leben werden, in der das »wirkliche Maß des Reichtums« die Zeit sein wird, die jedem für freigewählte Betätigungen zur Verfügung steht. Nicht leere Muße- und Ruhestandszeit, sondern freie Zeit für ein anderweitig aktives Leben.

I 6: Jürgen Heinichen: Arbeitslosigkeit als Verlust

Jürgen Heinichen wurde 1933 in Hamburg geboren und studierte Psychologie und Literaturwissenschaften. Er arbeitete 30 Jahre lang als Leiter der Personalabteilung in verschiedenen Industrieunternehmen und danach freiberuflich als Berater für Führungskräfte. Der folgende Text ist dem Aufsatz »Arbeit und Arbeitslosigkeit – Erfahrungen mit Betroffenen« entnommen. Es geht darin um die Rolle, die der Arbeitsplatz für heutige Menschen hat und welche psychologischen Folgen mit der Arbeitslosigkeit verbunden sind.

Mit der Arbeit ist es wie mit vielen Dingen im Leben: Erst wenn man sie verloren hat, weiß man ihren Wert zu schätzen:

Will man Arbeitslosigkeit in ihrer Bedeutung für den Einzelnen ermessen, muss man sich zuvor darüber klar werden, welchen Sinn die Arbeit für ihn gehabt hat. Das ist keine einfach zu beantwortende Frage: Ein junger Mensch wird möglicherweise darüber anders denken als ein alter, eine Frau vielleicht anders als ein Mann, und ganz sicher beurteilt sich der Stellenwert der Arbeit im Leben des Menschen auch danach, wie sehr sie es ihm erlaubt hat, sich selbst in ihr wieder zu finden.

Über wenig Dinge gibt es deshalb auch so viel Widersprüchliches zu hören wie über die Arbeit: Ist sie eine Last oder eine Lust – oder gar beides? »Mit Arbeit versaut man sich das ganze Leben«, konnte ich so oder in ähnlicher Form an den Ausbildungsplätzen unserer Lehrlinge lesen – »... und wenn es köstlich war, dann ist es Mühe und Arbeit gewesen ...« lässt sich der Psalmensänger (90. Psalm)[1] in der Lutherschen Übersetzung[2] vernehmen. [...]

Je selbstverantwortlicher, selbständiger eine Tätigkeit ausgeübt wird, umso stärker wird sie als befriedigend empfunden. Der Grad der Selbständigkeit ist nicht zwangsläufig eine Frage der beruflichen Qualifikation – er hat auch etwas mit Arbeitsorganisation und dem Führungsstil der Vorgesetzten zu tun. Wo Selbstverantwortlichkeit gefördert wird, wächst die

1 Psalmensänger: Die Autoren der religiösen Lieder, die als Buch der Psalmen zum Alten Testament der Bibel gehören, sind unbekannt bzw. unsicher.

2 Luthersche Übersetzung: Martin Luther (1483–1546), deutscher Reformator, dessen Bibelübersetzung weite Verbreitung fand und die deutsche Sprache entscheidend formte.

Motivation. Längst hat dies die Arbeitswissenschaft erkannt – die Konzepte zum eigenverantwortlichen Tun in der Gruppe sind wohl bekannt. Es wird Sie nach diesen wenigen Bemerkungen deshalb vielleicht nicht überraschen, wenn ich behaupte, dass es auch heute nicht wenige Menschen gibt, die mit ihrer Arbeit ein persönliches Produktivitätserlebnis verbinden. Auch unselbständige Arbeit kann somit durchaus eine positive Erlebensqualität bedeuten. Unternehmensleitungen und Führungskräfte könnten allerdings dazu noch wesentlich mehr beitragen.

Ich will aber auch die negativ empfundenen Seiten der Arbeit nicht verschweigen: zeitlicher Zwang, der das persönliche Leben in seiner Gestaltungsfreiheit einschränkt; Weisungsgebundenheit, die jede unselbständige Tätigkeit mit sich bringt; unangemessener Druck, der von Vorgesetzten und Kolleginnen wie Kollegen ausgehen kann – um nur einige Beispiele zu nennen. Oft ist es auch schlicht die menschliche Unzulänglichkeit, mit der man am Arbeitsplatz zu kämpfen hat. Aber kann man das so ohne weiteres der Arbeit selbst anlasten? Handelt es sich hier nicht zugleich um ein Stück Gemeinschaftserfahrung, wie man sie andernorts auch erlebt?

Am Ende ihres Arbeitslebens haben mir nicht wenige Mitarbeiter gesagt, dass es ihnen schwer falle, sich von ihrem Arbeitsplatz und den Kolleginnen und Kollegen zu trennen, auch wenn sie sich eigentlich oft nichts sehnlicher als diesen Tag der Pensionierung gewünscht hätten. Würde man so denken, wenn Arbeit nur Negativerlebnisse bereithielte?

Beim Pensionär wie beim Arbeitslosen endet Lebenskontinuität. Auch wenn der Pensionär ursprünglich einmal diesen Tag herbeigesehnt hat, ist er vor dem gesundheitsgefährdenden Schockerlebnis nicht gefeit. Ähnlich ergeht es dem Arbeitslosen, den dieses Ereignis allerdings meist unvorbereitet trifft. Er sieht sich zur Untätigkeit verdammt, die berufliche Selbstbestätigung wird ihm verwehrt. [...]

Die Tatsache, im Betrieb nicht mehr gebraucht zu werden, bedeutet für ihn – je nach Dauer seiner Betriebszugehörigkeit und nach seinem sozialen Rang im Betrieb – ein Trauma[3]. Er fühlt sich diskriminiert. Selbst wenn es ihm in relativ kurzer Zeit gelingen sollte, eine neue Aufgabe zu finden, braucht er noch lange Zeit, um dieses Erlebnis zu verarbeiten. Aus seiner Erinnerung wird er es ohnehin nicht tilgen können.

Das Gefühl der Existenzbedrohung – schlicht Angst – dominiert nach der Kündigungsmitteilung. Daran ändern eine lange Kündigungsfrist, eine ordentliche Abfindung und die Aussicht auf Arbeitslosengeld nur wenig, wenngleich die materiellen Hilfen heute im Allgemeinen eine Größenordnung erreicht haben, die den Arbeitslosen fürs Erste vor dem materiellen Ruin bewahrt.

Auf Ratlosigkeit, Zorn, Aggression und Bitterkeit folgt häufig eine Phase tiefer Depression und Lethargie[4]. Sie äußert sich in Handlungsunfähigkeit, die von der Umwelt leicht als Bequemlichkeit missverstanden wird. Spätestens jetzt ist es wichtig, dass die Familie – oft ist es die Ehefrau oder die Lebenspartnerin, die hilft, bleibt, Mut zuspricht und zur Aktivität motiviert. Das im Arbeitsalltag oft verwünschte disziplinierende Zeitgerüst muss gerade jetzt aus eigener Kraft aufrechterhalten werden, denn es gibt Halt und bewahrt vor Wehleidigkeit. Auch dies ist eine Erfahrung, die Pensionäre oft erst machen müssen.

Ein weiteres Problem ist das gesellschaftliche Umfeld: Wie nehmen Nachbarn, Bekannte, aber auch Freunde und Verwandte die Nachricht auf, dass der oder die Arbeitslose plötzlich »nicht mehr dazugehören«? – man stößt oft auf absonderliche Reaktionen dort, wo der Mensch an dem gesellschaftlichen Wert seiner Arbeit gemessen wird.

3 Trauma: durch äußere Einwirkung verursachte seelische Erschütterung.

4 Lethargie: Teilnahmslosigkeit, Interesselosigkeit.

In der Vorahnung, dass plötzlich die Zahl derer, die zu ihm halten, klein wird, schiebt der von Arbeitslosigkeit Betroffene – und hier sind es wohl eher die ehemaligen Führungskräfte – die Mitteilung über seinen Statusverlust möglichst lange hinaus. Voll Schamgefühl verlässt mancher morgens zur gewohnten Zeit seine Wohnung und kehrt abends ebenso zurück. Geschichten werden erfunden, die seiner eigentlich nicht würdig sind, Selbstzweifel sind die Ursache. Im Stillen hofft jeder schneller zu einer neuen Aufgabe gefunden zu haben, als die schlechte Nachricht sich herumgesprochen hat.

Erst das Herannahen dieser neuen Chance belebt unseren Arbeitslosen: Sein Gang wird aufrechter, die Erscheinung wird wieder gepflegter, die Stimme gewinnt an Zuversicht und Festigkeit – der Freundeskreis registriert dies bereits am Telefon…

Eine neue Chance? Ja – aber auch ein neues Risiko, eine neue Probezeit, eine andere Aufgabe, ein unbekanntes Umfeld – und alles meist in einem Alter, in dem man eigentlich den Betrieb nicht mehr hatte wechseln wollen. Aber selbst ein möglicherweise etwas bescheidener Arbeitsplatz ist besser als ein Weiterleben ohne Arbeit. So empfinden es eigentlich alle.

FORUM

Zur Texterschließung

1 | Wie beschreibt Marx die natürliche Form der Arbeit, die Form, »worin sie dem Menschen ausschließlich gehört«?
2 | Worin unterscheidet sich diese Arbeit nach Marx von der Lohnarbeit in der kapitalistischen Gesellschaft?
3 | Was versteht Marx unter dem »Reich der Freiheit« und inwiefern hat dieses »Reich der Freiheit« das »Reich der Notwendigkeit« zur Grundlage?
4 | Welche Vorgänge und Veränderungen beschreibt André Gorz unter dem Stichwort »dritte industrielle Revolution«?
5 | Welche falschen Schlussfolgerungen zieht seiner Meinung nach die Gesellschaft aus der zunehmenden Verknappung der Arbeit?
6 | Welche gegensätzlichen Schlussfolgerungen zieht Gorz selbst?
7 | Wovon hängt es nach der Meinung von Heinichen ab, ob eine Arbeit als befriedigend empfunden wird?
8 | Welche psychologischen Folgen hat nach Heinichen die Arbeitslosigkeit häufig für die Betroffenen?
9 | Welche Reaktionen erleben Arbeitslose häufig in ihrem sozialen Umfeld?

Die gesellschaftliche Rolle der Arbeit – Zur Diskussion

1 | Gibt es Ihrer Meinung nach in unserer Gesellschaft bezahlte Tätigkeiten, bei denen die Arbeitskraft nicht im Sinne von Marx als Ware verkauft wird? Nennen Sie Beispiele! Vergleichen Sie dazu die Tätigkeit eines Fabrikarbeiters, der seine Arbeitskraft verkauft, mit der eines Künstlers, der sein Bild einem Interessenten anbietet. Wo liegen die Gemeinsamkeiten und wo die Unterschiede?
2 | Betrachten Sie folgende Berufe und Tätigkeiten: Kneipenwirt; Philosophieprofessor; Schweinezüchter; Programmierer; Stahlarbeiter; Schlagersänger. Geben Sie für jede einzelne dieser Tätigkeit Gründe an, warum sie

a) gesellschaftlich produktiv ist;
b) eine Form der Ausbeutung und Entfremdung ist.

3 | Meinen Sie, dass das bei Marx erwähnte »Reich der Notwendigkeit«, also die Produktion dessen, was lebensnotwendig ist, einmal vollständig durch Maschinen ersetzt werden kann oder wird es immer Menschen geben müssen, die diese Arbeit verrichten? Begründen Sie Ihre Meinung!

4 | Wenn Sie frei einen Arbeitsplatz wählen könnten, welche Merkmale der Arbeit wären für Sie die wichtigsten: hoher Verdienst; Möglichkeit des Lernens und der Weiterbildung; Identifizierung mit der Arbeit/Selbstverwirklichung; Spaß bei der Arbeit? Welche weiteren Aspekte wären für Sie bei einer Berufstätigkeit wichtig?

5 | Wie würden Sie selbst den Unterschied zwischen »Job« und »Beruf« erklären? Welche Rolle spielt der Beruf in Ihrer Lebensplanung?

6 | Welcher der beiden Aussagen stimmen Sie zu: »Man lebt, um zu arbeiten« oder »Man arbeitet, um zu leben«?

7 | Nennen Sie aus eigener Erfahrung Beispiele für Dienstleistungstätigkeiten, die künstlich erzeugte Bedürfnisse befriedigen. Stimmen Sie der Ansicht von Gorz zu, dass solche Tätigkeiten die Autonomie des Menschen einschränken? Begründen Sie Ihre Meinung!

8 | Was halten Sie von der Forderung nach einem Recht auf Arbeit?
Was halten Sie von dem Vorschlag, die knapper werdende Arbeit auf alle gleichmäßig zu verteilen, bei kürzerer Arbeitszeit, geringerem Lohn und mehr Freizeit? Begründen Sie Ihre Meinung!

9 | Erzählen Sie aus eigener Erfahrung, wie Menschen aus Ihrer Umgebung auf die Erfahrung der Arbeitslosigkeit reagiert haben. Decken sich diese Erfahrungen mit den von Heinichen geschilderten Folgen der Arbeitslosigkeit?

10 | Wie würden Sie selbst mit Arbeitslosigkeit umgehen? Welche Möglichkeiten sehen Sie, Depressionen und Lebenskrisen zu vermeiden?

I 7: Luciano de Crescenzo: Die griechische Lebensform des »Agorazein«

Luciano de Crescenzo gehört zu den meistgelesenen populärphilosophischen Autoren der Gegenwart. Er wurde 1928 in Neapel geboren und arbeitete 20 Jahre lang als Ingenieur und Manager in einem Elektronikkonzern. Nach dem Erfolg seines Buches Also sprach Bellavista *(1977) gab de Crescenzo seinen Beruf auf und lebt seither als freier Autor. In Deutschland bekannt wurde er vor allem durch seine amüsant und verständlich geschriebene* Geschichte der griechischen Philosophie *(Bd. 1:* Die Vorsokratiker, *1983; Bd. 2:* Von Sokrates bis Plotin, *1986). Ein immer wiederkehrendes Thema in seinen Büchern ist die von der griechischen Kultur beeinflusste süditalienische, »neapolitanische« Lebensart. Der Text ist dem Vorwort des ersten Bandes seiner* Geschichte der griechischen Philosophie *entnommen.*

Setzt man nämlich Griechenland mit einer bestimmten Lebensart gleich, so ist es ein riesiges Mittelmeerland, das aus Sonne und Geselligkeit gemacht ist und sich auf der italienischen Halbinsel etwa bis an die Ufer des Volturno[1] erstreckt. Außerhalb dieser geographi-

1 Volturno: Fluss in Süditalien.

schen Grenze, an der sich auch die Lebensform verändert, leben die Römer, Etrusker[2], Mitteleuropäer, alles Leute, die ganz anders sind als wir und mit denen man oft nur schwer auskommen kann. Willst du etwas besser verstehen, wodurch wir uns eigentlich von den andern unterscheiden, möchte ich dir vorschlagen, einmal über ein Verb nachzudenken, das es in der griechischen Sprache gibt, für das sich aber in keiner anderen Sprache eine Entsprechung findet und das daher wirklich unübersetzbar ist, wenn man es nicht mit ganzen Sätzen umschreiben will. Dieses Verb heißt *agorazein.*

Agorazein bedeutet: »auf den Markt gehen und hören, was es Neues gibt« – also reden, kaufen, verkaufen und seine Freunde treffen; es bedeutet aber auch, ohne genaue Vorstellungen aus dem Haus zu gehen, sich in der Sonne herumzutreiben, bis es Zeit ist zum Mittagessen, oder so lange zu trödeln, bis man Teil eines menschlichen Magmas[3] aus Gesten, Blicken und Geräuschen geworden ist. *Agorozenta,* das Partizip dieses Verbs, bezeichnet die Fortbewegungsart dessen, der sich dem *agorazein* hingibt. Er schlendert, die Hände auf dem Rücken, ziellos dahin, wobei er fast nie eine gerade Strecke verfolgt. Ein Fremder, der aus geschäftlichen Gründen oder als Tourist in eine griechische Stadt kommt, egal ob Korinth[4] oder Pozzuoli[5], kann diese Menschenmenge nur staunend betrachten, die da auf den Straßen hin und her geht, alle paar Schritte stehen bleibt, laut redet und redet, weitergeht und wieder stehen bleibt. Vielleicht glaubt er dann, an einem besonderen Festtag hierher geraten zu sein, dabei hat er nur eine gewöhnliche Szene des *agorazein* miterlebt. Nun, dieser Gewohnheit des Umherwandelns in südlichen Gefilden verdankt die griechische Philosophie sehr viel.

»Mein lieber Phaidros«, sagt Sokrates[6], »wohin des Wegs und woher?«

»Von Lysias, dem Sohn des Kephalos, lieber Sokrates! Und ich mache mich auf zu einem Spaziergang außerhalb der Mauer; denn ich habe geraume Zeit dort verweilt – vom frühen Morgen an saß ich da. Ich folge dem Rat deines und meines Freundes Akumenos, wenn ich meine Spaziergänge an die frische Luft verlege; denn sie seien weniger ermüdend, sagt er, als in den Hallen der Gymnasien.«

So nämlich beginnt einer der schönsten Dialoge Platons[7]: der *Phaidros.* Tatsache ist, dass diese Athener nichts Produktives machten: sie gingen spazieren, schwatzten über Gott und die Welt, aber dass sie einmal einen Finger gerührt und etwas Praktisches zum Verkaufen oder Gebrauchen hergestellt hätten, keine Rede davon! Aber vergessen wir nicht, dass Athen damals 20000 Bürger hatte, auf die die stolze Zahl von 200000 Individuen zweiter Klasse, nämlich Sklaven und Metöken[8], kamen. Genug Leute also, die die Arbeit machten und das Ganze in Gang hielten. Andererseits waren die Athener ja auch noch unberührt vom Konsumzwang, sie lebten genügsam und widmeten sich ganz den Freuden des Geistes und des Gespräches.

2 Etrusker: Volk in Mittelitalien, das im 4. und 3. vorchristlichen Jahrhundert von den Römern besiegt wurde.
3 Magma: Gesteinsschmelzfluss des Erdinnern.
4 Korinth: griechische Stadt auf der peleponnesischen Halbinsel.
5 Pozzuoli: italienische Stadt in der Nähe von Neapel.
6 Sokrates: griechischer Philosoph (469–399 v. Chr.), Lehrer Platons und Hauptfigur in dessen Dialogen.
7 Platon: griechischer Philosoph (427–347 v. Chr.), Schüler des Sokrates, schrieb zahlreiche philosophische Dialoge, die in Athen spielen und deren Hauptfigur Sokrates ist.
8 Metöken: im alten Griechenland zugewanderte Fremde, die als Bürger zweiter Klasse keine politischen Rechte hatten.

I 8: Ernst Bloch: Nichtstun ist ungenießbar

Ernst Bloch ist einer der wichtigsten neomarxistischen Philosophen des 20. Jahrhunderts. Leitmotiv seines Werks ist die tief verwurzelte menschliche Hoffnung auf eine Gesellschaft, in der Freiheit, Glück und materielle Sicherung für alle verwirklicht sind. Bereits in seinem frühen Werk Geist der Utopie *(1918) verfolgt Bloch die Spuren, die die menschliche Utopie eines irdischen Paradieses in Kunst und Philosophie hinterlassen hat. Ausführlich entwickelt er dieses Thema in seinem dreibändigen Hauptwerk* Das Prinzip Hoffnung *(1949–1959).*
Ernst Bloch wurde am 8. 7. 1885 in Ludwigshafen geboren. In der Weimarer Zeit war er freier Schriftsteller und schloss sich der kommunistischen Bewegung an. 1933 musste er aus Deutschland emigrieren, ab 1938 lebte er in den USA. Nach dem 2. Weltkrieg ging er zunächst in die DDR, wo er als Philosophieprofessor in Leipzig lehrte. Nach Konflikten mit der Staats- und Parteiführung der DDR siedelte er 1961 in die Bundesrepublik über, wo er eine Gastprofessur in Tübingen annahm. Dort verstarb er am 4.8. 1977.
Als Marxist ist für Bloch die Arbeit etwas dem Menschen Wesentliches und Zugehöriges. Der Text ist dem Essay »Stachel der Arbeit« aus dem Band Spuren *(1930) entnommen.*

Dass es so leicht ist, nichts mehr tun zu wollen. Dass es uns so schwer fällt, wirklich nichts zu tun. Auch dann, wenn nicht, wie meist, die Not treibt. Auch dort, wo ein Urlaub überdies erlauben mag, zu gähnen.

Ganz faul zu sein, scheint so süß wie einfach. Je älter ich werde, sagt ein Freund, desto mehr sehe ich ein, das einzig Richtige wäre, überhaupt nichts zu schaffen. Den ganzen Tag, meint er, könne er am Fenster liegen an einer südlichen Küste, und draußen brauchte auch nichts zu sein. Ein Hund streckt sich auf dem leeren Platz, gähnt, geht einige Schritte und legt sich wieder. Ein Mann kommt von den Stufen des Rathauses, wo er geschlafen hat, langsam nach der anderen Seite, um auf den Stufen der Kirche weiterzuschlafen. Etwas Mais nachher und Kugelspiel reicht aus, denn alles ist wert, dass es die Sonne bescheint; in Büros scheint sie ohnehin nicht. Wie uns das Wasser fast trägt und nur wenig Bewegung dazu gehört, um nicht unterzugehen, so trägt oder trug auch die Erde und ihr Tisch ist fast gedeckt. Bei bescheidenen Wünschen und wenn die Menschen nicht im Norden lebten, wo sie nicht hingehören. So aber, sagte der Freund und suchte kein Publikum, kam der Schweiß des Angesichts, schließlich nur noch Schweiß. Unten rasen die Lastautos, das Telefon tönt als des Knaben Wunderhorn[1], zwölf Stunden Betrieb und nachts noch Bogenlampen vor Schlafzimmern. Eine Welt, die den Stachel Hunger benutzt um auszubeuten, den Stachel Ausbeutung um zu verdienen, aber schließlich nur verdient, um erst recht zu arbeiten und das Leben schwer zu machen. Auch später soll man noch arbeiten müssen nach seinen Fähigkeiten, um genießen zu dürfen nach seinen Bedürfnissen; ich will weder Fähigkeiten vorher noch Bedürfnisse nachher haben. So sprach der Freund und sah unwiderleglich aus; doch sein Leben ist anders, nicht einmal unfreiwillig anders. Wie einfach, sollte man mei-

1 Des Knaben Wunderhorn: Titel einer in der Zeit der Romantik zusammengestellten Sammlung deutscher Volkslieder.

nen, könnte er im Einklang mit seiner Lehre leben. Stattdessen arbeitet er den ganzen Tag, verdrossen und vorzüglich, predigt Wein und trinkt Wasser.

Das doch nicht nur, weil so schwer aus dem Zwang heraus kann, wer einmal darin sitzt. Und nicht nur, weil wir im Norden vom Nichtstun so weit abgetrieben sind, dass wir es überhaupt nicht mehr finden. Erst nach getaner Arbeit ist Juden und Protestanten gut zu ruhen; diese Ruhe, sagt Kant[2], ist das einzige Glück, das nicht die geringste Beimischung von Ekel mit sich führt. Aber nicht nur der Norden vergällt uns das Glück vor getaner Arbeit, sondern was dann? – nun, unser Jetzt und Da-Sein ist dunkel, auch unter der Sonne, die Faulheit selber stimmt nicht, wenn man sie radikal zu leben sucht. Unwiderleglich hört sich ihre Predigt an, aber wären selbst Hunger und Ausbeutung abgeschafft, wäre der einfache Süden bei uns möglich, so bliebe die Faulheit doch ein Dämon, den keiner besteht; sie zeigt darin ihre Verwandtschaft zur Einsamkeit. Beide, Faulheit wie Einsamkeit, enthalten ein chemisch verwandtes Gift, obwohl das Nichtstun nicht einsam zu geschehen braucht, und die Einsamkeit selten müßig ist; es ist das Gift des dunkeln Insichseins. [...]

Keiner ist ruhig auf dem Faulbett geblieben, auf das er sich beruhigt gelegt hat; ja selbst wenn ihm alle Resultate der Arbeit – bei der Kürze des menschlichen Lebens – sinnlos, ungenießbar erschienen: das völlige Nichtstun ist noch ungenießbarer. Da alle Religionen gegen dies Unzulängliche des baren Existierens, der »Kreatur« gegründet sind, hat auch noch keine das Nichtstun gelehrt, konnte es nicht lehren. Das ungekochte Leben (so wie der Freund den Hund auf dem Platz und den langsamen Bettler sah) wurde nie erreicht, auch im Süden nicht oder bei den Urvölkern. Wenn sie auch nicht unsere Arbeitswut haben und ihre Tage (nicht ihre Feste) von Ruhe durchzogener, gleichsam eingelegter sind als unsre, so hat die Romantik des Nichtstuns doch hier kein Beispiel; und kein Urvolk hielt es aus, eines zu bleiben. Noch die Kyniker[3] mit ihrem radikalsten Abbau brachten es nur bis auf den Hund, und der war falsch. Auch die »höhere« Arbeitsflucht »privilegierter Schichten« (Athen, Adel, Klerus) konnte auf die Dauer keine bleiben, so hohl sie es oft schien; sie hätte die Langeweile und den Lebensekel nicht ertragen, der der Teil des arbeitslosen Existierens ist. Die Langeweile ist der Lohn, den das Leben ohne Arbeit gibt, sie ist jenes einsame Blei, vor dem man in Arbeit und Gesellschaft flieht, das Nichts oder eben noch Nichts, über dem alle Menschen leben, Schlaf- und Gähnkammer unsres allzu unmittelbaren Zustands, die leicht eine Schreckenskammer werden kann. Auch in den Kreisen und Reihen der schönen Tage gab es also mindestens eine »Arbeit« des Vergnügens, gar der Repräsentation, die, so aufreizend oder so unecht sie aufzieht, die Faulheit doch färbte und zum *geschäftigen* Müßiggang machte. Es gab vor allem – durch Klostermauern davon getrennt – die *Muße;* als welche jedoch, wenn sie etwas taugt, wenn in ihr etwas »geschah«, grade so *wenig Müßiggang* ist, dass sie ihn vielmehr in *seinem eigenen Zentrum* angreift, und nicht nur kontemplativ[4]. War die Arbeit Flucht vor dem Müßiggang, um etwas andres dagegen zu schaffen oder zu gründen, so ist die Muße Krieg gegen ihn an Ort und Stelle, damit er entgiftet und substanzvoll werde. Kurz, der absolute Müßiggang ist unser Feind als Freund verkleidet, und erst allerletzt unser Freund, wenn ihn die Arbeit, vor allem die Muße erfüllt hat; in ihm selbst ist der Stachel der Arbeit.

Nichts zu tun, zieht darum ebenso an, wie es keiner dort aushält. Es zieht an, weil wir uns scheinbar darin finden; es ist unerträglich, weil dort noch nichts wirklich zubereitet ist. Der

2 Immanuel Kant: bedeutendster deutscher Philosoph der Aufklärung (1724–1804), vertrat eine Ethik, in der aktive Pflichterfüllung eine zentrale Rolle spielt.

3 Kyniker: griechische Philosophenschule, deren Name von griech. »kyon« = Hund abgeleitet ist und die im Nicht-Handeln eine Tugend sah.

4 kontemplativ: nachdenkend, meditierend, hier: im Gegensatz zu »handelnd«.

Nichtstuende fängt Grillen, der Einsame hat das Gefühl zu fallen oder über einem Abgrund bodenlos gebannt zu sein. Auch Spuk oder Spukangst hat an Einsamkeit Platz, seit alters; in Gesellschaft verschwinden seine Erscheinungen, deren wahre Ursache wir selber sind, das ungenau Sein von uns selber. Faulheit und Einsamkeit (beide locken und in nichts Gutes, beide locken als ruhig oder gegebenenfalls tief und machen doch unerträglich oder hart) haben eben darin Zusammenhänge, dass unser *Grundsein,* das sie sichtbar machen, nicht stimmt. Auf eine so scharfe wie noch offene Weise; erst die vorschreitende Lösung erläutert das Problem, als das Problem unseres menschlichen X. Faulheit und Einsamkeit sind die Kugeln links und rechts auf dem Eingang zu einem Haus, von dem viele träumen und in dem es keiner aushält. In dem selbst manche Künstler mit ihrer Berufung ebenso gegen jede Langeweile aufgestanden sind. Denn auch die Arbeitsflucht der Muße ist, wie gemerkt, gar keine, sondern nur eine andre Art von Arbeit.

FORUM

Zur Texterschließung

1 | Welchen geographischen Raum meint De Crescenzo, wenn er von Griechenland als einer »Lebensform« spricht? Welche heutigen Länder und Regionen gehören zu diesem Raum?

2 | Wie erklärt er den griechischen Begriff »agorazein«?

3 | Welches Beispiel für »agorazein« nennt De Crescenzo aus der philosophischen Literatur und welchen Zusammenhang sieht er zwischen dieser Lebensform und der Philosophie?

4 | Welche Meinung eines Freundes zum Thema Arbeit beschreibt Bloch am Anfang seines Textes?

5 | Warum gibt sich der Mensch nach Bloch nicht mit dem Nichtstun zufrieden?

6 | Welche Folgen hat nach Bloch das Nichtstun für den Menschen?

Leben ohne Arbeit? – Zur Diskussion

1 | Lässt sich die Haltung des »agorazein«, wie De Crescenzo sie beschreibt, in unserer Gesellschaft praktizieren? Begründen Sie Ihre Meinung!
Gibt es Ihrer Meinung nach Lebensbereiche, in denen eine solche Haltung hilfreich wäre? Vergleichen Sie die Erfahrungen, die Sie in Ihrer eigenen Gesellschaft gemacht haben, mit denen in anderen Ländern und Kulturen!

2 | Teilen Sie die Meinung Blochs, dass der Mensch das Nichtstun nicht aushält oder schließen Sie sich der Meinung des Freundes an? Begründen Sie Ihre Antwort!
Wie sind Ihre eigenen Erfahrungen mit dem Nichtstun? Können Sie in Ihrer Freizeit oder in Ihrem Urlaub einfach faul sein, ohne sich etwas vorzunehmen und Pläne zu machen? Nennen Sie Beispiele von Menschen aus Ihrer Umgebung, die immer etwas tun müssen, die immer eine Aufgabe oder Beschäftigung brauchen!

3 | Vergleichen Sie den Begriff der »Muße« bei Bloch mit der Lebensform des »agorazein« bei De Crescenzo. Welche Gemeinsamkeiten stellen Sie fest?

4 | Bloch unterscheidet zwischen »Muße« und »Müßiggang«. Unterscheiden Sie analog zwischen Stress und produktiver Arbeit. Welche Haltung würden Ihrer Meinung nach De Crescenzo und Bloch zum Phänomen »Stress« einnehmen? Wie kann man Ihrer Meinung nach mit dem Stress im Arbeitsleben und im Alltag fertig werden?

INFOBOX

Arbeit als Thema der Philosophie

Kaum ein anderer Begriff hat in der europäischen Geistesgeschichte eine derart radikale Umwertung erfahren wie der Begriff der Arbeit. In den meisten Sprachen bedeutet »Arbeit« ursprünglich so etwas wie Mühsal oder Plage, also etwas, was man nur gezwungenermaßen auf sich nimmt. Ganz in diesem Sinne muss man es auch verstehen, wenn der biblische Gott dem aus dem Paradies vertriebenen Menschen den Satz »Im Schweiße deines Angesichts sollst du dein Brot essen!« mit auf den Weg gibt. Der Mensch ist zur Arbeit verurteilt, um sein Leben zu fristen. Die Vorstellungen des Menschen von einem Schlaraffenland hatten immer ein Leben ohne Arbeit zum Inhalt.

Auch die griechischen Philosophen verstanden Arbeit in diesem Sinne, als niedere körperliche Tätigkeit, um die materielle Versorgung zu gewährleisten. Sie war eines freien Bürgers unwürdig und Sklaven und Kriegsgefangenen vorbehalten. *Aristoteles* (384–322 v.Chr.) unterscheidet von der Arbeit diejenigen Tätigkeiten, die dem freien Bürger zukommen. Es waren Tätigkeiten, die nicht nur mechanisch, mit körperlichem Einsatz verrichtet wurden, sondern die man lernen musste, die eine Ausbildung und geistige Überlegung erforderten. Sie wurden aufgrund einer Planung und zu einem bestimmten Zweck ausgeübt, der über die Sicherung der Lebensgrundlagen hinausging. Dem Arzt z.B. geht es darum, einen Patienten zu heilen, dem Feldherrn geht es darum, einen Krieg zu gewinnen. Diese auf einer erworbenen Ausbildung, auf Kunstfertigkeit oder auf Planung beruhenden Form der Tätigkeiten gehören für Aristoteles nicht zur Arbeit (→ Info II). Die höchste Form der Tätigkeit liegt für ihn aber in der geistigen Kontemplation, in einer Tätigkeit, die gerade durch Muße, durch die Befreiung vom Arbeitszwang erst möglich ist. Alle Glücks- und Weisheitslehren der Antike sehen die Muße und nicht die Arbeit als Voraussetzung für die Selbstverwirklichung des Menschen an.

Mit der Vorherrschaft des Christentums beginnt eine Aufwertung der Arbeit. *Thomas von Aquin* (1225–1274) ist dabei noch stark von der aristotelischen Lehre beeinflusst. Auch für ihn ist noch die Kontemplation die höchste Tätigkeit, weil sie aufgrund ihrer geistigen Natur Gott am nächsten steht. Die »Kopfarbeit« wird im Mittelalter immer noch höher geschätzt als die »Handarbeit«. Aber auch z.B. handwerkliche Arbeiten gehören für Thomas zu den für einen Christen erlaubten und legitimen Tätigkeiten.

Eine radikale Neubewertung der Arbeit findet in der Neuzeit vor allem in der Renaissance und in der Reformation statt. In der Renaissance beginnt sich der Mensch als »Homo faber«, als Beherrscher der Natur und Urheber seines eigenen Schicksals zu begreifen. Die Arbeit wird zum Mittel der Naturbeherrschung und der Selbstverwirklichung. Für den Reformator *Martin Luther* (1483–1546) ist Arbeit eine gottgefällige Pflicht des Menschen. Luther war es auch, der die Arbeit mit »Beruf« und »Beruf« mit »Berufung« gleichsetzte. Vor allem war es nun die körperliche Arbeit, die mit schöpferischer und produktiver Arbeit identifiziert wurde. Kontemplation als unproduktive geistige Arbeit sah Luther als sündig an. Eine noch radikalere Position nahm der Genfer Reformator *Jean Calvin* (1509–1564) ein. Für Calvin galt derjenige, der einen sichtbaren Ertrag seiner Arbeit vorweisen konnte, als göttlich erwählt. Ein asketisches, der Arbeit gewidmetes Leben war Pflicht und weltlicher Reichtum galt als göttlicher Lohn. Auch der aus Genf stammende Aufklärer *Jean-Jacques Rousseau* (1712–1778) sah, in der Tradition Calvins, die Arbeit als eine Pflicht an, die der Einzelne der Gesellschaft schuldet. Gerade in protestantischen Ländern entwickelte sich eine Arbeitsethik, die die Entstehung des kapitalistischen Produktivitäts- und Profitdenkens begünstigte. Den engen Zusammenhang zwischen protestantischer und kapitalistischer Arbeitsauffassung hat am Anfang unseres Jahrhunderts *Max Weber* (1864–1920) in seinem Werk *Die protestantische Ethik und der Geist des Kapitalismus* (1905) herausgestellt.

Zur Zeit der Aufklärung und der beginnenden Industrialisierung hatte sich auch ohne religiöse Begründungen die Auffassung durchgesetzt, dass Arbeit eine wesentliche und keineswegs nur notwendige Tätigkeit des Menschen ist. Der englische Aufklärer *John Locke* (1632–1704) sieht den Ursprung des Eigentums nicht mehr in einer Rechtsübertragung, sondern in der Arbeit. Da der Status des Bürgers von dem Erwerb des Eigentums abhängt, wird die Arbeit zur eigentlichen Quelle der bürgerlichen Rechte. Sie gilt aber auch in den neuen bürgerlich-kapitalistischen Gesellschaften als Quelle allen Reichtums. In diesem Sinne unterscheidet *Adam Smith* (1723–1790) in seinem *Reichtum der Nationen* (1776) zwischen produktiver und unproduktiver Arbeit. In genauer Umkehrung der antiken Lehre gelten nun Verwaltungstätigkeiten, politisches Handeln und vor allem auch geistige Arbeit als unproduktiv, während Tätigkeiten in Landwirtschaft, Gewerbe und Industrie als produktiv gelten. Nur sie sind es, auf denen der Wohlstand einer Gesellschaft beruht. Sowohl Smith als auch Rousseau wiesen auf die wichtige Rolle der Arbeitsteilung für den Zusammenhalt und die Entwicklung einer Gesellschaft hin. Im Zeitalter der Industrialisierung war neben der altersmäßigen, geschlechtlichen und beruflichen Arbeitsteilung die industrielle Arbeitsteilung getreten, in der der Arbeitende die Funktion einer spezialisierten Maschine einnahm.

Die enormen Veränderungen in der Arbeitswelt und die sprunghaft gestiegene Arbeitsproduktivität spiegelten sich auch in der Philosophie wider. Für *Georg Wilhelm Friedrich Hegel* (1770–1831) wurde Arbeit die wesentliche Tätigkeit des Menschen überhaupt und die Arbeitsteilung das Organisationsprinzip der bürgerlichen Gesellschaft. Nach Hegel gestaltet der Mensch in der Bearbeitung der Natur die Welt, er gestaltet aber auch sich selbst. Diese Auffassung übernahm *Karl Marx* (1818–1883). Auch für Marx liegt das Wesen des Menschen in der Arbeit. Das Gattungswesen »Mensch« entsteht für Marx erst, indem er sich die Natur durch Arbeit aneignet und diese Arbeit gesellschaftlich organisiert. Anders als für Hegel waren für Marx aber die konkreten materiellen Arbeitsprozesse entscheidend. Marx unterscheidet zwischen den natürlichen Formen der Arbeit und der Arbeit, wie sie in der kapitalistischen Gesellschaft ausgeübt wird. In seinem Hauptwerk *Das Kapital* (1867/1885/1894) legt Marx eine ausführliche Analyse der Arbeitsprozesse und der Funktionsweise der kapitalistischen Industriegesellschaft vor. Durch die industrielle Arbeitsteilung wird der Arbeiter zu einer Sache erniedrigt. Das Produkt seiner Arbeit wird ihm entzogen und ihm nur ein Teil des Gegenwerts seiner Arbeit als Lohn ausbezahlt. Der übrige Teil, der »Mehrwert«, fließt dem Unternehmer, dem Kapitalisten zu. Die industrielle Arbeitsteilung führt zur Entstehung von Klassen und zur Ausbeutung der einen Klasse durch die andere. Deshalb ist Arbeit im Kapitalismus für Marx entfremdete und nicht schöpferische Arbeit (→ Info II, III, V).

Im 20. Jahrhundert hat *Hannah Arendt* (1906–1975) in ihrem Werk *Vita Activa oder vom tätigen Leben* (1958) die radikale Aufwertung der Arbeit wieder revidiert und sich teilweise wieder an Vorstellungen der griechischen Philosophie angenähert. Arendt unterscheidet zwischen Arbeit, Herstellen und Handeln und wirft der neuzeitlichen Philosophie vor, diese drei verschiedenen Tätigkeiten unzulässig miteinander vermischt zu haben. Der Mensch als »Animal laborans«, als arbeitendes Wesen, kann nach Arendt nicht mit dem »Homo faber«, dem Menschen als herstellenden Wesen gleichgesetzt werden. Arbeit im Sinne der Produktion von Gütern, die wieder verbraucht, also konsumiert werden, dient für Arendt lediglich der Befriedigung elementarer Bedürfnisse. Erst im Herstellen, z. B. im Bau von Städten, wird der Mensch schöpferisch und schafft Gegenstände, die von Dauer sind. Aber erst im Handeln erreicht der Mensch die Stufe der eigentlichen Selbstverwirklichung. Dies geschieht in der Gestaltung zwischenmenschlicher Beziehungen, deren höchste Form das politische Handeln ist.

In der zweiten Hälfte des 20. Jahrhunderts musste die Philosophie zunehmend der Tatsache Rechnung tragen, dass die konkrete Form der Arbeit durch Automation und Computertechnik wesentlichen Veränderungen unterworfen wurde. Hat im Zeitalter der Informationstechnik die Unterscheidung zwischen produktiver und unproduktiver Arbeit oder zwischen Hand- und Kopfarbeit noch einen Sinn? *Günter Anders* (1902–1992) spricht von der »Antiquiertheit der Arbeit«, weil Arbeit oft nur noch im Bedienen von Apparaturen besteht. Der Beruf ist keine »Berufung« mehr im Sinne Luthers, sondern ein »Job«, den man auch öfter im Leben wechselt. Ein weiteres Problem besteht darin, dass einerseits die Arbeitszeit verkürzt wird und andererseits Arbeit im Sinne von bezahlter Erwerbstätigkeit immer knapper wird. Was bedeutet Arbeitslosigkeit für den Menschen und kann in Anbetracht dieser Tatsache die Selbstverwirklichung des Menschen noch in der Arbeit liegen? In den Überlegungen über die neu entstandene Freizeitgesellschaft spielt auch wieder der Gedanke der Muße eine Rolle. Obwohl sich der Begriff der Arbeit inzwischen auf alle möglichen Bereiche des menschlichen Lebens ausgedehnt hat (z. B. als »Beziehungsarbeit« oder »Trauerarbeit«), scheint die Arbeit im Sinne der Bearbeitung der Natur ihre seit Luther und Marx herausgehobene Bedeutung zu verlieren. Neuere französische Philosophen wie *Michel Foucault* (1926–1984) und *Jean Baudrillard* (1929–2007) sehen, in Umkehrung der marxistischen Tradition, in der Arbeit die Hauptquelle der menschlichen Entfremdung, weil der Mensch in der Arbeit sich selbst und die Natur zu einem reinen Nutzobjekt degradiert. Genau wie die technische Unterwerfung der Natur und das Wachstumsdenken, so werden auch der Wert und die Rolle der Arbeit wieder kritischer gesehen.

II DAS SPIEL MIT DEM FEUER – DER MENSCH UND DIE TECHNIK

Einführung

Als es Robinson Crusoe auf seine abgelegene Insel verschlägt, beginnt er sofort damit, die neue Umwelt seinen eigenen Bedürfnissen dienstbar zu machen. Er baut sich eine Unterkunft, Lagerräume und schließlich auch ein Boot. Er benutzt dazu die ihm verbliebenen Werkzeuge und stellt neue her. Vom Faustkeil früher menschlicher Kulturen bis zum computergesteuerten Weltraum-Shuttle begleitet die Technik die Entwicklung des Menschen. Der Mensch ist »Homo faber«, d.h. ein Wesen, das Werkzeuge herstellt, um mit ihrer Hilfe die Natur für seine Zwecke zu bearbeiten. Mittels der Technik schafft sich der Mensch neue Lebensmöglichkeiten, die über das hinausgehen, was ihm die Natur von sich aus anbietet. Symbol für die Technik als menschliche Überlebenshilfe ist in vielen Mythen und Religionen das Feuer, das als Geschenk der Götter angesehen wurde. Das Feuer steht für die Fähigkeit des Menschen zur Naturbeherrschung, die sich bis zur Entwicklung der modernen Naturwissenschaften und der modernen Hochtechnologie ständig erweitert und vergrößert hat. Nirgendwo sonst als in der Technik drückt sich deutlicher der Anspruch des Menschen aus, Herr der Natur und Schöpfer seines eigenen Schicksals zu sein.

Kennzeichnend für den Menschen ist aber auch, dass er die Technik nicht nur als Hilfsmittel, sondern von Anfang an auch als Mittel der Zerstörung benutzt hat. Mit dem Messer wird auch der Feind getötet, von einem Flugzeug aus werden auch Bomben abgeworfen. Fast jedes entwickelte Heilmittel kann auch als Gift gebraucht werden. Mit der Entwicklung der Technik hat der Mensch, wie Goethes »Zauberlehrling«, eine Kraft geschaffen, die ihm außer Kontrolle zu geraten droht. Besonders deutlich wird dies in der Gegenwart. Die Entwicklung der Atomenergie z.B. bietet ungeahnte Möglichkeiten, aber auch ungeheure Gefahren. Die Gentechnik kann den Menschen von Erbkrankheiten befreien, doch scheint der Eingriff ins menschliche Erbgut mit verschiedenen, schwer kalkulierbaren Gefahren verbunden zu sein. Gerade wegen der mit ihr verbundenen Risiken ist die Gentechnik, wie die Technik überhaupt zu einem brennenden moralischen Problem geworden. Im Zuge dieser Entwicklung ist im 20. Jahrhundert eine »Technikphilosophie« entstanden, die u.a. die Frage nach der Verantwortung stellt, die der Mensch mit der Entwicklung der Technik übernommen hat.

Welche Rolle spielt die Technik für das Selbstverständnis und für die Entwicklung des Menschen? Sollen wir alle Möglichkeiten der Technik ausschöpfen, sollen wir alles realisieren, was technisch möglich ist, oder sollten wir uns Grenzen setzen? Welche Gefahren und Möglichkeiten liegen z.B. in einer neuen Technik wie der Gentechnik?

II 1: Protagoras: Das Geschenk des Prometheus

Protagoras ist der bedeutendste Vertreter der Sophistik, einer Strömung der frühen griechischen Philosophie, die etwa die Zeit des 5. Jahrhunderts v. Chr. umfasst. Entgegen dem, was man in der Umgangssprache unter einem »Sophisten« versteht, waren die wirklichen Sophisten die ersten europäischen Aufklärer, die den Menschen und seine Fähigkeiten zum eigenständigen Erkennen und Handeln in den Mittelpunkt der Philosophie rückten. Berühmt wurde die Aussage des Protagoras: »Der Mensch ist das Maß aller Dinge.« Nach Protagoras nimmt jedes Lebewesen, ja jeder Mensch die Welt auf eine nur ihm eigene Weise wahr, sodass es eine allgemein gültige Erkenntnis der Welt nicht geben kann. Diesen Relativismus dehnte Protagoras auch auf moralische und politische Themen aus: Jede Zeit hat ihre eigenen Werte, für alle Menschen gültige Werte gibt es daher nicht.
Protagoras hat etwa zwischen 480 bis 410 v. Chr. gelebt. Er war anscheinend der erste von Stadt zu Stadt ziehende »Lehrer der Weisheit« (so die wörtliche Bedeutung von »Sophist«), der gegen Bezahlung Rhetorik und Politik lehrte. In seiner Schrift Über die Götter *äußerte er eine kritische Einstellung gegenüber dem religiösen Glauben. Als er deswegen der Gottlosigkeit angeklagt wurde, entzog er sich der drohenden Verurteilung durch eine Flucht zur See, bei der er ertrunken sein soll.*
Von den Schriften des Protagoras sind nur Fragmente erhalten, die bei anderen antiken Autoren zitiert oder referiert werden. Der Textauszug ist Platons Dialog Protagoras *entnommen. Darin liefert Platon eine – nach verbreiteter Ansicht korrekte – Darstellung der anthropologischen Deutung, die Protagoras dem Prometheus-Mythos gegeben hatte.*

Es war einmal eine Zeit, da gab es wohl Götter, sterbliche Wesen aber noch nicht. Als aber auch für diese die vom Schicksal bestimmte Zeit der Entstehung gekommen war, da bilden die Götter sie im Inneren der Erde aus einem Gemisch von Erde und Feuer und den Stoffen, die sich mit Erde und Feuer mischen. Als sie sie aber ans Licht bringen wollten, gaben sie dem Prometheus[1] und dem Epimetheus[2] den Auftrag, sie auszustatten und jeder einzelnen Art angemessene Fähigkeiten zu verleihen. Da bittet Epimetheus den Prometheus, dass er sie austeilen dürfte. »Wenn ich sie dann ausgeteilt habe«, sagte er, »dann sieh dir die Sache an.« – Und so überredet er den Prometheus und übernimmt die Austeilung. Dem einen Wesen nun verlieh er Kraft ohne Schnelligkeit; die schwächeren aber stattete er mit Schnelligkeit aus. Andere versah er mit Waffen; für diejenigen aber, denen er eine wehrlose Natur gegeben hatte, ersann er irgendeine andere Fähigkeit zu ihrer Erhaltung. Und denjenigen von ihnen, denen er kleine Gestalt gab, verlieh er die Fähigkeit, sich durch Fliegen zu retten, oder er gab ihnen eine Behausung unter der Erde. Die aber, denen er Körpergröße schenkte, suchte er eben hierdurch zu erhalten. Und so vollzog er auch im Übrigen seine Verteilung, indem er Nachteil und Vorteil gegeneinander auszugleichen suchte. Dies alles ersann er, indem er dabei darauf Bedacht nahm, dass keine Gattung dem Untergang verfallen wäre. Und als er ihnen die Fähigkeit verliehen hatte gegenseitiger Vernichtung zu entrinnen, ersann er für sie gegen die Unbilden der Jahreszeiten Schutzmittel, indem er sie mit dichten Haaren und festen Häuten bekleidete, die als Schutz gegen die Kälte des Winters, aber auch gegen die Hitze des Sommers ausreichten, und er nahm darauf Bedacht, dass eben

1 Prometheus: wörtlich »Vorbedacht«, griechische Sagengestalt – zu den Titanen, den vom höchsten griechischen Gott Zeus gestürzten, riesenhaften Göttern zählend –, die den Göttern das Feuer stiehlt, um es den Menschen zu schenken. Als Strafe wird er an einen Felsen gefesselt, wo ein Adler ihm die immer wieder nachwachsende Leber täglich abfrisst, bis er von Herakles befreit wird.

2 Epimetheus: wörtlich »Nachbedacht«, jüngerer Bruder von Prometheus.

diese Ausstattung als eine ihnen eigene Lagerdecke, die mit einem jeden zusammengewachsen war, dienen könnte. Und die Füße der einen stattete er mit Hufen, die der andern mit festen und blutlosen Krallen aus und verschaffte so den einen diese, den anderen jene Art der Ernährung: den einen der Erde entsprießendes Kraut, anderen Früchte der Bäume, anderen Wurzeln. Einigen aber gab er als Nahrungsmöglichkeit den Fraß anderer Lebewesen. Und den einen gab er nur wenige Nachkommenschaft; denjenigen aber, die von jenen aufgefressen wurden, verlieh er zur Erhaltung ihrer Gattung zahlreiche Nachkommen. Da nun Epimetheus nicht allzu klug war, merkte er nicht, dass er die verschiedenen Fähigkeiten für die vernunftlosen Wesen völlig verbraucht hatte. Es war aber das Menschengeschlecht noch nicht ausgestattet und er wusste nicht, wie er ihm helfen sollte. Wie er daher in arger Verlegenheit ist, kommt Prometheus, um sich seine Verteilung anzusehen. Und da sieht er, dass die anderen Lebewesen mit allem wohl versorgt sind, der Mensch dagegen nackt und bloß ist, ohne Schutz seiner Füße, unbedeckt und unbewaffnet. Und schon nahte der vom Schicksal bestimmte Tag heran, an dem auch der Mensch aus der Erde ans Licht treten sollte. Prometheus nun in seiner Not, wie er dem Menschen eine Möglichkeit zu seiner Erhaltung ausfindig machen sollte, stiehlt zusammen mit dem Feuer die technische Kunstfertigkeit des Hephaistos[3] und der Athene[4] (es war ja unmöglich, dass diese ohne Feuer von jemandem erworben oder gebraucht werden könnte) und schenkt sie dem Menschen. So erhielt nun der Mensch die Kenntnisse zum Lebensunterhalt.

[...] Als aber der Mensch an der göttlichen Gabe Anteil erhalten hatte, da fasste er zuerst infolge seiner Verwandtschaft mit der Gottheit, als einziges unter den Lebewesen, den Glauben an Götter und unternahm es, Altäre und Bilder von Göttern zu errichten. Dann teilte er alsbald einzelne Laute und Worte zergliedernd ab aufgrund seiner Kunst und erfand Wohnung, Kleidung, Schuhwerk und Decken zum Lager und die Mittel zu seiner Ernährung aus dem Erdreich.

So ausgerüstet wohnten die Menschen ursprünglich zerstreut; Städte gab es noch nicht. Daher fielen sie den wilden Tieren zum Raube, weil sie in jeder Hinsicht schwächer als diese waren. Ihre praktischen Kunstfertigkeiten reichten zwar für ihren Lebensunterhalt vollkommen aus, aber nicht für den Kampf gegen die Raubtiere. Denn sie besaßen noch keine Staatskunst, von der die Kriegskunst ein Teilgebiet ist. Sie suchten sich daher zu vereinigen und zu retten, indem sie Städte gründeten. Wenn sie aber zusammengekommen waren, taten sie einander Unrecht, da sie die Staatskunst noch nicht besaßen, sodass sie sich wieder zerstreuten und zugrunde gingen. Da geriet Zeus in Sorge, dass unser Geschlecht vollkommen ausgerottet werden könnte, und entsandte den Hermes[5], der zu den Menschen die heilige Scheu und das Recht bringen sollte, damit es Städteordnungen gäbe und Freundschaft begründende Bande. Da fragt Hermes den Zeus, in welcher Weise er den Menschen Recht und Ehrfurcht beibringen solle. »Soll ich sie etwa so, wie die Künste und Gewerbe ausgeteilt sind, austeilen? Die aber sind folgendermaßen verteilt: Ein Einziger besitzt z. B. die Heilkunst und reicht für viele Nichtheilkundige aus, ebenso die anderen Kunstverständigen. Soll ich also Recht und Ehrfurcht ebenso unter den Menschen verteilen? Oder soll ich sie allen geben?« »Allen«, erwiderte Zeus, »alle sollen daran Anteil haben. Denn sonst könnte kein Gemeinwesen entstehen, wenn nur wenige an ihnen Anteil hätten, wie das bei den anderen Künsten der Fall ist. Und das gib ihnen als Gesetz von mir: Wer nicht an Recht und Ehrfurcht teilzuhaben vermag, den soll man töten als eine Krankheit des Staates!«

3 Hephaistos: Sohn des Zeus, griechischer Gott des Feuers und der Schmiedekunst.

4 Athene: Tochter des Zeus, griechische Göttin der Städte, des Ackerbaus, der Wissenschaft und der Künste.

5 Hermes: Sohn des Zeus, griechischer Gott des Handels und der Diebe, Götterbote und Begleiter der verstorbenen Seelen in die Unterwelt.

II 2: Arnold Gehlen: Technik als Organersatz

Arnold Gehlen ist ein Hauptvertreter der modernen Philosophischen Anthropologie. Deren Anliegen ist es, ausgehend von der Biologie und einem Tier-Mensch-Vergleich, die Frage nach der Sonderstellung des Menschen in der Natur zu klären. Gehlen hat sich besonders darum bemüht nachzuweisen, dass der Mensch von Natur aus ein »Mängelwesen« ist, das, verglichen mit den Tieren, nur über begrenzt leistungsfähige Organe und dürftige Instinkte verfügt. In Gehlens Sicht wird die Technik zu einem unverzichtbaren Ersatz für die unzureichende Naturausstattung des Menschen.
Gehlen wurde 1904 in Leipzig geboren. Nach dem Studium lehrte er von 1934 bis 1945 in Leipzig, Königsberg und Wien und nach dem Krieg als Professor für Soziologie in Speyer und Aachen. Gehlen starb 1976 in Hamburg.
In unserem Textauszug, der aus der Schrift Die Seele im technischen Zeitalter *(1957) stammt, begründet Gehlen seine Techniksicht.*

Die Technik ist so alt wie der Mensch, denn aus den Spuren der Verwendung bearbeiteter Werkzeuge können wir bisweilen bei Fossilfunden[1] erst mit Sicherheit schließen, dass wir es mit Menschen zu tun haben. Und schon der roheste Faustkeil aus Feuerstein trägt dieselbe Zweideutigkeit in sich, die heute der Atomenergie zukommt: Er war ein brauchbares Werkzeug und zugleich eine tödliche Waffe. Die Veränderung der unmittelbar vorgefundenen Natur zu den eigenen Zwecken ist beim Menschen von vornherein verflochten in den Kampf gegen seinesgleichen, und erst ganz neuerdings greift das Bestreben um sich diesen dramatischen Zusammenhang aufzulösen. Sollte dies gelingen und der ewige Friede bevorstehen, so würde dieser einen sehr hohen Stand der Technik voraussetzen: Eine wirksame gegenseitige Rüstungskontrolle wäre anders nicht vorstellbar.

Noch näher heran an den Zusammenhang des Menschen mit der Technik führt die folgende Überlegung. Im Anschluss an Max Scheler[2] hat die moderne Anthropologie klargelegt, dass der Mensch infolge seines Mangels an spezialisierten Organen und Instinkten in keine artbesondere, natürliche Umwelt eingepasst und infolgedessen darauf angewiesen ist, *beliebige* vorgefundene Naturumstände intelligent zu verändern. Sinnesarm, waffenlos, nackt, in seinem gesamten Habitus embryonisch[3], in seinen Instinkten verunsichert ist er das existentiell auf die *Handlung* angewiesene Wesen. Im Sinne solcher Überlegungen haben W. Sombart[4], P. Alsberg[5], Ortega y Gasset[6] u.a. die Notwendigkeit der Technik aus den *Organmängeln* des Menschen hergeleitet. Zu den ältesten Zeugnissen der Werkarbeit gehörten in der Tat die Waffen, die als Organe fehlen, und hierher müsste man auch die Feuerverwendung rechnen, wenn sie ebenfalls aus Gründen der Sicherheit oder als Wärmeschutz in Übung kam. Neben dieses Prinzip des Organersatzes würde von vornherein das der Organverstärkung getreten sein: Der Schlagstein in der Hand ist von ungleich mächtige-

1 Fossilfunde/Fossil: versteinerter Rest von Tieren und Pflanzen aus früheren Epochen der Erdgeschichte.
2 Max Scheler: deutscher Philosoph (1874–1928), Mitbegründer der modernen Philosophischen Anthropologie.
3 embryonischer Habitus: Erscheinungsbild des sich entwickelnden Organismus, beim Menschen die Phase bis zum Ende des dritten Schwangerschaftsmonats.
4 Werner Sombart: deutscher Wirtschaftswissenschaftler (1863–1941), der die Geschichte des Kapitalismus und Sozialismus erforschte.
5 Paul Alsberg: Arzt und Anthropologe (1883–1965).
6 Ortega y Gasset: spanischer Philosoph und Essayist (1883–1955).

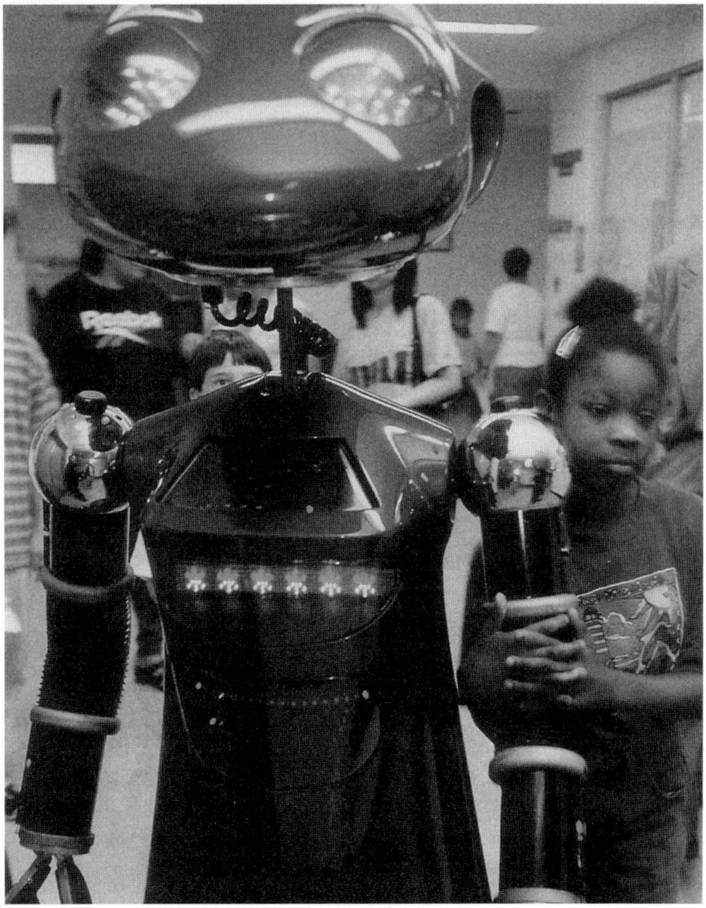

In nordamerikanischen Kliniken gelangen Roboter bei Kindern mit seelischen Problemen zum Einsatz.

rer Wirkung als die bloße Faust, sodass neben die »Ergänzungstechniken«, die uns organisch versagte Leistungen ersetzen, die »Verstärkertechniken« treten, welche unsere Organleistungen überbieten: Der Hammer, das Mikroskop, das Telefon potenzieren natürliche Fähigkeiten. Schließlich gibt es »Entlastungstechniken«, die auf Organentlastung, Organausschaltung und schließlich auf Arbeitsersparnis überhaupt bezogen sind, so wie der Wagen mit Rädern das physische Schleppen von Lasten überflüssig macht. Wer im Flugzeug reist, kann alle drei Prinzipien in einem haben: Es ersetzt die uns nicht gewachsenen Flügel, überbietet weit alle organischen Flugleistungen überhaupt und erspart unsere Fortbewegung über ungeheuere Entfernungen jegliche Eigenbemühung.

Die Intellektualität des Menschen bleibt ihm zuletzt allerdings ein Rätsel, aber dieses wäre ein vollständiges, wenn man sie nicht im Zusammenhang mit den Mängeln seiner Organ- und Instinktausstattung sehen könnte; denn diese Intellektualität nimmt ihm den Zwang zur organischen Anpassung ab, dem die Tiere unterliegen, sie befähigt ihn umgekehrt zur Veränderung der urwüchsigen Umstände bis zur Tauglichkeit für ihn. Wenn man unter Technik die Fähigkeiten und Mittel versteht, mit denen der Mensch sich die Natur dienstbar macht, indem er ihre Eigenschaften und Gesetze erkennt, ausnützt und gegeneinander ausspielt, so gehört sie in diesem allgemeinsten Sinne zum Wesen des Menschen. Auch in dem Geistreichen, dem Unwahrscheinlichen schlechthin und in dem gebrochenen Verhältnis zur Natur ist sie ein wahres Spiegelbild des Menschen und man kann diese

Merkmale schon in dem Umstand erkennen, dass die ältesten und grundlegenden Erfindungen ohne Naturvorbild gemacht worden sind. Dies gilt für die Feuerbereitung durch Bohren von Holz auf Holz, gilt für Pfeil und Bogen und vor allem für das Rad, die rotierende Drehbewegung um eine Achse – diese Erfindung ist so abstrakt, dass die alten südamerikanischen Hochkulturen sie nicht machten und ohne Wagen oder Töpferscheibe auskommen mussten – als echte Hochkulturen mit reichem Schrifttum, kompliziertem Staatsapparat und hochentwickelten Religionen. [...]

Die vorhin beschriebene ursprüngliche Tendenz des Organersatzes nun hat sich im Laufe der Geschichte über den leibnahen Bereich hinaus erstreckt, bis in immer tiefere organische Schichten einschneidend. Als eines der wesentlichsten Resultate der gesamten Kulturgeschichte kann man stets den zunehmenden Ersatz des Organischen durch das Anorganische ansehen. Diese Bewegung erfolgt in zwei Hauptrichtungen: Der organisch gewachsene Stoff wird durch Kunststoffe ersetzt, die Organkraft durch anorganische Kräfte. In der ersten Richtung bedeutete die Erfindung der Metallbearbeitung bekanntlich eine wahre Kulturschwelle, so wie man das in den Namen der Bronzezeit, Eisenzeit usw. schon längst zum Ausdruck brachte. Das Metall ersetzt und überbietet die unmittelbar vorfindbaren Werkstoffe, vor allem Stein und Holz, höchst wirkungsvoll, und selbst noch im Mittelalter waren Schiffe, Brücken, Wagen und Geräte größtenteils aus Holz; auch kannte man kein anderes Heizmaterial. Beton, Metalle, Koks, Kohle und viele synthetische Stoffe haben heute das Holz weitgehend verdrängt und man erwartet schon die Autokarosserie aus Kunststoff, die wiederum das Stahlblech ablösen soll. Leder und Hanf sind durch Stahltrossen ersetzt worden, Wachslichter durch Gas oder Elektrizität, Indigo und Purpur durch Anilinfarben, fast alle natürlichen Medikamente und Heilkräuter durch synthetische Produkte. [...]

Und was die andere Richtung der Entwicklung angeht, die Verdrängung organischer Kraft durch anorganische, so hat mit der Dampfmaschine und dem Verbrennungsmotor die Kultur sich auf die Kohle- und Erdölvorräte umgestellt, die im Boden aufgestapelt sind. Diese sind zwar selbst noch Reste längst vergangenen organischen Lebens, aber immerhin trat jetzt ein Schlüsselereignis ein: Von den Kraftquellen her machte sich die Menschheit unabhängig von dem, was *pro anno*[7] nachwächst. Solange Holz der maßgebende Werkstoff und die Leistung des gezähmten Tieres die wichtigste Kraftquelle waren, bestand eine nichttechnische, vorgegebene, in dem langsamen Tempo des organischen Wachstums und dem bescheidenen Ausmaß der organischen Vermehrung liegende *Schranke* für Tempo und Wachstum der materiellen Kultur, und damit in letzter Instanz auch für die Vermehrung der Volkszahlen. Mit der Anlage von Wasserkraftwerken zur Erzeugung von elektrischem Strom und mit der Gewinnung von Atomenergie emanzipiert man sich in einem letzten Schritt überhaupt von organischen Substraten für die Kraftgewinnung.

Dieser deutlich erkennbare Trend, in dem die Technik verläuft, nämlich vom »Organersatz« zum Ersatz des Organischen überhaupt, verdankt seine Bestimmtheit einer zuletzt geistigen und ziemlich rätselhaften Gesetzlichkeit. Die anorganische Natur ist nämlich, kurz gesagt, erkennbarer als die organische, ein Sachverhalt, auf den mit gebotenem Nachdruck H. Bergson[8] hingewiesen hat. Unsere rationale Denkkraft, die abstrakten Modelle, die sie entwickelt, und ihre mathematischen Begriffsbildungen kommen in der anorganischen Natur mit einer erstaunlichen Treffsicherheit an, während wir über das, was »Leben« eigentlich ist, trotz aller Fortschritte der organischen Chemie kaum besser unterrichtet sind als die ersten Philosophen des griechischen Altertums.

7 pro anno: lat. »jährlich«.

II 3: Hans Lenk/Günter Ropohl: Ist erlaubt, was machbar ist?

Zu den bekannteren Vertretern der sich neu entwickelnden Technikphilosophie gehören Hans Lenk und Günter Ropohl. Lenk, geboren 1935, ist Professor für Philosophie in Karlsruhe und hat auch Arbeiten zur Wissenschaftstheorie und Sozialphilosophie geliefert, darunter die Schrift Zur Sozialphilosophie der Technik *(1982). Ropohl, geboren 1939, ist Professor für Allgemeine Technologie in Frankfurt am Main und hat u.a. die Schrift* Die unvollkommene Technik *(1985) veröffentlicht.*
Lenk und Ropohl haben gemeinsam den Band Technik und Ethik *(1987) herausgegeben, der Beiträge verschiedener Philosophen zum Problem der moralischen Verantwortbarkeit technischer Entwicklungen enthält. Der Text findet sich in der von beiden gemeinsam verfassten Einführung zu diesem Band.*

Ist der Mensch wirklich der »Herr und Besitzer der Natur« geworden, wie es René Descartes[1] am Anfang der Neuzeit proklamierte? Tatsächlich haben die Menschen beträchtliche Teile der Erde in eine technische Landschaft verwandelt. Und seit 1969 der »Mann im Mond«[2] zur Wirklichkeit wurde, schicken sich die Menschen an, ihre Herrschaft über die Erde auch in den Weltraum auszudehnen. All dies – und vieles mehr – ist das Ergebnis technischer Handlungsmacht.

Technik umfasst weit mehr als die Welt der künstlich gemachten Gegenstände. Diese Gegenstände nämlich gehen aus einem vielschichtigen Geflecht menschlicher Entwürfe, Entscheidungen und Handlungen hervor. Und wenn die technischen Gegenstände genutzt werden, sind es wiederum menschliche Handlungen, in denen sie ihre Rolle spielen. Zum einen Teil ersetzen die technischen Gegenstände menschliche Handlungs- und Arbeitsfunktionen und überlassen den Menschen nur mehr die Zielsetzung und Kontrolle; zum anderen Teil schaffen sie neue Leistungsmöglichkeiten, die menschliches Handeln und Erleben ergänzen und ausweiten. Wohl sind es immer Individuen, die ihre Beiträge zur Herstellung der technischen Gegenstände leisten, und Individuen sind es, die aus dem Gebrauch ihren Nutzen ziehen. Aber während die handwerkliche Technik sich noch als die Leistung einzelner Menschen auffassen ließ, die Werkzeugherstellung und Werkzeuggebrauch sowie Produktidee und Produktherstellung in sich vereinten, kann man die moderne industrielle Technik, weil auf eine arbeitsteilige Gesellschaftsstruktur angewiesen, nur mehr als soziale Erscheinung verstehen: Die Technisierung hat aus menschlichem Handeln soziotechnisches Handeln gemacht.

Die Technisierung hat den Möglichkeitsraum soziotechnischen Handelns ins schier Unermeßliche ausgeweitet. Die Menschen haben sich, als sich die Möglichkeit einstellte, nicht einmal gescheut Bomben herzustellen, die den ganzen Planeten, ihre eigene Gattung und alles andere Leben zerstören können. Einer, der daran mitgewirkt hat, Edward Teller[3], erklärte 1975 ausdrücklich: »Der technische Mensch soll das, was er verstanden hat, anwenden« und »sich dabei keine Grenze setzen«; »was man verstehen kann, das soll man auch anwenden«. Aus dem Können folgt das Sollen – so kann man diese Handlungsregel zuspitzen, die auch als technologischer Imperativ bezeichnet wird: Je mehr Handlungsmöglichkeiten die

1 René Descartes: französischer Philosoph (1596–1650), Mitbegründer der neuzeitlichen Philosophie.
2 1969 Mann im Mond: Am 27. Juli 1969 landete die amerikanische Raumfähre »Apollo 11« auf dem Mond, den der Astronaut Neil Armstrong (geb. 1930) als erster Mensch betrat.
3 Edward Teller: ungarisch-amerikanischer Physiker (1908–2003), Vater der Wasserstoffbombe.

Menschen durch Technik gewinnen, desto mehr sollten sie ausführen, um ihre technische Macht real zu etablieren. Doch gerade das Beispiel der Wasserstoffbombe zeigt überdeutlich die ganze Problematik dieser Handlungsregel; denn konsequent befolgt, würde sie jede weitere Handlungsregel gegenstandslos machen: Es gäbe keine Menschen mehr, die noch Handlungen ausführen könnten und sollten. Viele andere Folgen und Nebenwirkungen der Technisierung haben in den letzten beiden Jahrzehnten die Zweifel verstärkt, ob man wirklich alles machen soll, was man machen kann. Über das Pro und Kontra wird denn auch inzwischen eine leidenschaftliche Debatte geführt, doch ist diese Diskussion selten bis zum philosophischen Kern des Problems vorgedrungen.

Die Philosophie – und vor ihr die mythischen und religiösen Orientierungssysteme – hat nämlich schon immer gewusst, dass die Menschen mehr können, als sie dürfen.

FORUM

Zur Texterschließung

1 | Nach welchem Prinzip verteilt Epimetheus die Fähigkeiten an die Lebewesen?

2 | Warum ist nach Meinung des Prometheus der Mensch ungenügend ausgestattet? Durch welche Gabe versucht er diesen Mangel abzustellen?

3 | Welche positiven Folgen hatte nach Protagoras das Geschenk des Prometheus für die Menschen?

4 | Welche Art von Kunstfertigkeit fehlte den Menschen noch, nachdem sie das Geschenk des Feuers erhalten hatten und welche Folgen hatte dies für ihr Zusammenleben?

5 | Erläutern Sie die von Gehlen behauptete dreifache Funktion der Technik – als Organersatz, Organverstärkung und als Organentlastung! Welche Beispiele nennt Gehlen für diese drei Funktionen?

6 | In welcher doppelten Weise sind nach Gehlen organische Kräfte und Substanzen im Verlauf der Entwicklung der Technik ersetzt worden?

7 | Wie begründet Gehlen die Tatsache, dass sich der Mensch immer mehr der anorganischen Natur bedient hat?

8 | Erläutern Sie die These von Lenk/Ropohl, dass die Entwicklung der Technik aus menschlichem Handeln »soziotechnisches« Handeln gemacht habe!

9 | Welche Meinung vertritt der Atomphysiker Edward Teller (1908–2003) zum Problem, ob der Mensch auch alles anwenden soll, was er technisch herstellen kann?

10 | Welche Konsequenz hätte eine solche Haltung nach Meinung von Lenk/Ropohl?

Links: Jenny Holzer, Aus der Überlebensserie, 1987

Rechts: Die 4000 Mann Besatzung des US-Atom-Flugzeugträgers »Enterprise« haben sich an Deck zu der Formel $E = mc^2$ aufgebaut, mit der der Physiker Albert Einstein zu Beginn des 20. Jahrhunderts die Verbindung zwischen Energie und Materie herstellte – praktisch die Grundformel für Kernenergie und Atombombe.

Homo faber – Zur Diskussion

1 | Wie ist Ihre eigene Haltung zur Technik? Begründen Sie, warum Sie der Technik zustimmend, interessiert, gleichgültig oder ablehnend gegenüberstehen!

2 | Welchen Gefahren wäre der Mensch in der Natur ohne technische Hilfsmittel ausgesetzt?

3 | Zählen Sie Fälle aus Ihrem Alltag auf, wo Ihnen die Technik als »Organersatz« oder »Organverstärkung« dient. – Nennen Sie Fälle, in denen auch Tiere technische Hilfsmittel benutzen! Worin besteht Ihrer Meinung nach der Unterschied zwischen diesen Hilfsmitteln und der menschlichen Technik?

4 | Erstellen Sie eine Liste, auf welche technischen Hilfsmittel Sie in Ihrem Alltag verzichten könnten und auf welche nicht!

5 | Welches sind Ihrer Meinung nach die drei nützlichsten und welches die drei schädlichsten technischen Erfindungen der Menschheitsgeschichte?

6 | Nennen Sie Fälle, in denen Ihrer Meinung nach die Anwendung von Technik einer moralischen Kontrolle bedarf! Wie könnte Ihrer Meinung nach eine solche Kontrolle wirksam durchgesetzt werden?

7 | Die Nutzung der Atomenergie wird von ihren Befürwortern als eine »beherrschbare« Technik bezeichnet. Die Gegner sprechen von einer »menschheitszerstörenden« Technik. Welcher Meinung schließen Sie sich an und aus welchen Gründen? Belegen Sie Ihre Meinung mit Beispielen! Erläutern Sie, was mit den Begriffen »beherrschbar« und »menschheitszerstörend« gemeint ist!

II 4: Johann Wolfgang Goethe: Ein Mensch wird gemacht

Johann Wolfgang Goethe (1749–1832) war einer der produktivsten Schriftsteller des späten 18. und frühen 19. Jahrhunderts. Sein Werk umfasst Gedichte, Epen, Romane, Dramen, Aphorismen, Tagebücher, aber auch naturphilosophische Studien. Wie Shakespeare in England, gilt Goethe in Deutschland als der bedeutendste Dichter des Landes. Mit ihm fand die deutsche Literatur Ende des 18. Jahrhunderts Anschluss an die westeuropäische Literaturentwicklung.
Einen frühen internationalen Erfolg hatte Goethe mit seinem Roman Die Leiden des jungen Werthers *(1774). Zu seinen späteren Meisterwerken gehören das Drama* Iphigenie auf Tauris *(1787) sowie die Romane* Wilhelm Meisters Lehrjahre *(1796) und die* Wahlverwandtschaften *(1809). Als Krönung seines Schaffens gilt das Versepos* Faust *(1. Teil 1806, 2. Teil 1831). Aufschluss über Goethes Leben und Denken geben das autobiographische Werk* Dichtung und Wahrheit *(1811–1813) sowie die von Goethes Privatsekretär Johann Peter Eckermann aufgezeichneten* Gespräche mit Goethe in den letzten Jahren seines Lebens *(1823–1832).*
Goethe wurde am 28. August 1749 als Sohn eines hohen Beamten in Frankfurt/Main geboren. Nach seinem Jurastudium führte die Begegnung mit dem Erbprinzen Karl August von Sachsen-Weimar zur entscheidenden Wende seines Lebens. Goethe siedelte sich ab 1776 bis zu seinem Tod am 22. März 1832 in der kleinen thüringischen Residenzstadt Weimar an. Dort bekleidete er hohe politische Ämter und hatte maßgeblichen Anteil daran, dass Weimar im späten 18. und frühen 19. Jahrhundert zu einem Zentrum des deutschen Kulturlebens wurde. Goethe wurde der Mittelpunkt der sogenannten »Weimarer Klassik«. Zahlreiche Dichter ließen sich in Weimar nieder und inspirierten sich gegenseitig. Besonders fruchtbar war die Freundschaft und intensive Zusammenarbeit zwischen Goethe und Friedrich Schiller (1759–1805).
Der Textauszug ist dem 2. Akt des 2. Teils des Faust *entnommen. Thema des* Faust *ist der Menschheitstraum durch unermüdliche Vermehrung des Wissens die Natur beherrschbar zu machen und dadurch dem Leben einen Sinn zu geben. Eine zentrale Aussage des* Faust *lautet: »Wer immer strebend sich bemüht, den können wir erlösen.« Der Teufel (Mephistoles) versucht dabei, den rastlosen Forscherdrang der Hauptfigur Faust abzulenken, indem er ihm ein Leben in Genuss anbietet. In der abgedruckten Szene, die von den Ideen des Naturforschers Paracelsus (1493–1541) beeinflusst ist, erfüllt sich der Wissenschaftler Wagner seinen Wunsch einen künstlichen Menschen herzustellen.*

LABORATORIUM
im Sinne des Mittelalters, weitläufige unbehülfliche Apparate zu phantastischen Zwecken

WAGNER am Herde. Die Glocke tönt, die fürchterliche,
Durchschauert die berußten Mauern.
Nicht länger kann das Ungewisse
Der ernstesten Erwartungen dauern.
Schon hellen sich die Finsternisse;
Schon in der innersten Phiole[1].
Erglüht es wie lebendige Kohle,
Ja wie der herrlichste Karfunkel[2],

1 Phiole: kugelförmige Glasflasche mit langem Hals.
2 Karfunkel: feurig-roter Edelstein.

Verstrahlend Blitze durch das Dunkel.
Ein helles weißes Licht erscheint!
O dass ich's diesmal nicht verliere! –
Ach Gott! was rasselt an der Türe?
MEPHISTOPHELES eintretend. Willkommen! es ist gut gemeint.
WAGNER ängstlich. Willkommen zu dem Stern der Stunde!
Leise: Doch haltet Wort und Atem fest im Munde,
Ein herrliches Werk ist gleich zustand gebracht.
MEPHISTOPHELES leiser. Was gibt es denn?
WAGNER leiser. Es wird ein Mensch gemacht.
MEPHISTOPHELES. Ein Mensch? und welch verliebtes Paar
Habt ihr ins Rauchloch eingeschlossen?
WAGNER. Behüte Gott! wie sonst das Zeugen Mode war,
Erklärten wir für eitel Possen.
Der zarte Punkt, aus dem das Leben sprang,
Die holde Kraft, die aus dem Innern drang
Und nahm und gab, bestimmt sich selbst zu zeichnen,
Erst Nächstes, dann sich Fremdes anzueignen,
Die ist von ihrer Würde nun entsetzt[3];
Wenn sich das Tier noch weiter dran ergetzt[4],
So muss der Mensch mit seinen großen Gaben
Doch künftig höhern, höhern Ursprung haben.
Zum Herd gewendet.
Es leuchtet! seht! – Nun lässt sich wirklich hoffen,
Dass, wenn wir aus viel hundert Stoffen
Durch Mischung – denn auf Mischung kommt es an –
Den Menschenstoff gemächlich komponieren,
In einen Kolben verlutieren[5]
Und ihn gehörig kohobieren[6],
So ist das Werk im Stillen abgetan.
Zum Herd gewendet.
Es wird! die Masse regt sich klarer!
Die Überzeugung wahrer, wahrer:
Was man an der Natur Geheimnisvolles pries,
Das wagen wir verständig zu probieren,
Und was sie sonst organisieren ließ,
Das lassen wir kristallisieren.
MEPHISTOPHELES. Wer lange lebt, hat viel erfahren,
Nichts Neues kann für ihn auf dieser Welt geschehn.
Ich habe schon in meinen Wanderjahren
Kristallisiertes Menschenvolk gesehn.
WAGNER, bisher immer aufmerksam auf die Phiole.
Es steigt, es blitzt, es häuft sich an,
Im Augenblick ist es getan.
Ein großer Vorsatz scheint im Anfang toll;
Doch wollen wir des Zufalls künftig lachen,

3 entsetzen (hier): entbinden, entheben.
4 ergetzen: ergötzen, Spaß haben.
5 verlutieren: verkitten, mit Lehm verschließen.
6 kohobieren: destillieren, durch mehrmalige Destillation klären.

Und so ein Hirn, das trefflich denken soll,
Wird künftig auch ein Denker machen.
Entzückt die Phiole betrachtend.
Das Glas erklingt von lieblicher Gewalt,
Es trübt, es klärt sich; also muss es werden!
Ich seh' in zierlicher Gestalt.
Ein artig Männlein sich gebärden.
Was wollen wir, was will die Welt nun mehr?
Denn das Geheimnis liegt am Tage.
Gebt diesem Laute nur Gehör,
Er wird zur Stimme, wird zur Sprache.
HOMUNCULUS[7] in der Phiole zu Wagner.
Nun Väterchen! wie steht's? es war kein Scherz.
Komm, drücke mich recht zärtlich an dein Herz!
Doch nicht zu fest, damit das Glas nicht springe.
Das ist die Eigenschaft der Dinge:
Natürlichem genügt das Weltall kaum,
Was künstlich ist, verlangt geschlossnen Raum.

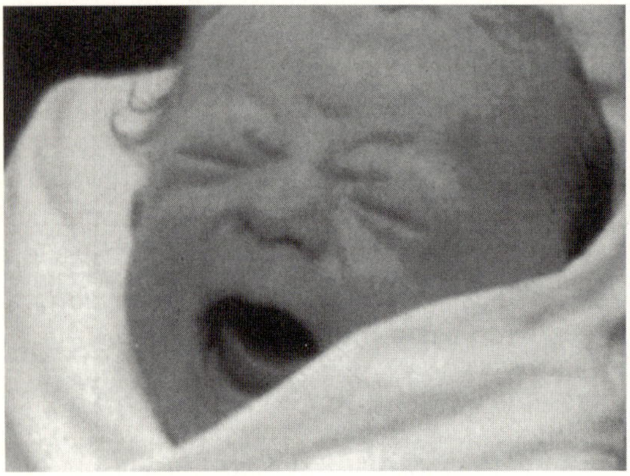

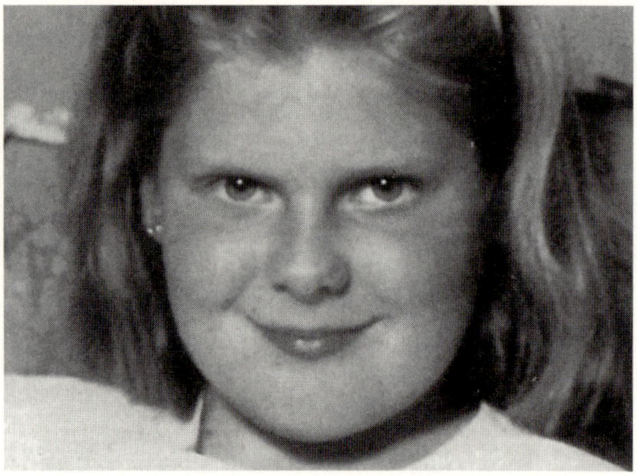

Louise Brown ist das erste außerhalb des Mutterleibes empfangene menschliche Wesen.

Louise Brown, 1978 und 1994

7 Homunculus: wörtlich: »Menschlein«, künstlich erzeugter Mensch.

II 5: Philip Kitcher: Klonen – mehr als eine biologische Phantasie?

Philip Kitcher wurde am 20.2.1947 in London geboren und kam 1969 in die USA. Inzwischen lehrt er als Professor für Philosophie an der Universität von Kalifornien in San Diego. Schwerpunkte seiner Arbeit und seiner Veröffentlichungen sind Wissenschaftstheorie und ethische Probleme der Humangenetik.
Im Auftrag des amerikanischen Kongresses beobachtete Kitcher ein Jahr lang humangenetische Forschungen und Versuche in den USA. Sein 1996 veröffentlichtes Buch The Lives to Come *erschien unter dem Titel* Gentechnik und Ethik. Die Revolution der Humangenetik und ihre Folgen *1998 in deutscher Übersetzung. Ein Auszug aus diesem Buch:*

Seit der Existenz Dollys, des berühmtesten Schafes der Welt, sind viele Menschen von dem Gedanken fasziniert, dass das Klonen es ermöglichen könnte, geliebte Wesen, deren Leben dem Ende zugeht, zu ersetzen. Die biologischen Schwierigkeiten liegen auf der Hand.

Alle Organismen, wie niedrig auch immer, sind mehr als die Summe ihrer Gene. Besonders im Fall unserer eigenen Spezies[1] und zu einem geringeren Ausmaß bei unseren tierischen Lieblingen hängen die uns wichtigen Charakteristika[2] von komplexen Interaktionen[3] zwischen Genen und Umwelt ab. Erweckt man einen neuen Menschen oder ein neues Tier mit den Genen eines anderen zum Leben, erhöht man zwar die Chance, dass der Neuankömmling ebenfalls die gewünschten Eigenschaften besitzt, aber mehr ist nicht zu erwarten.

Klonen als »Ersatz«-Technologie zu betrachten, ist nicht nur biologisch verworren, sondern auch moralisch verwerflich. Phantasien, früh verstorbene Kinder zu »doppeln«, zeigen eine ungute Einstellung dem werdenden Leben gegenüber. Die Eltern hoffen, das Szenario für das neue Kind selbst schreiben zu können, indem sie sein Leben nicht als etwas sehen, was vom Kind in eigener Regie, so gut es geht, zu entwickeln ist, sondern als Abklatsch eines früheren Lebewesens. Eine der wesentlichen Faszinationen des Klonens rührt von einem Impuls her, den viele Eltern in sich spüren (und dem sie meist widerstehen): dem Wunsch, dass sich das Leben des Kindes auf eine Weise entfalten möge, die ihnen am genehmsten ist. Von James Mills[4] egomanischem[5] Wunsch, seinen Sohn zum Intellektuellen zu formen – verdeutlicht in einem strengen Erziehungsprogramm, mit dem dem jungen John Stuart[6] seit seinen Kindertagen Griechisch, Lateinisch und Hebräisch eingebimst wurde –, bis zu den Vätern, die bestrebt sind in ihren Söhnen ihre eigene tatkräftige Jugend wieder zu erschaffen, sind Eltern versucht die Lebenskonturen ihrer Kinder vorzugeben. »Ersatz«-Klonierung wäre ein extremer Fall und für das Kind eine unerträgliche Bürde.

Sollte es eine legitime Rolle für das Klonen von Menschen geben, wird sie in den Randzonen der reproduktiven Technologie[7] zu finden sein, ein letzter Ausweg für die, die keine andere Möglichkeit haben gesunde Kinder zu bekommen. Aber dieses Szenario ist etwas weit hergeholt – wie wahrscheinlich ist es denn, dass es keine Alternativen gibt? Es würde kaum schaden, verböte man das Klonen von Menschen ganz. [...]

1 Spezies: besondere Art innerhalb einer Gattung.
2 Charakteristika: bezeichnende, hervorstechende Eigenschaften.
3 Interaktionen: wechselseitige Beeinflussung.
4 James Mill: englischer Historiker und Philosoph (1773–1836).
5 egomanisch: ich-besessen.
6 John Stuart Mill: englischer Philosoph und Politiker (1806–1873), Sohn von James Mill, wurde von seinem ehrgeizigen Vater als intellektuelles Wunderkind erzogen.
7 reproduktive Technologie (hier): eine Technik, die die Abläufe der Fortpflanzung beeinflusst.

In den nächsten fünfzehn Jahren wird das Klonen von Menschen immer noch eine biologische Phantasie sein, aber es wird zum wissenschaftlichen Alltag gehören, die Gene von menschlichen Embryonen zu bestimmen. Vielleicht werden angehende Eltern in der Lage sein die Chancen abzuschätzen, wie viele Tausende von verschiedenen Merkmalen ihre Kinder haben können – oder sind es Zehntausende? Den Tests ganz und gar abzuschwören könnte als Gipfel der Unverantwortlichkeit erscheinen, denn von diesen Tausenden von Tests werden sich einige mit schlimmen Entwicklungsbehinderungen, genetischen Abnormitäten befassen, die ein sinnvolles Leben nicht möglich machen. Doch ist dies nicht die einzige Art der Information, die zukünftigen Eltern zur Verfügung stehen wird. Wenn der Genberater mit einem langen Computerausdruck aus dem Labor kommt, werden die besorgten Eltern von einer erhöhten Wahrscheinlichkeit für Blind- oder Taubheit, frühkindliche Diabetes, Alkoholismus oder negatives soziales Verhalten sowie Details über Physiognomie[8] oder Körperbau erfahren. Sollen sie den Berater in seiner Aufzählung unterbrechen, wenn er zu diesem Teil der langen Liste kommt?

Eltern, die dem Impuls nachgeben, das Leben ihrer Kinder zu diktieren, werden bestimmt mehr wissen wollen. Wird Peters Körperbau ihn für die geplante Karriere als Fußballer prädestinieren[9]? Wird Anna das Zeug haben, eine erfolgreiche Ärztin zu werden? Und auch die, denen nur das Glück ihres Kindes am Herzen liegt, in welcher Form auch immer, werden sich überzeugen wollen, dass seiner Entwicklung keine unüberwindlichen Schranken im Wege stehen. Insofern kann man den unteren Teil der Liste des Beraters nicht ignorieren. In einer Gesellschaft, die Kleine, Dicke, Ungeschickte, langsam Lernende, Zauderer, »Schwierige« und Menschen, die sich vom eigenen Geschlecht angezogen fühlen, diskriminiert, wird es wichtig sein zu erfahren, ob die Wahrscheinlichkeit für das Auftreten dieser Eigenschaften besondere Beachtung findet.

Im »Ersatz«-Klonen wird der Wunsch deutlich zu selektieren, ein Wunsch, der wahrscheinlich auch in Zukunft in abgewandelter Form bei Tausenden von pränatalen[10] genetischen Tests mitspielt. Bis zu dem Punkt, dass unsere Gesellschaft ein niedriges Humanitätsideal vertritt und jene bevorzugt, die groß, schlank, heterosexuell, extrovertiert und intelligent

8 Physiognomie: der für einen Menschen charakteristische Gesichtsausdruck.
9 prädestinieren: vorherbestimmen, geeignet machen für etwas.
10 pränatal: vor der Geburt.

sind, und bis zu dem Punkt, dass sie harte Wettbewerbe veranstaltet, in denen es tolle Sieger und ausgegrenzte Verlierer gibt; selbst solche Eltern, die ihren Kindern lediglich die Chance auf ein glückliches Leben sichern wollen, ohne es ihnen zu diktieren, werden sich dem Druck ausgesetzt fühlen einer Idealvorstellung nachzukommen. Finden wir keine Wege, diesen Missstand zu vermeiden, ist ein hässliches Wiederaufleben der Eugenik[11] – verkleidet als Tausende von Entscheidungen für Konformität – fast unvermeidbar.

Bevor wir uns aber auf Phantasien über das »Ersatz«-Klonen einlassen, tun wir gut daran, uns über die Implikationen[12] des genetischen Testens klarzuwerden. Ein breiter Informationsstrom, ermöglicht durch die wunderbaren Fortschritte in der molekularen Genetik[13], wird eine Gesellschaft überfluten, die für den weisen Gebrauch des Gelernten schlecht ausgestattet ist. Gänzlich Abstand nehmen von pränatalen Tests können wir auch nicht – die Tragödien von Menschenleben, die durch Mutationen[14] in ihrer Entwicklung schwer beeinträchtigt sind, sprechen dagegen. Doch wie können wir verhindern, dass der vorteilhafte Einsatz von Tests Teil einer weitergehenden Praxis wird, die die hässlichen Vorurteile und harten Konkurrenzbedingungen unserer Gesellschaft widerspiegelt und perpetuiert[15]. [...]

Trotz aller Tinte, die verschwendet wurde, ist die Diskussion über die Klonierung von Menschen nebensächlich, denn die moralischen Fragen, die sie aufwirft, werden erst akut durch die pränatalen Vorhersagen, die in ein paar Jahren verbreitet sein werden.

Die wahre Herausforderung besteht darin, die Weisheit zu erlangen, unser neues genetisches Wissen dem richtigen Zweck zuzuführen, Leiden vorzubeugen und gleichzeitig die moralische Verkommenheit einer neuen Eugenik zu vermeiden.

FORUM

Zur Texterschließung

1 | Mit welcher Begründung will Wagner in Goethes *Faust* die natürliche Zeugung des Menschen durch eine künstliche Erzeugung ersetzen?

2 | Welche Rückschlüsse lässt der Text auf die technischen Hilfsmittel zu, mit denen der Homunculus hergestellt wird?

3 | Erläutern Sie die Verse: »Das ist die Eigenschaft der Dinge: Natürlichem genügt das Weltall kaum, was künstlich ist, verlangt geschlossnen Raum.«

4 | Warum lässt sich nach Kitcher durch Klonen kein genau identisches Lebewesen herstellen?

5 | Welche Art von »Selektion« befürchtet Kitcher vonseiten der Eltern?

6 | Warum soll man nach Kitcher nicht völlig auf vorgeburtliche genetische Tests verzichten?

11 Eugenik: wörtlich »Lehre von den guten Erbanlagen«, »Erbhygiene« mit dem Ziel Erbkrankheiten zu vermeiden und günstige Erbanlagen zu fördern. Während des Nationalsozialismus wurde der Massenmord an Geisteskranken und körperlich behinderten Menschen mit der Berufung auf »Eugenik« gerechtfertigt.

12 Implikationen: Folgen, Folgerungen.

13 molekulare Genetik: neben der allgemeinen und angewandten Genetik der Teil der Vererbungslehre, der sich mit den Phänomen der Vererbung auf der Ebene der Moleküle (Nukleinsäuren) befasst und die Struktur der Gene und des »genetischen Codes« zu entschlüsseln versucht.

14 Mutation: zufällig auftretende Veränderungen im Erbgut.

15 perpetuieren: fortführen.

Gentechnik – Zur Diskussion

1 | Erstellen Sie zusammen mit Ihren Mitschülern eine Liste mit Fällen, in denen Ihrer Meinung nach gentechnische Eingriffe erlaubt sein sollen und parallel dazu eine Liste von Fällen, die vor gentechnischen Eingriffen geschützt werden sollten. Äußern Sie sich dabei u.a. zu den Bereichen: gentechnisch veränderte Lebensmittel, Tierzucht, Bekämpfung von Erbkrankheiten, Bestimmung der Eigenschaften des Wunschkindes. Begründen Sie Ihre jeweilige Zustimmung bzw. Ablehnung zur Gentechnik!

2 | Warum sind Ihrer Meinung nach seit Jahrhunderten die Menschen von der Idee fasziniert andere Menschen künstlich herstellen zu können?

3 | Stellen Sie sich vor, Sie hätten für einen Tag die Macht Menschen klonen zu können! Schreiben Sie auf ein Blatt auf, wie Sie diese Macht nutzen würden! Lesen Sie sich anschließend in der Klasse diese Gedanken vor und diskutieren Sie darüber!

4 | Unter welchen Umständen würden Sie zustimmen, dass Sie selbst geklont werden? Wie hätten Ihrer Meinung nach Ihre eigenen Eltern gentechnisch auf Ihre Entwicklung Einfluss genommen, wenn sie dazu die Möglichkeit gehabt hätten?

5 | In welcher Hinsicht hat Goethe in der Homunculus-Szene die Zukunft richtig vorausgesehen? Welche anderen Aspekte der Szene sind dagegen irreal?

6 | Der Schriftsteller Erhart Kästner (1904–1974) hat sich in mehreren seiner Schriften zu der Homunculus-Szene in Goethes *Faust* geäußert. So schreibt er u.a.: »Man vergisst doch nicht: es ist Wagner gewesen, nicht Faust, der den Homunculus machte. Wagner, der Jammermann; zu wenig ist über diesen Wagner nachgedacht worden… Wagner ist es, auf Forscherleistung bedacht, und er denkt nicht. Er ist der Grenzüberschreiter und merkt nichts… Die Neuzeit beginnt mit dem Wagner. Er ist der Ahn dieser sanften Gelehrten, die ungeheure Explosionen erzeugen, dann bei Seite treten, still lächeln und blauäugig in Forscherunschuld verharren, betrogenen Diktaturen der Neuzeit.« Was meint Kästner, wenn er Wagner als »Grenzüberschreiter« bezeichnet? Worin besteht Ihrer Meinung nach die Parallele zwischen Wagner und heutigen Wissenschaftlern?

7 | 1998 druckte die Wochenzeitung DIE ZEIT Auszüge aus einer Erklärung von 22 prominenten Wissenschaftlern, die sich für das Klonen einsetzen. Darin heißt es u.a.: »Die moralischen Fragen, die das Klonen aufwirft, sind weder größer noch schwerwiegender als die Fragen, mit denen die Menschheit bisher bereits … konfrontiert wurde … Die menschliche Natur wird als einzigartig und heilig angesehen … Doch soweit die Wissenschaft das sagen kann, ist Homo sapiens ein Vertreter des Tierreichs … Das reiche menschliche Repertoire an Gedanken, Gefühlen, Sehnsüchten und Hoffnungen scheint sich aus elektrochemischen Hirnprozessen zu speisen und nicht aus einer immateriellen Seele … Daher erhebt sich aus der gegenwärtigen Debatte um das Klonen sofort die Frage, ob die Fürsprecher von übernatürlichen und spirituellen Weltbildern wirklich über sinnvolle Qualifikationen verfügen, um zu dieser Debatte beizutragen … Wir sehen die Gefahr, dass Forschung mit enormem potentiellem Nutzen nur deshalb unterdrückt wird, weil sie mit den religiösen Vorstellungen mancher Leute in Konflikt steht.«
Welches Menschenbild vertreten diese Wissenschaftler? Wie erklären sie die Widerstände gegen das Klonen?
Organisieren Sie in der Klasse eine Debatte über diese Erklärung. Teilen Sie sich in Befürworter und Gegner ein! Jede der beiden Gruppen sammelt Argumente für bzw. gegen die Erklärung und wählt einen Vertreter aus der Gruppe, der vor die Klasse in einem Streitgespräch gegen den Vertreter der anderen Gruppe antreten muss.

Technik als philosophisches Problem

Technik ist im 20. Jahrhundert zu einer alles beherrschenden Macht geworden. Doch gehört es seit jeher zum menschlichen Dasein Werkzeuge herzustellen und zu verwenden, um die Kräfte der Natur für seine Zwecke arbeiten zu lassen. Aber nicht nur das Ausmaß der technischen Eingriffe in die Natur hat sich im Laufe der Geschichte verändert, sondern auch das Verständnis von Bedeutung und Wert der Technik.

Eine ambivalente Einstellung zur Technik kann man bereits in der griechischen Mythologie finden. In der Gestalt des Prometheus, der den Göttern das Feuer stiehlt, um es den Menschen zu schenken, kommt eine positive Wertung der Technik als Mittel der Befreiung des Menschen von den Zwängen der Natur zum Ausdruck. In der Gestalt des Hephaistos, dem Gott des Feuers und des Handwerks, der lahm und hässlich ist, bekundet sich dagegen ein Unbehagen an technischen Eingriffen in die Natur. Das philosophische Nachdenken über die Bedeutung der Technik für den Menschen begann in der Antike bei den Sophisten. *Protagoras* (ca. 480–410 v.Chr.) gab dem Prometheus-Mythos die Deutung, dass der Mensch als Ausgleich für seine unzureichende Ausstattung mit natürlichen Waffen und Organen kulturelle und technische Fertigkeiten erhalten hat. Die Technik ermöglicht es dem Menschen das zum Leben Notwendige wie Kleidung, Nahrung oder Wohnung selbst herzustellen (→ Info III, V). Doch Protagoras hat zugleich gesehen, dass technische Fähigkeiten allein kein geordnetes, friedliches Zusammenleben gewährleisten. Daher erhielt der Mensch, nach Protagoras, als weiteres Geschenk der Götter einen Sinn für Moral und Recht. *Platon* (427–347 v. Chr.) und *Aristoteles* (384–322 v. Chr.), die beiden überragenden Denker der Antike, verstanden unter »techné« eine auf bewusst angewandtem Wissen basierende handwerkliche Kunstfertigkeit, durch die etwas hergestellt wird, wie etwa die Heilkunst des Arztes, die die Gesundheit des Patienten hervorbringt. Technik ist für sie also das auf »Know-how« basierende Hervorbringen (→ Info I).

Im christlichen Mittelalter gab es nur wenig technische Erfindungen und in den Zünften herrschten zum Teil regelrechte Erfindungsverbote. Da Technik vom religiösen Geist der Zeit wenig geschätzt wurde, rangierten im Bildungsideal des Mittelalters die keinen unmittelbaren praktischen Zwecken dienenden sog. »freien Künste« wie Logik, Geometrie oder Musik klar vor den »mechanischen Künsten« der Handwerker. Auch als Thema der Philosophie spielte Technik keine Rolle.

Zu Beginn der Neuzeit gelangen in engem Zusammenhang mit den neuen, auf Beobachtung und Experiment beruhenden Naturwissenschaften revolutionäre technische Erfindungen wie Buchdruck, Schießpulver, Kompass und Fernrohr. In deren Folge entstand ein Wissenschafts- und Technikoptimismus, der das Denken bis ins 19. Jahrhundert beherrschen sollte. Der große Theoretiker dieser wissenschaftlichen Revolution war der englische Politiker und Philosoph *Francis Bacon* (1561–1626). Er entwarf das Programm einer neuen Wissenschaft, die zum Nutzen des Menschen die Natur technisch unterwerfen sollte. Das Ziel von Naturwissenschaft und Technik war für ihn die Schaffung des Paradieses auf Erden. In diesem Sinne prägte er den Slogan: *Wissen ist Macht.* Bacon war überzeugt, dass technischer Fortschritt stets humaner Fortschritt ist. Für den Aufklärer *Condorcet* (1743–1794) war Technik nicht nur ein Mittel der Naturbeherrschung, sondern auch ein Instrument der Aufklärung und der Vervollkommnung des Menschen (→ Info III). Den Buchdruck feierte er als epochemachendes Mittel zur Verbreitung von Wissen, wobei er dem technischen Wissen selbst eine herausragende Rolle bei der Selbstbefreiung des Menschen von Vorurteilen einräumte. Auch *Karl Marx* (1818–1883), der Augenzeuge der Industrialisierung und der stürmischen Entwicklung der Technik war, hatte eine positive Einstellung zur Technik als Motor des sozialen Fortschritts. Die technischen »Produktionsmittel« sind für ihn die Basis der jeweiligen gesellschaftlichen »Produktionsverhältnisse«. So betrachtete Marx den Webstuhl als die technische Voraussetzung des mittelalterlichen Feudalismus und die Dampfmaschine als die technische Voraussetzung der bürgerlichen Gesellschaft des Kapitalismus. Technische Neuerungen in der Produktion von Gütern führen nach Marx unausweichlich zu gesellschaftlichen Veränderungen (→ Info I, III, V).

Im 20. Jahrhundert, das schmerzliche Erfahrungen mit der Zerstörungskraft der Technik nicht nur in den beiden Weltkriegen machte, hat die Technik ihre frühere selbstverständliche Rolle als Mittel humanen Fortschritts verloren und ist unter Rechtfertigungsdruck geraten. Doch nicht alle philosophischen Auseinandersetzungen mit der Technik waren primär kritisch. So hat *Max Scheler* (1874–1928), der Begründer der Philosophischen Anthropologie, gelehrt, dass Technik zum menschlichen Leben notwendig dazu gehört, und *Arnold Gehlen* (1904–1976), ein weiterer Vertreter dieser philosophischen Strömung, sah in der Technik ein Hilfsmittel im Überlebenskampf des »Mängelwesens« Mensch. Die vom einfachen Werkzeug über die Maschine bis zum Automat (Computer) reichende Technik kann nach Gehlen menschliche Organe verstärken, entlasten und ersetzen (→ Info IV, V). Dass Technik Chancen und Gefahren beinhaltet, insbesondere zum Guten wie zum Bösen verwendet werden kann, betonte der Existenzphilosoph *Karl Jaspers* (1883–1969). Die Grundhaltung, dass Technik zwar mit Gefahren verbunden ist, aber vor allem auch Chancen für den humanen Fortschritt bereithält, findet sich bei so verschiedenen Denkern wie dem Marxisten *Ernst Bloch* (1885–1977) und dem Kritischen Rationalisten *Karl R. Popper* (1902–1994).

Eine grundlegend kritische Einstellung zur Technik entwickelte sich in der Lebensphilosophie. Begründer und Hauptvertreter dieser philosophischen Strömung war der Franzose *Henri Bergson* (1859–1941). Bergson sah einen scharfen Gegensatz zwischen dem rechnenden, analysierenden Verstand der Wissenschaften, der nur die tote Materie und die Oberfläche der Dinge begreift, und der in die Tiefe der Erscheinungen vordringenden und das Leben von innen heraus verstehenden »Intuition« der Philosophie. Auch die Technik war für ihn Produkt eines oberflächlichen Verstandesdenkens, das dem ursprünglichen Erleben kalt und fremd gegenübersteht. *Ludwig Klages* (1872–1956) machte bereits die Herrschaft des kalten, sich der Technik bedienenden Verstandes für die zunehmende Umweltzerstörung verantwortlich. In unverkennbarer Nähe zur lebensphilosophischen Technikkritik steht auch die Deutung, die der Existenzphilosoph *Martin Heidegger* (1889–1976) der Technik gegeben hat. Heidegger sah die Neuzeit beherrscht von einem technisch-wissenschaftlichen Denken, das sich allein mit der Bereitstellung von Mitteln befasst, die Frage der Zwecke und Ziele aber ausklammert. Dieses Streben nach vollständiger, gewaltsamer Unterwerfung und Verfügbarmachen der Natur für menschliche Zwecke sah er in scharfem Gegensatz zur behutsamen Technik des Handwerkers früherer Zeiten, die noch Platz für Achtung und Verehrung der Natur ließ. Eine einflussreiche Technikkritik hat auch die von *Max Horkheimer* (1885–1973) begründete Frankfurter Schule geliefert. Horkheimer sah im technischen Denken eine bloß »instrumentelle Vernunft« am Werk, die allein Mittel für vorgegebene Ziele bereitstellt, sich für die Bestimmung der Ziele jedoch für unzuständig hält. Ähnlich wie Horkheimer haben *Theodor W. Adorno* (1903–1969) und *Herbert Marcuse* (1898–1979) kritisiert, dass die moderne Technik sich ganz der wirtschaftlichen Produktion in der kapitalistischen Gesellschaft unterworfen hat und damit zur Aufrechterhaltung von Ungerechtigkeit, Unfreiheit und zur Manipulation von Bedürfnissen beiträgt, statt die technischen Kapazitäten in den Dienst einer gerechten Gesellschaft zu stellen. Wie auch *Jürgen Habermas* (geb. 1929) betont hat, werden Wissenschaft und Technik in der modernen Industriegesellschaft damit zur Ideologie (→ Info V).

Dass die moderne Technik zur Bedrohung des Menschen geworden ist, ist eine Grunderfahrung der Gegenwart. Die drohende Selbstvernichtung der Menschheit in einem Atomkrieg, die Gefahr einer radioaktiven Verseuchung ganzer Länder bei Unfällen in Kernkraftwerken, die Verschwendung von Rohstoffen und fossilen Energieträgern, die zunehmende Umweltverschmutzung durch die Industrie und das moderne hochtechnisierte Leben, die schwer kalkulierbaren Risiken gentechnischer Eingriffe ins menschliche Erbgut – all das hat ein Bewusstsein für die Gefährdung der natürlichen Lebensgrundlagen des Menschen geschaffen, das nicht nur zur Entstehung der Friedens-, Anti-Atomkraft- und der ökologischen Bewegung geführt hat, sondern das auch in der Philosophie seinen Niederschlag gefunden hat. *Hans Jonas* (1903–1993) hat eine neue Ethik für das technologische Zeitalter entworfen, deren Grundprinzip die Verantwortung für die Zukunft ist. Auch viele andere Philosophen haben sich den mit der Technik verknüpften ethischen Problemen angenommen und dadurch die *Technikphilosophie* als neue Disziplin etabliert. Sie beschäftigt sich damit, die Risiken von Techniken abzuschätzen und zu bewerten und somit die Frage zu klären, welche Techniken moralisch verantwortbar sind und welche nicht.

III ZWISCHEN ENGEL UND TEUFEL – DER ZWIESPÄLTIGE MENSCH

Einführung

Jeder, der das Leben in der Natur und das Verhalten des Menschen aufmerksam beobachtet, gelangt schnell zu der Überzeugung, dass der Mensch in der Natur eine Sonderrolle spielt; ja mehr noch: dass vieles, was der Mensch tut, im Vergleich zu anderen Lebewesen geradezu »unnatürlich« erscheint. Offenbar verfügt der Mensch über eine besondere Fähigkeit – nenne man sie nun Geist, Intelligenz oder Bewusstsein –, die immer wieder neue, ungeahnte kreative Energien freisetzt und die dem Menschen eine ungeheure Macht über die Natur gibt. In Kunst, Wissenschaft und Technik hat der Mensch Unglaubliches geleistet: In der Raumfahrt ist er zu anderen Planeten vorgedrungen, in den Werken der Musik dringt er in die innersten Regungen der Seele ein. Sehr viel weniger als andere Lebewesen lässt er sich durch räumliche und zeitliche Beschränkungen Grenzen setzen. Er kann vergangene Zeiten als Geschichte lebendig werden lassen und für seine Zukunft Pläne schmieden. Bei alledem kann der Mensch seine Fähigkeiten in den Dienst sozialer, künstlerischer oder wissenschaftlicher Aufgaben stellen, ja seine natürlichen Triebe für solche Zwecke beherrschen. Die Herrschaft des Geistes über die Triebe gilt daher seit altersher als ein Kennzeichen menschlicher Freiheit und Würde.

Zur Sonderstellung des Menschen in der Natur scheint vor allem auch dies zu gehören: Der Mensch ist in seinem Handeln nicht auszurechnen. So viel er sich selbst erforscht, er bleibt sich zuletzt doch ein Rätsel. Selbst im Umgang mit uns nahe stehenden Menschen erleben wir immer wieder Dinge, die wir nie erwartet hätten. Während wir bei Tieren »Verhaltensmuster« durchschauen, bleibt uns vieles am Menschen unzugänglich. Der Mensch ist das komplexeste Wesen, das wir kennen. Man kann dies positiv als Zeichen menschlicher Freiheit, aber auch negativ als Zeichen menschlicher Unberechenbarkeit sehen. Der Mensch erstaunt nicht nur durch seine moralischen Heldentaten und seine künstlerischen Meisterleistungen, sondern auch durch seine Abgründe. Er führt Kriege, baut Konzentrationslager, quält und foltert andere Menschen, nicht selten allein deswegen, weil es ihm eine »teuflische« Freude bereitet anderen Leid zuzufügen. In jedem Zeitalter hat es Massen- und Völkermorde gegeben.

Wie lässt sich die Sonderstellung des Menschen in der Natur beschreiben? Sind wir berechtigt diese Sonderstellung in der Freiheit und der Würde zu sehen oder ist unser Bild von der Autonomie des Menschen eine Illusion? Was hat es mit dem Bösen im Menschen auf sich und in welcher Weise äußert es sich?

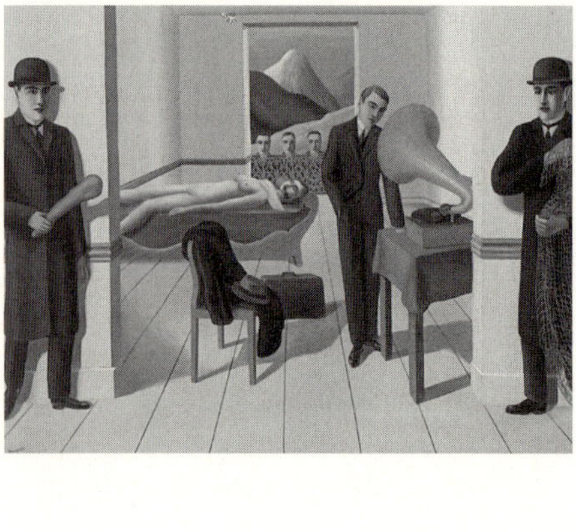

René Magritte, Der bedrohte Mörder, 1927

III 1: Max Scheler: Die Sonderstellung des Menschen

Max Scheler war eine der faszinierendsten Gestalten in der deutschen Philosophie der ersten Hälfte des 20. Jahrhunderts. Geprägt wurde sein Denken durch die sog. »Phänomenologie« Edmund Husserls, die die »Wesensmerkmale« des menschlichen Denkens und Wahrnehmens zu beschreiben versuchte. Die Besonderheit Schelers lag aber darin, dass er sich auf emotionale Phänomene wie Liebe, Hass und Sympathie konzentrierte. Scheler, der zum Katholizismus übertrat, bemühte sich auch darum, religiöse Vorstellungen philosophisch zu stützen. Zum Begründer der sog. »materialen Wertethik« wurde er mit seinem Werk Der Formalismus in der Ethik und die materiale Wertethik *(1913/16). Darin entwickelte er die Auffassung, dass sittliche Werte sich durch ein untrügliches moralisches Gefühl erfassen und in einer Hierarchie von Werten anordnen lassen. Im höchsten sittlichen Wert, der Heiligkeit, verbinden sich philosophische und religiöse Elemente. Schließlich wurde Scheler mit seiner Schrift* Die Stellung des Menschen im Kosmos *(1928), die die wissenschaftlichen Erkenntnisse vom Menschen in einem umfassenden Menschenbild zu verknüpfen versucht, zum Begründer der modernen Philosophischen Anthropologie. Scheler wurde am 22. August 1874 in München geboren. Nach dem Studium der Philosophie und Medizin wurde er 1911 Privatdozent für Philosophie in Göttingen. 1919 wurde er von dem damaligen Kölner Oberbürgermeister Konrad Adenauer als Professor für Philosophie und Soziologie an die neu gegründete Universität Köln berufen. Scheler galt seinen Kollegen und Schülern als Genie, aber auch als chaotisch und unberechenbar. Er starb am 19. Mai 1928 in Frankfurt am Main.*
In dem Auszug aus der Schrift Die Stellung des Menschen im Kosmos *erläutert Scheler seine Grundthese vom Menschen als weltoffenem, geistigem Wesen.*

Hier aber erhebt sich nun die für unser ganzes Problem entscheidende Frage: Besteht dann, wenn dem Tiere bereits Intelligenz zukommt, überhaupt noch *mehr* als ein nur gradueller Unterschied[1] zwischen Mensch und Tier – besteht dann noch ein *Wesensunterschied?* Oder aber gibt es über die bisher behandelten Wesensstufen hinaus noch etwas ganz anderes im Menschen, ihm spezifisch Zukommendes, was durch Wahl und Intelligenz überhaupt nicht getroffen und erschöpft ist?

Hier scheiden sich die Wege am schärfsten. Die einen wollen dem Menschen Intelligenz und Wahl vorbehalten und sie dem Tiere absprechen: Sie erkennen zwar einen überquantitativen Unterschied[2], einen Wesensunterschied an, behaupten ihn aber da, wo nach meiner Ansicht kein Wesensunterschied vorliegt. Die anderen, insbesondere alle Evolutionisten[3] der Darwin-[4] und Lamarckschule[5], lehnen mit Darwin, G. Schwalbe[6] und auch mit W.

1 gradueller Unterschied: ein Unterschied, der nur auf der verschiedenen Größe einer Eigenschaft beruht, kein Wesensunterschied.

2 überquantitativer Unterschied: ein mehr als mengenmäßiger Unterschied, der durch Auftreten einer neuen Eigenschaft gekennzeichnet ist.

3 Evolutionisten: Anhänger der Evolutionstheorie, nach der sich alle Lebewesen in der Natur aus einfacheren Formen entwickelt haben.

4 Charles Darwin: englischer Naturforscher (1809–1882) und Begründer der modernen Evolutionstheorie, die die Abstammung des Menschen aus dem Tierreich lehrt und nach der die besser an die Umwelt angepassten Lebewesen im »Kampf ums Dasein« überleben.

5 Jean-Baptiste de Lamarck: französischer Naturforscher (1744–1829) und Begründer einer Evolutionstheorie, nach der (im Unterschied zur Auffassung Darwins) bei der Entwicklung der Lebewesen die Vererbung erworbener Eigenschaften eine zentrale Rolle spielt.

6 Gustav Schwalbe: deutscher Biologe und Anthropologe (1844–1916).

Köhler[7] einen letzten Unterschied zwischen Mensch und Tier ab, eben weil das Tier auch bereits Intelligenz besitze; sie hängen damit in irgendeiner Form der großen Einheitslehre vom Menschen an, die ich als Theorie des »homo faber«[8] bezeichne, und kennen selbstverständlich dann auch keinerlei metaphysisches Sein[9], keine Metaphysik des Menschen, d.h. kein ausgezeichnetes Verhältnis, das der Mensch als solcher zum Weltgrund besäße.

Was mich betrifft, so weise ich beide Lehren zurück. Ich behaupte: Das *Wesen des Menschen* und das, was man seine *»Sonderstellung«* nennen kann, steht *hoch* über dem, was man Intelligenz und Wahlfähigkeit nennt, und würde auch nicht erreicht, wenn man sich diese Intelligenz und Wahlfähigkeit quantitativ beliebig, ja bis ins Unendliche gesteigert vorstellte. Aber auch das wäre verfehlt, wenn man sich das Neue, das den Menschen zum Menschen macht, nur dächte als eine zu den psychischen Stufen: Gefühlsdrang, Instinkt, assoziatives Gedächtnis, Intelligenz und Wahl noch hinzukommende neue Wesensstufe *psychischer* und der *Vital*sphäre[10] angehöriger Funktionen und Fähigkeiten, die zu erkennen also in der Kompetenz der Psychologie und Biologie läge.

Das neue Prinzip steht *außerhalb* alles dessen, was wir »Leben« im weitesten Sinne nennen können. Das, was den Menschen allein zum »Menschen« macht, ist nicht eine neue Stufe des Lebens – erst recht nicht nur eine Stufe der *einen* Manifestationsform dieses Lebens, der »Psyche« –, sondern es ist ein allem und *jedem Leben überhaupt, auch dem Leben im Menschen entgegengesetztes Prinzip:* eine echte neue Wesenstatsache, die als solche überhaupt nicht auf die »natürliche Lebensevolution« zurückgeführt werden kann, sondern, wenn auf etwas, nur auf den obersten einen Grund der Dinge selbst zurückfällt: auf denselben Grund, dessen *eine* große Manifestation das »Leben« ist.

Schon die Griechen behaupteten ein solches Prinzip und nannten es *»Vernunft«*. Wir wollen lieber ein umfassenderes Wort für jenes X gebrauchen, ein Wort, das wohl den Begriff »Vernunft« mitumfasst, aber neben dem *»Ideendenken«* auch eine bestimmte Art der *»Anschauung«*, die von Urphänomenen oder Wesensgehalten, ferner eine bestimmte Klasse *volitiver*[11] und *emotionaler Akte* wie Güte, Liebe, Reue, Ehrfurcht, geistige Verwunderung, Seligkeit und Verzweiflung, die freie Entscheidung mitumfasst –: das Wort *»Geist«*. Das Aktzentrum aber, in dem Geist innerhalb endlicher Seinssphären erscheint, bezeichnen wir als *»Person«*, in scharfem Unterschied zu allen funktionellen Lebenszentren, die nach innen betrachtet auch »seelische« Zentren heißen.

Was aber ist nun jener »Geist«, jenes neue und so entscheidende Prinzip? Selten ist mit einem Worte so viel Unfug getrieben worden – einem Worte, bei dem sich nur wenige etwas Bestimmtes denken. Stellen wir hier an die Spitze des Geistbegriffes seine besondere Wissensfunktion, die Art Wissen, die nur er geben kann, dann ist die Grundbestimmung eines geistigen Wesens, wie immer es psychophysisch beschaffen sei, *seine existentielle Entbundenheit vom Organischen*, seine Freiheit, Ablösbarkeit – oder doch die seines Daseinszentrums – von dem Bann, von dem Druck, von der Abhängigkeit vom *Organischen*, vom

7 Wolfgang Köhler: Begründer der Gestaltpsychologie (1887–1967).

8 Homo faber: wörtl. »der Mensch als Herstellender«, der Mensch, der Werkzeuge herstellt und damit die Natur bearbeitet.

9 metaphysisches Sein (hier): eine Ebene der Wirklichkeit, die über die normale Erfahrungswelt hinausreicht.

10 psychische Vitalsphäre: In dem von dem Philosophen und Psychologen Ernst Becher (1882–1929) vertretenen »Psychovitalismus« wird ein über das Individuum hinausgehender Bereich des Seelischen angenommen.

11 volitiv: willensmäßig, absichtlich.

»Leben« und allem, was zum Leben gehört – also auch von seiner eigenen triebhaften »Intelligenz«.

Ein »geistiges« Wesen ist also nicht mehr trieb- und umweltgebunden, sondern »umweltfrei« und, wie wir es nennen wollen, *»weltoffen«*: Ein solches Wesen hat *»Welt«*. [...]

Der Mensch ist das Lebewesen, das kraft seines Geistes sich zu seinem Leben, das heftig es durchschauert, prinzipiell *asketisch* – die eigenen Triebimpulse unterdrückend und verdrängend, d.h. ihnen Nahrung durch Wahrnehmungsbilder und Vorstellungen *versagend* – verhalten kann. Mit dem Tiere verglichen, das immer »Ja« zum Wirklichsein sagt – auch da noch, wo es verabscheut und flieht –, ist *der Mensch der »Neinsagenkönner«*, der *»Asket des Lebens«*, der ewige Protestant gegen alle bloße Wirklichkeit.

III 2: Karl Jaspers: Der Mensch ist mehr, als er von sich wissen kann

Karl Jaspers ist ein Hauptvertreter der Existenzphilosophie, die von den 20er bis in die 60er Jahre die Philosophie in Deutschland und Frankreich dominierte. Im Zentrum der Existenzphilosophie steht der konkrete Mensch mit seinen Grunderfahrungen wie Angst, Krankheit und Tod. Jaspers ging es darum, dem Menschen das volle Bewusstsein seiner Freiheit zu vermitteln und ihn zur freien, verantwortlichen Selbstverwirklichung aufzurufen. Er betonte besonders, dass der Mensch durch die Wissenschaften niemals ganz zu erfassen sein wird. Die Freiheit gehört nach Jaspers zum Wesen des Menschen, das sich einer rational-wissenschaftlichen Aufklärung prinzipiell entzieht.
Jaspers wurde am 23. Februar 1883 in Oldenburg geboren. Er studierte Medizin und begründete schon früh seinen Ruf als Wissenschaftler mit seinem Werk Allgemeine Psychopathologie *(1913). 1916 wurde er Professor für Psychiatrie in Heidelberg, doch verlagerten sich in der Folgezeit seine Interessen von psychologischen zu philosophischen Fragen und fanden einen ersten Niederschlag in dem Werk* Psychologie der Weltanschauungen *(1919). Ohne ein reguläres Studium der Philosophie durchlaufen zu haben, wurde Jaspers 1921 Professor für Philosophie in Heidelberg. Sein Ruf als Existenzphilosoph begründete er mit seinem dreibändigen Werk* Philosophie *(1932). Die Nationalsozialisten belegten Jaspers, der mit einer jüdischen Frau verheiratet war, mit Lehr- und Publikumsverbot. Seit 1946 lehrte er in Basel und erlangte auch wegen seiner Stellungnahmen zu aktuellen politischen Fragen großes Ansehen in der breiten Öffentlichkeit. Jaspers starb am 26. Februar 1969 in Basel.*
Jaspers hat sich wiederholt bemüht seine philosophischen Gedanken in populärer Form darzustellen. Dazu gehört auch seine Einführung in die Philosophie *(1950), die ursprünglich eine Folge von 12 Radiovorträgen war. Ein Auszug aus einem dieser Vorträge:*

Was ist der Mensch? Er wird erforscht als Leib durch die Physiologie, als Seele durch die Psychologie, als Gemeinschaftswesen durch die Soziologie. Wir wissen vom Menschen als Natur, die wir erkennen wie die Natur anderer Lebewesen, und als Geschichte, die wir erkennen durch kritische Reinigung der Überlieferung, durch Verstehen des von Menschen in Tun und Denken gemeinten Sinnes und durch Erklären der Geschehnisse aus Motiven, Situatio-

René Magritte, Der Therapeut, 1937

nen, Naturrealitäten. Unsere Erforschung des Menschen hat vielerlei Wissen gebracht, aber nicht das Wissen vom Menschen im Ganzen.

Es ist die Frage, ob der Mensch überhaupt erschöpfend begriffen werden kann in dem, was von ihm wissbar ist. Oder ob er darüber hinaus etwas ist, nämlich Freiheit, die sich jeder gegenständlichen Erkenntnis[1] entzieht, aber ihm doch als unentrinnbare Möglichkeit gegenwärtig ist.

In der Tat ist der Mensch sich zugänglich in der doppelten Weise: als Objekt der Forschung und als Existenz der aller Forschung unzugänglichen Freiheit. Im einen Falle sprechen wir vom Menschen als Gegenstand, im anderen Falle von dem Ungegenständlichen, das der Mensch ist und dessen er innewird, wenn er sich seiner selbst eigentlich bewusst ist. Was der Mensch ist, können wir nicht erschöpfen in einem Gewusstsein von ihm, sondern nur erfahren im Ursprung unseres Denkens und Tuns. Der Mensch ist grundsätzlich mehr, als er von sich wissen kann.

Unserer Freiheit sind wir uns bewusst, wenn wir Ansprüche an uns erkennen. Es liegt an uns, ob wir sie erfüllen oder ihnen ausweichen. Wir können im Ernste nicht bestreiten, dass wir etwas entscheiden und damit über uns selbst entscheiden und dass wir verantwortlich sind.

Wer etwa versucht das abzulehnen, kann konsequenterweise auch an andere Menschen keine Forderungen stellen. Als ein Angeklagter vor Gericht seine Unschuld damit begründete, dass er so geboren sei und nicht anders könne, daher nicht haftbar zu machen sei, antwortete der gut gelaunte Richter: Das sei ebenso richtig wie die Auffassung vom Handeln des ihn strafenden Richters: nämlich auch dieser könne nicht anders, da er nun einmal so sei und notwendig nach den gegebenen Gesetzen so handeln müsse. [...]

Ich wiederhole noch einmal: Der Mensch ist als Dasein in der Welt ein erkennbarer Gegenstand. Zum Beispiel wird er in den Rassentheorien[2] in besonderen Artungen begriffen, in der Psychoanalyse[3] in seinem Unbewussten und dessen Wirkungen, im Marxismus[4] als durch Arbeit produzierendes Lebewesen, das durch seine Produktion Naturbeherrschung und Gemeinschaft, beides in einer vermeintlich vollendbaren Weise gewinnt. Aber alle solche Erkenntniswege begreifen etwas am Menschen, etwas in der Tat Geschehendes, aber niemals den Menschen im Ganzen. Indem solche Forschungstheorien sich zu absoluter Erkenntnis des ganzen Menschen steigern – und sie alle haben es getan –, verlieren sie den eigentlichen Menschen aus dem Auge und bringen in den an diese Theorien Glaubenden das Bewusstsein vom Menschen und schließlich die Menschlichkeit selbst bis an die Grenze des Verlöschens. [...]

1 gegenständliche Erkenntnis: Erkenntnis von wissenschaftlich erfassbaren Gegenständen.

2 Rassentheorien: Theorien, die die grundsätzliche Verschiedenheit menschlicher Rassen zu begründen versuchen.

3 Psychoanalyse: die von Sigmund Freud (1856–1939) begründete psychologische Lehre, die das Verhalten des Menschen aus seinem weitgehend unbewussten Triebleben erklärt.

4 Marxismus: die von Karl Marx (1818–1883) und Friedrich Engels (1820–1895) begründete Theorie, nach der sich der Mensch in der schöpferischen Gestaltung der materiellen Natur verwirklicht.

III 3: Burrhus F. Skinner: Die Abschaffung des autonomen Menschen

Burrhus Frederic Skinners Name ist untrennbar mit dem modernen Behaviorismus verbunden. Diese Richtung der modernen Psychologie versucht das menschliche Verhalten allein aus Umwelteinflüssen zu erklären. Bewusstseinsphänomene wie Denken, Fühlen oder Wollen spielen dabei keine Rolle.
Skinner, geboren am 20.3.1914 in Susquehanna (Pennsylvania), war Professor für Psychologie an verschiedenen amerikanischen Universitäten. Seit 1948 lehrte er an der Harvard Universität in Cambridge/Massachusetts. Seine Vorstellungen, wie eine Gesellschaft nach behavioristischen Grundsätzen aussehen müsste, hat er in seinem 1948 erschienenen Roman Walden Zwei *(auch* Futurum Zwei*) beschrieben.* Walden Zwei *ist eine Antwort auf den berühmten Essay* Walden *(1854) des amerikanischen Schriftstellers Henry David Thoreau (1817–1862). Statt auf einer freiwilligen Veränderung des eigenen Lebens beruht Skinners ideale Gesellschaft auf einer wissenschaftlichen Steuerung menschlichen Verhaltens. Eines seiner bedeutendsten wissenschaftlichen Werke ist* Jenseits von Freiheit und Würde *(1971). Skinner starb am 18.8.1990.*
Auszüge aus der Schrift Jenseits von Freiheit und Würde *versuchen die Konsequenzen der behavioristischen Psychologie für das allgemeine Menschenbild zu verdeutlichen.*

Der »autonome Mensch«[1] dient lediglich zur Erklärung der Dinge, die wir noch nicht auf andere Weise erklären können. Seine Existenz gründet sich auf unsere Unwissenheit, sodass er natürlich immer mehr von seinem Status einbüßt, je mehr wir über das menschliche Verhalten in Erfahrung bringen. Die Aufgabe einer wissenschaftlichen Analyse ist es zu erklären, wie das Verhalten einer Person als physisches System[2] auf die Bedingungen bezogen ist, unter denen sich die menschliche Spezies[3] entwickelte, und auf die Bedingungen, unter denen die Einzelperson lebt. [...].

Da man heute jedoch die Wechselwirkung zwischen Organismus und Umwelt durchschaut hat, führt man Wirkungen, die früher Geisteszuständen, Empfindungen und Wesenszügen zugeschrieben worden sind, immer mehr auf erfassbare Bedingungen zurück, wodurch eine Technologie des Verhaltens möglich werden kann. Allerdings wird diese unsere Probleme erst dann lösen können, wenn sie die überkommenen, tief verwurzelten vorwissenschaftlichen Ansichten ersetzt hat. An der Vorstellung von der Freiheit und Würde veranschaulicht sich dieses Problem. Sie sind beide, der überkommenen Theorie zufolge, der Besitz des »autonomen Menschen« und beide sind sie einer Praxis wesentlich, in der eine Person für ihr Benehmen verantwortlich gemacht und für ihre Leistungen gelobt wird. Eine wissenschaftliche Analyse überträgt sowohl die Verantwortlichkeit als auch die Leistung auf die Umwelt. [...]

Was im Begriff ist, abgeschafft zu werden, ist der »autonome Mensch« – der innere Mensch, der Homunkulus[4], der besitzergreifende Dämon, der Mensch, der von der Literatur der Freiheit und der Würde verteidigt wird.

1 der autonome Mensch (hier): der im Gegensatz zu den Tieren freie und für sein Handeln verantwortliche Mensch.

2 Person als physisches System: der Mensch als körperliches Wesen, wie es von außen beobachtet und erforscht werden kann.

3 Spezies: besondere Art einer Gattung.

4 Homunkulus: auch homunculus, wörtl. »Menschlein«, hier: künstliche Vorstellung vom Ich als inneren Menschen.

Seine Abschaffung ist seit langem überfällig. Der »autonome Mensch« ist ein Mittel, dessen wir uns bei der Erklärung jener Dinge bedienen, die wir nicht anders erklären können. Er ist ein Produkt unserer Unwissenheit, und während unser Wissen wächst, löst sich die Substanz, aus der er gemacht ist, immer mehr in Nichts auf. Die Wissenschaft entmenschlicht den Menschen nicht, sie »dehomunkulisiert« ihn und es bleibt ihr nichts anderes übrig, wenn sie der Abschaffung der menschlichen Spezies vorbeugen will: Wir können froh sein, wenn wir uns von diesem Menschen im Menschen befreit haben. Nur wenn wir ihn seiner Rechte entsetzen, können wir uns den echten Ursachen menschlichen Verhaltens zuwenden. Und nur dann können wir vom Abgeleiteten zum Beobachteten gelangen, vom Wunderbaren zum Natürlichen, vom Unzulänglichen zum Beeinflussbaren.

Es wird oft behauptet, dass wir, wenn wir das tun, den Menschen, der überlebt, als bloßes Tier behandeln müssten. »Tier« ist hier ein abwertender Begriff, aber nur, weil der Begriff »Mensch« fälschlicherweise aufgewertet worden ist. [...]

Der Mensch ist wesentlich mehr als ein Hund, doch ebenso wie ein Hund ist auch er durch wissenschaftliche Analyse erfassbar.

FORUM

Zur Texterschließung

1 | Gegen welche beiden Positionen zum Unterschied zwischen Tier und Mensch grenzt Scheler sich ab?

2 | Worin besteht nach Schelers eigener Meinung das Wesen und die Sonderstellung des Menschen in der Welt?

3 | Inwiefern stellen Leben und Geist nach Scheler gegensätzliche Prinzipien dar?

4 | In welcher doppelten Weise ist nach Jaspers der Mensch sich selbst zugänglich?

5 | Worin äußert sich nach Jaspers das menschliche Freiheitsbewusstsein?

6 | Welche Beispiele nennt Jaspers für Theorien, die den Menschen als vollständig erkennbaren Gegenstand ansehen?

7 | Worin besteht nach Skinner die Aufgabe einer wissenschaftlichen Analyse menschlichen Verhaltens? Welche Rolle wird den Begriffen »Freiheit« und »Würde« in einer solchen Analyse zugewiesen?

8 | Warum bedeutet die Preisgabe der Vorstellungen von Freiheit und Würde nach Skinner keine Entmenschlichung des Menschen?

Freiheit und Würde des Menschen – Zur Diskussion

1 | Welche Handlung eines Menschen hat am meisten Eindruck auf Sie gemacht? Begründen Sie Ihre Meinung!

2 | Im Alltag reden wir von der Freiheit des Gewissens und der Freiheit der Meinung, von der Freiheit des Millionärs und der Freiheit des Aussteigers, von freier Liebe und freiwilliger Entsagung. Welches Verständnis von Freiheit ist gemeint, wenn Freiheit in engem Zusammenhang mit Würde genannt wird?

3 | Worin liegen Ihrer Meinung nach die Gründe, dass nur Menschen und nicht auch Tiere für Gesetzesübertretungen vor Gericht angeklagt werden? Halten Sie diese Gründe für stichhaltig? Begründen Sie Ihre Meinung!

4 | Suchen Sie alltägliche Beispiele, in denen Menschen ein würdiges Verhalten zeigen! Stellen Sie dagegen Verhaltensweisen, die als besonders würdelos gelten!

5 | Welche Krankheiten und Behinderungen empfinden Sie als entwürdigend? Gibt es medizinische Eingriffe, die Sie als entwürdigend ablehnen würden? Begründen Sie Ihre Meinung!

6 | Nach Immanuel Kant (1724–1804), dessen Philosophie die »Väter des Grundgesetzes« beeinflusst hat, gehört zur menschlichen Würde, dass der Mensch als Zweck an sich selbst anerkannt wird, d.h. dass der Mensch nicht zum bloßen Mittel für irgendwelche Zwecke erniedrigt wird. Artikel 1 des Grundgesetzes der Bundesrepublik Deutschland behauptet die »Unantastbarkeit« der Würde des Menschen. Suchen Sie Beispiele aus der Geschichte und der Gegenwart, wie staatliche Maßnahmen die Würde von Menschen verletzt haben!

7 | Nach Scheler ist der Geist vom Organischen »entbunden«, d.h. er hat eine von den natürlichen organischen Vorgängen unabhängige Existenz. Nennen Sie Gegenbeispiele aus dem Alltag, an denen die Abhängigkeit psychischer und geistiger Regungen vom Organischen deutlich wird!

8 | Für Skinner kann jedes Verhalten des Menschen wissenschaftlich erklärt werden. Versuchen Sie Beispiele für Verhaltensweisen zu finden, die Ihnen irrational, mysteriös und wissenschaftlich unerklärbar erscheinen!

III 4: Walter Schulz: Das Böse als Urphänomen

Walter Schulz, geboren 1912 in Gnadenfeld, im damals deutschen und heute zu Polen gehörenden Oberschlesien, lehrte von 1955 bis 1978 als Professor der Philosophie in Tübingen. Dort starb er im Jahr 2000. Er wurde zunächst durch philosophiegeschichtliche Untersuchungen bekannt, doch gründet sich seine Bedeutung in erster Linie auf Untersuchungen zur philosophischen Situation der Gegenwart, wie er sie in seinem Hauptwerk Philosophie in der veränderten Welt *(1972) vorgenommen hat. Darin arbeitet er zentrale Tendenzen und Charakteristika der Moderne, wie etwa die zunehmende Verwissenschaftlichung und Technisierung, heraus und diskutiert die damit verbundenen moralischen Fragen. Der Text, der diesem Werk entnommen ist, befasst sich mit dem Bösen als Urphänomen des menschlichen Lebens.*

Das Böse lässt sich nicht eindeutig definieren, weder wissenschaftstheoretisch[1] noch moralphilosophisch[2] oder metaphysisch[3]. Gleichwohl: Was wir mit dem Bösen meinen, ist ein sehr realer Sachverhalt, gleichsam ein anthropologisches »Urphänomen«[4], dessen Wurzel der *Egoismus* und dessen eklatanteste Ausprägung der Hang des Menschen zur *Grausamkeit* ist. Das sich in der Grausamkeit in seiner radikalen Form zeigende Böse erscheint

1 wissenschaftstheoretisch/Wissenschaftstheorie: Disziplin der Philosophie, die sich mit der Analyse wissenschaftlicher Begriffe, Theorien und Methoden befasst.

2 moralphilosophisch/Moralphilosophie: Disziplin der Philosophie, die sich mit den Grundlagen moralischen Handelns und der Begründung moralischer Normen befasst.

3 metaphysisch/Metaphysik: Disziplin der Philosophie, die sich mit den grundlegenden Prinzipien der Welt und des Seins befasst, aber auch mit der Existenz Gottes und der Unsterblichkeit der Seele.

4 anthropologisches Urphänomen: ein von Anfang an vorhandenes Merkmal des Menschen.

uns als eine ständig drohende Gefahr des Menschen, und diese Tatsache wird – so meinen wir – durch die heute maßgebende Ethik der rationalen Aufklärung[5] zugedeckt. [...]

Wie ist es möglich, dass Grausamkeiten nicht aus Mangel an aufklärerischer Emanzipation oder in irrationalem Rausch passieren, sondern in bürokratischer Überlegung rational geplant werden? Diese Frage lässt sich, so argumentiert man, nur beantworten, wenn man das negative Verhalten auf seine verschiedenen Faktoren hin analysiert. [...]

Es wäre sicher verkehrt solche Untersuchungen a limine[6] als verfehlt anzusetzen. Sie sind in ihrer Funktion einer wissenschaftlichen Aufklärung über menschliches Verhalten unentbehrlich. Aber man muss zugleich wissen, dass die verwissenschaftlichte Fragestellung die Gefahr einer Verharmlosung der Probleme mit sich bringt. Dieser Gefahr begegnet man nur, wenn man sich von vornherein klarmacht, dass das Böse in all seinen Erscheinungen nicht wissenschaftlich restlos zu erklären ist – gelänge dies, dann würde das Böse kein wirklich ernst zu nehmendes Problem darstellen.

Das besagt für uns: Eine zeitgemäße Ethik muss sich gegen die Illusion wenden, dass eines Tages der Mensch, emanzipiert, mündig und sich selbst reflektierend[7], nur noch von der Vernunft gesteuert wird, jenseits von Gut und Böse. Die Ethik muss den Menschen sehen, wie er ist, und trotzdem an seine Freiheit appellieren. Dieser Appell wird gerade heute nur in Verbindung mit der wissenschaftlichen Erforschung der menschlichen Situation im Allgemeinen und im Besonderen sinnvoll sein. Aber die wissenschaftliche Forschung und die von ihr her mögliche technologische Manipulation ersetzt nicht die Dimension verantwortlichen Tuns, die unter den Grundworten »Gut und Böse« steht.

Von dem soeben Entwickelten her fällt auch ein gewisses Licht auf die oben erwähnten Einwände, dass Gut und Böse sprachlich und geschichtlich vieldeutige Begriffe seien. Diese Tatsache wird kein vernünftiger Mensch leugnen. Wir haben ja gerade oben den Wandel der Ethik herausgestellt, der besagt, dass der metaphysische Begriff des Guten[8], wie er die Ontologie[9] der Tradition beherrscht, für uns nicht mehr verbindlich ist. Gleichwohl ist – so meinen wir – innerhalb der Ethik eine »formale Konstanz«[10] festzustellen. Sie zeigt sich darin, dass die Menschen sich immer um eine *Ordnung ihres Zusammenlebens* bemühen müssen, weil sie selbst diese Ordnung gefährden. Dass die Gestalten der Ordnung wechseln, ist klar. Aber die Differenz zwischen Ordnung und deren Negation ist ein Urphänomen des menschlichen Lebens. Auf diese Differenz weisen die beiden Begriffe Gut und Böse hin. Sie zeigen an, dass der Mensch selbst die Ordnung als das Gute nur herstellen kann im Gegenzug gegen seine eigene Tendenz zu deren Negation, das heißt dem Bösen.

5 Ethik der rationalen Aufklärung: eine in der Philosophie verbreitete Ansicht, nach der sich moralisches Handeln vornehmlich auf die Vernunft und die Einsichtsfähigkeit des Menschen stützt.

6 a limine: lat. »von der Schwelle«, von Anfang an, von Grund auf.

7 sich selbst reflektierend: selbständig und unabhängig über sich selbst und sein Handeln nachdenkend.

8 der metaphysische Begriff des Guten: ursprünglich von dem griechischen Philosophen Platon (427–347 v. Chr.) eingeführter Begriff für die höchste Stufe der Wirklichkeit, die zugleich oberster Wert und grundlegendes Prinzip menschlichen Handelns ist.

9 Ontologie: wörtlich »Lehre vom Sein«, die philosophische Lehre von den Grundbestimmungen der Wirklichkeit.

10 formale Konstanz (hier): eine immer wiederkehrende Auffassung.

III 5: Benjamin Korn: Die Schlechtigkeit des Menschen

Benjamin Korn, geboren 1946 im polnischen Lubin, studierte Soziologie in Frankfurt/Main und lebt als Theaterregisseur und Essayist in Paris. Zuvor arbeitete er an Bühnen in Hamburg, Köln, München, Frankfurt, Bochum und Zürich. 1998 erhielt er den Clemens-von-Brentano-Preis der Stadt Heidelberg. Der Textauszug ist einem Vorabdruck des Essays »Die manichäische Falle« entnommen, der in seinem Buch Kunst, Macht und Moral *(1998) enthalten ist.*

Der eine Philosoph vergleicht ihn mit einem Scheusal, der andere mit einem Raubtier, der dritte mit einem reißenden Wolf, dessen Gebiss durch einen Maulkorb gesichert ist, der vierte mit einer Schlange, der fünfte mit einem Bluthund. Es gibt einen Punkt, über den sich alle Denker einig sind: über die Schlechtigkeit des Menschen.

Für Voltaires Candide[1] ist er ein Lügner, Gauner, Räuber, Verleumder, Fanatiker, Fresser, Säufer, ausschweifend, perfide, undankbar, wankelmütig, feige, neidisch, machtbesessen, blutrünstig, geizig, heuchlerisch und dumm. Schopenhauer[2] und der Engländer Hobbes[3] hätten die Aufzählung unterschrieben und um ein Dutzend unangenehmer Eigenschaften verlängert. Der Mensch ist böse! Darüber besteht kein Zweifel. Warum er es ist? Darüber gehen die Meinungen auseinander. Für die einen ist er es von Natur, für die anderen durch Mangel an Bildung, für die dritten durch abergläubisches Milieu und eingebleute Vorurteile, für die vierten durch Denkfaulheit und Feigheit, für den fünften durch Neid auf den Reichtum der anderen. Jede dieser Diagnosen hat das zugehörige Heilmittel: Erziehung, moralische Besserung, Revolution – aber ist es nicht gefährlich, den Menschen bessern zu wollen? Verzieht, verzerrt, verschlimmert man ihn nicht dabei? Heißt es nicht, wer einen Engel aus dem Menschen machen wolle, der mache einen Teufel aus ihm?

Es gab einmal eine gesamteuropäische Bewegung, die wollte den Menschen zur Intelligenz verhelfen, sie hieß in Frankreich: »Les Lumières« (das Licht), ins Deutsche übertragen und von der Beleuchtung her etwas abgeschwächt: die »Aufklärung«. Erziehung hieß ihr Zauberwort. »Die Erziehung des Menschengeschlechts« bei Lessing.[4] »Emile und die Erziehung« bei Rousseau.[5] Und bei all diesen Denkern sollte die Erziehung nicht nur durch pure Wissensvermittlung den Verstand, sondern vor allem das Gemüt des Menschen nähren und erweitern. »Nicht genug also, dass die Aufklärung des Verstandes nur insofern Achtung verdient, als sie auf den Charakter zurückfließt; sie geht auch gewissermaßen von dem Charakter aus, weil der Weg zu dem Kopf durch das Herz muss geöffnet werden.« (Schiller: »Über die ästhetische Erziehung des Menschen«)[6]

1 Voltaires Candide: der satirisch-pessimistische Roman *Candide* (1759) des französischen Aufklärers Voltaire (1694–1778).

2 Arthur Schopenhauer: deutscher Philosoph (1788–1860), der ein pessimistisches Menschenbild vertrat.

3 Thomas Hobbes: englischer Philosoph (1588–1679), der die These aufstellte, im Naturzustand sei der »Mensch des Menschen Wolf«.

4 »Die Erziehung des Menschengeschlechts«: 1780 erschienene Schrift des deutschen Aufklärungsdichters Gotthold Ephraim Lessing (1729–1781).

5 »Emile oder die Erziehung«: Titel des berühmten pädagogischen Romans (1762) des schweizerisch-französischen Aufklärers Jean-Jacques Rousseau (1712–1778).

6 »Briefe über die ästhetische Erziehung des Menschen«: 1795 erschienene Schrift von Friedrich Schiller (1759–1805), dem neben Goethe bedeutendsten Dichter der Weimarer Klassik.

Max Beckmann, Die Nacht, 1918/19

Rousseau spann seine ganze Theorie von der Erziehbarkeit des Menschen aus dessen primitiver und naiver Fähigkeit zum Mitleiden: »...mit ihrer ganzen Moral wären die Menschen nur Monster geworden, hätte die Natur ihnen nicht das Mitleid, zur Unterstützung der Vernunft, geschenkt«.

Und auch Schopenhauer, der neben Rousseau berühmteste »Misanthrop«[7] der modernen Philosophie, ließ als einzig wirksames Heilmittel gegen die Bosheit des Menschen nur das Mitleid gelten. Es passte so wenig in sein Bild vom Menschen, dass er das Mitleid »das große Mysterium der Ethik« nannte. Wie kommt es, dass es unter den Menschen, unter denen die Güte so selten ist »wie ein vierblättrigres Kleeblatt« in der Natur, Individuen gibt, die ins Wasser springen und ihr eigenes Leben in die Schanze werfen, um ein ihnen wildfremdes zu retten? Diese Möglichkeit hob sich so sehr vom Kernsatz seiner Philosophie, dem egoistischen Willen zum Leben ab, dass Schopenhauer sie zum »metaphysischen Phänomen«[8] erklärte: denn im Mitleid schmilzt die manichäistische[9] Entgegensetzung der Menschen und Begriffe zusammen, dass ich und der andere hören auf Feinde zu sein. [...]

7 Misanthrop: Menschenfeind.

8 metaphysisches Phänomen: ein Phänomen, das nicht in der Welt der Erfahrung, sondern in einer tieferen Schicht der Wirklichkeit begründet ist, hier: Schopenhauers Auffassung, dass der Mensch im Mitleid sich als wesensgleich mit allen Lebewesen begreift.

9 manichäistisch: von dem starren Gegensatz zwischen Gut und Böse geprägt; abgeleitet vom Manichäismus, einer in der Spätantike und im frühen Mittelalter verbreiteten Religion, nach der die Welt von zwei gleichberechtigten, aber völlig entgegengesetzten Prinzipien beherrscht wird: dem Herrscher des Lichts und dem Gott der Finsternis.

Wenige Denksysteme sind historisch so außer Kurs gesetzt wie die Aufklärung. Ihr wird vorgeworfen, sie habe »versagt«. Sie habe die Begriffe Gleichheit, Freiheit, Brüderlichkeit in die Welt gesetzt und nicht einen davon realisiert. Und wahrlich: Haben alle Erziehungsschriften Voltaires, Kants[10], Lessings, Schillers, Diderots[11] und Rousseaus zusammengenommen auch nur einen einzigen Krieg, ja auch nur einen einzigen Mord verhindert? Man darf es bezweifeln. Wenn die Denker gewusst hätten, in welches Mittelalter, aus dem sie sie unter gedanklicher Tantalosarbeit[12] heraushievten, die Moderne zurückfallen sollte, in die ewige Wassermühle der Fanatismen[13] der Vorurteile, der Zensur, in religiösen Wahn bei Muselmännern[14], Christen, Juden, sie hätten vor der Folgenlosigkeit ihrer Ideen die Hände überm Kopf zusammengeschlagen und sich erhängt! Was soll man auch machen? Ein Vorurteil ist wie ein saftiges Steak. Man beißt gerne hinein; die Toleranz schmeckt wie ranzige Butter. Es gibt ein unbeschreibliches Vergnügen Vorurteile loszulassen, »boche«[15], »Saujude«, »Kanake« oder »Scheißfranzose«: es entlädt so angenehm, ein Vergnügen unserer Eingeweide, sonst läge es uns nicht so leicht auf den Lippen, um sich beim ersten Alkoholrausch oder Wutanfall zu entladen.

Ich weiß nicht, ob die zerstörerischen Eigenschaften in den Menschen gegen die liebenswerten zahlenmäßig im Vorteil sind, aber ich bin sicher, dass ihre Wirkung mächtiger ist. Etwas aufziehen und wachsen lassen, benötigt Zeit und Zuwendung, Vernichten ist ein Schwertstreich, ein Schuss, ein Wort. Eine Sekunde – und die Freundschaft, die wir seit Jahren pflegten, geht in die Brüche. Eine Minute – und der Baum, den unsere Vorfahren vor hundert Jahren pflanzten, ist durchgesägt. Es ist soviel leichter zu hassen als zu helfen, zu vernichten als zu schaffen! Es ist so einfach einen Krieg zu erklären und so schwer einen Frieden zu stiften.

Im Kampf gegen die schöpferischen Kräfte des Menschen sind die destruktiven in jedem Punkt stärker. Die Vernunft mag die besseren Gründe haben, die Dummheit hat eine unglaubliche Geduld. Die nicht zu unterschätzende Macht der Dummheit besteht darin, dass sie ihre Sätze unendlich oft wiederholt. Sie dringen, wie Wassertropfen in Steine, ins Denken. Auch die Intelligenz, die Wahrheit ist dazu angehalten, ihre Einsichten ständig und unentwegt zu wiederholen, auf die Gefahr hin, durch die Geste der bloßen Wiederholung der Dummheit zu gleichen – da das Intelligente beim intelligenten Schüler ja durch Verständnis und nicht durch Wiederholung »ankommt«. Aber das Intelligente soll ja auch bei der Dummheit ankommen! Man kann gar nicht oft genug die Wahrheit sagen. Die Dummheiten werden seit Jahrhunderten wiederholt und die abhängigkeitserzeugende Kraft des Gebets liegt in der puren tausendfachen Wiederholung der Litanei[16]. Ebenso müssen wir unentwegt die Wahrheit wiederholen; aber man muss das Gefühl von Peinlichkeit und falscher intellektueller Scham abschütteln; es wäre unverzeihliche Blasiertheit, es nicht zu tun! Wir müssen jedes Vorurteil, jede rassistische Äußerung ausreißen wie Unkraut im Denken... Es ist ein Graben- und Abnutzungskrieg, bei dem die Dummheit die besseren Waffen hat; sie ist ausdauernder, setzt sich jeder Bewegung entgegen und wirkt durch bloße Immobilität; sie hat hunderttausend Jahre Vorurteile auf ihrem Konto und die unerschütterliche Gewissheit, im Besitz der ewigen Wahrheit zu sein.

10 Immanuel Kant: bedeutendster deutscher Philosoph der Aufklärung (1724–1804).
11 Denis Diderot: französischer Aufklärer (1713–1784), Herausgeber der berühmten *Enzyklopädie.*
12 Tantalosarbeit: eine äußerst quälende und mühselige Arbeit; nach der griechischen Sage von Tantalos, der von den Göttern zu ewiger Qual in der Unterwelt verdammt wurde.
13 Fanatismen: Äußerungsform einer fanatischen Haltung, des Fanatismus.
14 Muselmänner: Muslime, Anhänger des Islam.
15 »boche«: in Frankreich gebräuchliches Schimpfwort für einen Deutschen.
16 Litanei: ein im Wortlaut festgelegtes, längeres Wechsel- und Bittgebet im christlichen Gottesdienst.

FORUM

Zur Texterschließung

1 | Welches sind nach Schulz die Wurzeln des Bösen im Menschen?
2 | Welches Ideal des Menschen bezeichnet Schulz als Illusion?
3 | Auf welche grundlegende Differenz im menschlichen Zusammenleben weisen nach Schulz die Begriffe von Gut und Böse hin?
4 | Welche Beispiele aus der Philosophie führt Korn für die These von der Schlechtigkeit des Menschen an?
5 | Worin besteht nach Korn das Anliegen der europäischen Bewegung der Aufklärung? Welche Kritik an der Aufklärung erwähnt er?
6 | Welche Gründe führt Korn dafür an, dass Vorurteile, Dummheit und Fanatismus oft stärker sind als die Vernunft? Wie können sich die schöpferischen Kräfte gegen die destruktiven Kräfte des Menschen besser behaupten?

Das Problem des Bösen – Zur Diskussion

1 | Nennen Sie bösartiges Verhalten von Menschen gegen Menschen aus Geschichte, Gegenwart und eigener Erfahrung! Welche Verhaltensweisen erscheinen Ihnen noch verständlich, welche hingegen völlig unerklärlich?
2 | In den meisten Religionen gibt es zur Erklärung des Bösen die Vorstellung des Teufels. Jeder Kursteilnehmer sollte in einer kurzen Skizze eine Vorstellung vom Teufel entwerfen und sie in der Klasse zur Diskussion stellen. Diskutieren Sie darüber, welches Bild vom Teufel mit der Erfahrung vom Bösen in der Welt am besten übereinstimmt!
3 | Versuchen Sie auf der Basis eigener Erfahrung die Frage zu klären, ob Menschen, die Tiere quälen, gewöhnlich auch grausam gegen Mitmenschen sind!
4 | Beurteilen Sie folgende Verhaltensweisen nach dem Grad der Bösartigkeit: Verkauf von Waffen an Kriminelle, Totschlag im Affekt, Randale von Fußballrowdies, Lynchjustiz, Mord aus Eifersucht, Attentate auf Politiker!
5 | Worin liegt nach Ihrer Meinung mehr Bösartigkeit: wenn das Böse aus natürlichen Trieben, Instinkten und Affekten heraus getan wird oder wenn das Böse auf Überlegung, Planung und Absicht beruht?
6 | Die Philosophin Hannah Arendt (1906–1975) hat in ihrer Schrift *Eichmann in Jerusalem* (1964) die Organisation der nationalsozialistischen Judenvernichtung untersucht und darin die These von der »Banalität des Bösen« entwickelt. Suchen Sie Beispiele, die diese These belegen, und stellen Sie dagegen Formen von Bösartigkeit, die in keiner Weise gewöhnlich oder banal sind!
7 | Das Böse hat auch in der Literatur verschiedene Darstellungen und Deutungen erfahren. So sagt Mephistopheles, die Personifikation des Bösen, in Goethes »Faust« auf die Frage, wer er sei: »Ein Teil von jener Kraft, die stets das Böse will und stets das Gute schafft.« (Faust I 1335 f.) Von Wilhelm Busch stammt der Vers: »Das Gute – dieser Satz steht fest – ist stets das Böse, was man lässt.« (Die fromme Helene, Epilog) Deuten Sie die darin enthaltenen Auffassungen vom Wesen des Bösen! Welcher würden Sie eher zustimmen? Begründen Sie Ihre Meinung!

Der Mensch – Ein ungelöstes Rätsel in der Philosophiegeschichte

Kein anderes Lebewesen außer dem Menschen macht sich seine eigene Natur und Existenz zum Problem. Der Mensch hingegen hat sich selbst nie richtig verstanden. *Immanuel Kant* (1724–1804), der große deutsche Philosoph der Aufklärung, hat die Frage: »Was ist der Mensch?« sogar als die wichtigste Frage der Philosophie bezeichnet. Aber endgültige Antworten auf diese Frage hat es bis heute nicht gegeben. Der Mensch ist sich selbst ein Rätsel geblieben.

Diesem Rätsel wird schon in den frühesten Werken der europäischen Kultur Ausdruck gegeben. »Viel Ungeheures ist, doch nichts so Ungeheures wie der Mensch«, so schreibt der griechische Dramatiker *Sophokles* (497–401 v.Chr.) in seiner Tragödie *Antigone*. Der Mensch überschreitet nach Sophokles die natürliche Grenze, die anderen Lebewesen gesetzt ist, nach beiden Seiten. Er schafft Werke der Kultur und Technik, überbrückt Raum und Zeit, aber er löst auch durch seine Untaten Terror und Schrecken aus. In vielen Mythen und Religionen wird dem Menschen deshalb ein göttlicher Ursprung, aber auch ein gegen die Götter gerichteter Hang zum Bösen bescheinigt. Dass der Mensch aufgrund seiner geistigen Fähigkeiten eine besondere Nähe zur Welt der Götter hat, wurde auch in der griechischen Philosophie, z.B. von *Pythagoras* (580–500 v.Chr.), *Platon* (427–347 v.Chr.) und *Aristoteles* (384–322 v.Chr.) vertreten (→ Info IV, VI).

Auch für das Christentum, das seit 379 n.Chr. die Staatsreligion des Römischen Reiches war, wurde die Sonderstellung des Menschen, aber auch seine Fähigkeit zum Bösen zum philosophischen Problem. Der Mensch war einerseits als »Krone der Schöpfung« das gottähnlichste Wesen, aufgrund der Erbsünde besaß er jedoch zugleich den Hang zum Bösen. Das Böse, das Finstere im Menschen war eines der Hauptprobleme im Werk des frühchristlichen Philosophen *Augustinus* (354–430). Das Bewusstsein der Freiheit und der besonderen Stellung in der Schöpfung lässt nach Augustinus den Menschen stolz werden. Aus dem Stolz entsteht aber das Böse und die Auflehnung gegen Gott. Vom Bösen befreit werden kann der Mensch nicht durch eigene Kraft, sondern nur durch göttliche Gnade (→ Info IV). Noch deutlicher als Augustinus hat der französische Philosoph *Blaise Pascal* (1623–1662) in seinen *Gedanken* (1669/70) die Zwiespältigkeit der menschlichen Natur betont. Wie Augustinus, so steht auch Pascal auf dem Boden des christlichen Glaubens. Der Mensch ist nach Pascal ein Wesen zwischen Engel und Teufel, hin- und hergeworfen zwischen dem Gefühl der Ewigkeit und der religiösen Bestimmung des Menschen einerseits und dem Gefühl der Schwäche und der Unwürdigkeit des Menschen vor Gott andererseits. Der Mensch ist ein Wesen ohne Gleichgewicht, ein Wesen, das nicht in sich selbst ruht und deshalb des Vertrauens auf Gott bedarf, um sich seines eigenen Werts und seiner Bestimmung gewiss zu werden.

Doch schon in der griechischen Philosophie gab es sehr früh die Meinung, dass die Einzigartigkeit des Menschen keine religiöse Erklärung erfordert. Wenn *Protagoras* (ca. 480–410 v. Chr.), ein Hauptvertreter der frühgriechischen Sophisten, die These aufstellt, der Mensch sei das Maß aller Dinge, so meint er damit auch, dass es für den Menschen keine durch Götter oder natürliche Triebe vorgegebene Lebensform gibt, sondern dass der Mensch die Form seines Lebens und Zusammenlebens selbst gestalten muss (→ Info II, V). Ähnlich hat viele Jahrhunderte später der deutsche Philosoph *Friedrich Nietzsche* (1844–1900) behauptet, der Mensch sei das »nicht festgestellte Tier«, also ein Wesen, dessen Entwicklungsmöglichkeiten offen sind.

Auch in der Philosophie der Renaissance, besonders aber in der Aufklärung des 18. Jahrhunderts wurde weniger die Schwäche und das Böse im Menschen, sondern eher das Streben des Menschen betont, vorgegebene Beschränkungen und Horizonte immer wieder zu überschreiten. Bei dem spätmittelalterlichen Philosophen *Nikolaus von Kues* (1401–1464) wurde das Ziel dieses Strebens noch mit dem christlichen Gott identifiziert. Renaissancephilosophen wie *Giordano Bruno* (1548–1600) und *Francis Bacon* (1561–1626) wiesen dagegen stärker auf die Unendlichkeit der Welt selbst und die damit korrespondierende Fähigkeit des Menschen hin, diese Welt zu entdecken und zu gestalten. Philosophen der Aufklärung wie *Christian Wolff* (1679–1754) glaubten, ganz in dieser Tradition, an die »Perfektibilität« des Menschen, an seine Fähigkeit, sich unendlich zu vervollkommnen (→ Info II). Eine der Hauptschriften der Aufklärung, der *Entwurf einer historischen Darstellung der Fortschritte des menschlichen Geistes* (1795) des französischen Philosophen *Condorcet* (1743–1794), sieht die menschliche Geschichte als eine Stufenfolge von Entwicklungen, an deren Ende der geistig, moralisch und physisch vollkommene Mensch steht (→ Info II). In Deutschland sind der Aufklärer *Immanuel Kant* und die Philosophen des Deutschen Idealismus, *Johann Gottlieb Fichte* (1762–1814), *Friedrich Wilhelm Joseph Schelling* (1775–1854) und *Georg Wilhelm Friedrich Hegel* (1770–1831) davon ausgegangen, dass der Mensch im Verlauf der Geschichte sein Wissen, seine Fähigkeiten zur Naturbeherrschung und seine Möglichkeiten zur Schaffung einer gerechteren Gesellschaft ständig vergrößern wird (→ Info V). Der bis weit ins 20. Jahrhundert sehr einflussreiche, von dem Hegel-Schüler *Karl Marx* (1818–1883) begründete Marxismus setzte diese Tradition fort. Für Marx vervollkommnet und verwirklicht sich der Mensch durch freie, schöpferische Arbeit, durch eine materielle Umformung der Natur, die durch eine ständige Fortentwicklung von Wissenschaft und Technik gefördert wird. Voraussetzung für diese Selbstverwirklichung ist allerdings, dass jede Ausbeutung menschlicher Arbeit beseitigt wird und der Mensch über die von ihm geschaffenen Produkte frei verfügen kann (→ Info I, II, V).

Im Widerspruch zum verbreiteten optimistischen Menschenbild der Aufklärung haben zunächst *Kant* und *Schelling* auch auf das Böse hingewiesen, das unausrottbar in der menschlichen Natur verwurzelt sei. Diese Auffassung führte bei *Arthur Schopenhauer* (1788–1860) zu einer grundsätzlich pessimistischen Einschätzung des Menschen. Das Handeln des Menschen wird nach Schopenhauer hauptsächlich von irrationalen Triebkräften bestimmt, die Vernunft spielt dabei nur eine Nebenrolle. Die Neigung zum Bösen überwiegt beim Menschen bei weitem die Neigung zum Guten, nur ganz wenige können sich von der Kraft des irrationalen »Willens« befreien (→ Info IV).

Die verschiedensten, in der Geschichte der Philosophie vertretenen Auffassungen von der Sonderstellung und der Fragwürdigkeit des Menschen finden sich, z.T. in extremer Zuspitzung, seit dem späten 19. Jahrhundert wieder. *Friedrich Nietzsche* (1844–1900) entwirft in seinem Spätwerk *Also sprach Zarathustra* (1883–1885) das Zukunftsbild des »Übermenschen«, der sich von allen traditionellen religiösen und moralischen Werten gelöst und eine neue biologische Stufe in der Entwicklung des Menschen erreicht hat. Frei von den Verboten und Beschränkungen christlicher Moralvorstellungen widmet er sich ganz dem Abenteuer Leben und der Entfaltung seiner Kreativität (→ Info V). In Nietzsches »Übermensch« zeigt sich wie in keinem anderen philosophischen Entwurf vom Menschen die Zwiespältigkeit der menschlichen Natur. Für viele führt von Nietzsches »Übermensch« ein direkter Weg zu den Rassetheorien und den Verbrechen der

Faschisten im 20. Jahrhundert. Für andere ist es das Leitbild eines neuen menschlichen Selbstbewusstseins, das endgültig von religiösen Begründungen Abschied nimmt.

Eine religiöse Deutung der Sonderstellung des Menschen findet sich im 20. Jahrhundert z.B. bei *Teilhard de Chardin* (1881–1955). Für ihn ist der Mensch aufgrund seiner geistigen Anlagen der Träger des göttlichen Prinzips in der Evolution. Auch *Max Scheler* (1874–1928) hat in seinem Werk *Die Stellung des Menschen im Kosmos* (1928) die besondere Rolle des Menschen mit dem »Geist« begründet, der den Menschen über die übrige Natur erhebt. »Geist« ist für Scheler die Bedingung für die »Weltoffenheit« des Menschen, für die Fähigkeit, sich die Welt immer neu mit eigenen Entwürfen und Ideen zu erschließen (→ Info IV). Der »Geist« ist aber auch wie bei Teilhard diejenige menschliche Eigenschaft, die ihn mit Gott verbindet.

Eine Sonderstellung des Menschen, aber in einem ganz anderen Sinne, nimmt auch der rumänischstämmige französische Essayist *Emile Michel Cioran* (1911–1995) an. Für Cioran ist der Mensch nicht das Geschöpf eines guten, sondern eines bösen Gottes. Wie Schopenhauer sieht er im Menschen eine unüberwindliche Neigung zum Bösen. Für Cioran ist die Existenz des Menschen das Grundübel der Welt. Ähnlich hat in jüngster Zeit *Ulrich Horstmann* (geb. 1949) in seiner Schrift *Das Untier* (1983) geurteilt. Horstmann sieht im Menschen das zerstörerische Prinzip schlechthin.

Aber auch optimistische Deutungen vom Menschen und seiner Rolle in der Welt wurden, in der Tradition der Renaissance und der Aufklärung, im 20. Jahrhundert vertreten. Für den Marxisten *Ernst Bloch* (1885–1977) ist der Mensch das Wesen, das in der Geschichte auf immer neuen Bahnen unterwegs ist, um Glück, eine gerechte Gesellschaft und die Einheit mit der Natur wiederherzustellen und so uralte Menschheitsträume zu verwirklichen.

In einem Jahrhundert, in dem der Mensch den Weltraum erobert hat und in dem die Entwicklung von Wissenschaft und Technik geradezu explodiert ist, in dem der Mensch aber auch die Atombombe erfunden und zwei Weltkriege angezettelt hat, in denen Millionen Menschen starben, ist es kaum verwunderlich, dass auch die philosophischen Menschenbilder so weit voneinander entfernt liegen. Mehr denn je bleibt das Rätsel Mensch ungelöst.

IV TIER UNTER TIEREN? – DER MENSCH ALS NATURWESEN

Einführung

Dass der Mensch Teil der Natur ist, gehört zu unseren Alltagserfahrungen. Nicht nur bei Krankheiten wie z.B. Allergien wird uns bewusst, wie sehr wir von unserer natürlichen Umwelt abhängen. Auch unser Sozialverhalten, unsere Aggressionen oder unser Bedürfnis nach Zuneigung haben Vorbilder in der Natur. Unsere Sensibilisierung für die Untergrabung der natürlichen Lebensgrundlagen des Menschen, die die wissenschaftlich-technische Zivilisation mit sich bringt, macht uns die Naturausstattung des Menschen noch deutlicher als zuvor bewusst. Was er auch immer sonst noch sein mag, zunächst und vor allem ist der Mensch eines unter vielen Lebewesen auf der Erde, das im Laufe der Evolution entstanden ist. Als Naturwesen ist der Mensch ein mit Trieben ausgestatteter Organismus, dessen Lebensfunktionen auf physikalischen und chemischen Prozessen wie Blutzirkulation und Atmung basieren.

Wenngleich allgemein anerkannt ist, dass der Mensch ein Naturwesen ist, gibt es doch keineswegs Einigkeit darüber, was im Einzelnen zur Naturausstattung des Menschen gehört. Ist der Mensch ein rein egoistisches, aggressives Wesen, und daher für ein friedliches Zusammenleben in einer Gesellschaft nur wenig tauglich, oder hat er auch ein natürliches Wohlwollen gegenüber seinen Mitmenschen? Kontrovers sind auch die Stellungnahmen zu der Frage, welche Rolle natürliche Instinkte und Triebe wie Selbsterhaltung und Sexualität im menschlichen Leben spielen. Ist der Mensch bloß der Spielball seiner Triebe oder kann er seine Triebe durch Vernunft beherrschen? Die Abstammung des Menschen aus dem Tierreich ist unstrittig, doch welches sind die wichtigsten Unterschiede zwischen Mensch und Tier? Liegen sie bereits auf der biologischen Ebene der Organe und Instinkte oder liegen sie in den kulturell begründeten Eigenschaften?

Wieweit der Mensch ein »Tier unter Tieren« ist und welche Stellung er in der Evolution einnimmt, ist im Folgenden Thema.

Max Ernst, Steinbock, 1948/64

IV 1: Udo Rauchfleisch: Die Alltäglichkeit der Gewalt

Udo Rauchfleisch, Jahrgang 1942, ist Psychotherapeut und Dozent für Klinische Psychologie an der Universität Basel. Er ist Verfasser mehrerer Bücher über Probleme der Psychologie und der Ethik. In seinem Buch Allgegenwart der Gewalt *(1992) untersucht er die verschiedenen Formen der alltäglichen Gewalt, wie sie unter anderem in Familie, Berufsleben und Schule, aber auch in Literatur und Film vorkommen. Dass auch der Durchschnittsmensch ein großes Maß an Gewaltbereitschaft besitzt, versucht Rauchfleisch am Beispiel des Straßenverkehrs zu zeigen.*

Im Allgemeinen bringen wir das Phänomen Gewalt in Zusammenhang mit Raub, Mord, Geiselnahme, Folter und anderen spektakulären Straftaten, die auf der einen Seite in der Öffentlichkeit Angst und Entsetzen auslösen, deren ausführliche Schilderungen in der Boulevardpresse auf der anderen Seite aber von großen Bevölkerungsteilen mit einem geradezu wollüstigen Schauder aufgenommen werden. Wir würden uns jedoch über das Ausmaß der Gewalt, die in unserer Gesellschaft herrscht, täuschen, wenn wir uns allein auf die Betrachtung dieser außergewöhnlichen Ereignisse beschränkten. Sie stellen im Grunde nur die Spitze eines Eisbergs dar, dessen Ausmaß wir wenigstens annähernd erst dann erfassen können, wenn wir unser Augenmerk auch auf die ganz »alltäglichen« Gewaltäußerungen richten.

Es ist für diese Manifestationen destruktiver Aggression charakteristisch, dass wir sie im Allgemeinen gar nicht als Gewaltphänomene wahrnehmen. Sie erscheinen uns als selbstverständlich, als Ausdruck sogenannter Sachzwänge, als zur Struktur unserer Gesellschaft gehörend, und wir haben uns vielfach so daran gewöhnt, dass wir sie allenfalls für bedauerliche, aber letztlich nicht änderbare Bedingungen unseres Lebens halten. Hinzu kommt, dass gerade im alltäglichen Bereich Gewalt häufig in so subtiler[1] Form auftritt, dass uns die destruktive Komponente daran gar nicht bewusst wird. Erst die genauere Analyse des entsprechenden Verhaltens oder der bestehenden Strukturen lässt uns dann erkennen, dass es hier um Gewaltphänomene geht, die unheilvolle Konsequenzen für die betreffenden Individuen und die Gesellschaft als Ganzes nach sich ziehen.

Diese Überlegungen ließen sich an Beispielen aus den verschiedensten Bereichen des Alltags veranschaulichen. Im Leben von Partnern und Familien, in den Strukturen von Kindergärten, Schulen und Universitäten, im beruflichen Bereich ebenso wie in der Zugehörigkeit des Einzelnen zu religiösen, politischen und Freizeitgruppen – überall lassen sich bei genauerer Untersuchung mehr oder weniger ausgeprägte Gewaltphänomene beobachten. Eine Hauptschwierigkeit bei einer solchen Analyse scheint mir indes darin zu liegen, dass wir bei einer kritischen Reflexion[2] schließlich zwar die in den verschiedenen Lebensbereichen wirksam werdende Gewalt durchaus identifizieren. Wir sind auch in der Lage, uns in der Rolle des hilflosen Opfers zu sehen. Aber nur ausgesprochen selten vermögen wir uns selber auch als Täter, als Subjekte von Gewalt wahrzunehmen. Wir sind sehr wohl fähig den sprichwörtlichen Splitter im Auge des anderen zu bemerken, setzen jedoch eine massive Abwehr ein gegen die Anerkennung des Balkens im eigenen Auge.

Zur Veranschaulichung dessen, worum es mir in diesem Kapitel bei der Frage nach der Gewalt im Alltag geht, möchte ich bewusst von einem trivialen Beispiel ausgehen, von einer Situation, die sicher schon jeder von uns in dieser oder einer ähnlichen Form selbst erlebt

1 subtil: fein, kompliziert.

2 Reflexion: Nachdenken, Überlegung.

hat. […] Es ist die Situation im Straßenverkehr, das Überqueren der Fahrbahn und der zum Teil rücksichtslose Kampf zwischen den Verkehrsteilnehmern. Wir sind an derartige Szenen gewöhnt und empfinden sie höchstens noch als Ausdruck von Gewalt, wenn wir uns in der Opferrolle erleben.

[…] Das Wesen der Gewalt liegt auch im Straßenverkehr gerade darin, dass *wir alle* mehr oder weniger mit darin verstrickt sind und sowohl Täter als auch Opfer sind. Das Durchschlängeln der Fahrradfahrer mit der Absicht die Autofahrer zu behindern, ist im Grunde ebenso gewalttätig wie das Abdrängen vonseiten der Autofahrer oder das bewusst langsame Überqueren der Straße durch Fußgänger, die damit die anderen Verkehrsteilnehmer zu zwingen versuchen auf sie Rücksicht zu nehmen. In welchem Ausmaß hier Gewalt eine Rolle spielt, kann jeder von uns leicht erleben, wenn wir uns in der Opferrolle befinden und dann plötzlich – uns vielleicht selber erschreckend – Rachephantasien und andere Vorstellungen aggressiven Inhalts in uns auftauchen oder wir unter Umständen sogar manifest in aggressiver Weise gegen unsere »Gegner« vorgehen. Spätestens in einer derartigen Situation wird deutlich, dass der Versuch, Gewalt im Straßenverkehr durch psychopathologische[3] Konzepte zu erklären, letztlich zu kurz greift. Wir müssen die psychologische Interpretation zumindest dahingehend erweitern, dass eine solche »narzisstische«[4] Dynamik unter bestimmten Bedingungen in jedem von uns aufbrechen und unser Fühlen und Handeln bestimmen kann. Die soziale Situation, in der wir uns als Verkehrsteilnehmer, gleich welcher Kategorie[5], befinden, entfaltet oft eine Eigendynamik und übt dann unter Umständen einen so starken Einfluss auf uns aus, dass wir uns zu Vorstellungen und Handlungen gedrängt fühlen, die wir bei kritischer Reflexion als unsinnig und als in erschreckendem Maße gewalttätig erkennen.

»Wie oft habe ich dir schon gesagt, du sollst deine Schwester nicht schlagen?«

3 psychopathologisch/Psychopathologie: Wissenschaft von den Krankheitserscheinungen des Seelenlebens.
4 narzisstisch: selbstbezogen, sich selbst bewundernd.
5 Kategorie (hier): Art.

IV 2: Konrad Lorenz: Aggression als natürlicher Instinkt

Konrad Lorenz ist einer der bedeutendsten Biologen des 20. Jahrhunderts und gilt als Begründer der modernen Verhaltensforschung. In seiner Schrift Das sogenannte Böse *(1963) vertrat er die Auffassung, dass Aggression gegenüber Artgenossen ein angeborener, arterhaltender Instinkt ist, der auch das Verhalten des Menschen bestimmt. Durch sein Buch* Die Rückseite des Spiegels *(1973), in dem er die angeborenen Formen des menschlichen Wahrnehmens und Denkens untersucht, wurde er zu einem Hauptvertreter der sog. »Evolutionären Erkenntnistheorie«. Besondere Aufmerksamkeit schenkte er in Werken wie* Die acht Todsünden der zivilisierten Menschheit *(1973) und* Der Abbau des Menschlichen *(1983) auch den inhumanen Folgen der wissenschaftlich-technischen Zivilisation.*
Lorenz wurde am 3. November 1903 in Altenberg bei Wien geboren. Er war zunächst Mediziner und ab 1940 Professor für Verhaltensforschung in Königsberg. Nach dem Krieg wurde er an die Universität München berufen. Seinen internationalen Ruf erwarb er als Direktor verschiedener Forschungsinstitute. Für seine wissenschaftlichen Verdienste erhielt er 1973 den Nobelpreis für Medizin. Lorenz starb 1989 in Wien.
In dem zitierten Abschnitt aus der Schrift Das sogenannte Böse *begründet Lorenz seine Grundthese.*

Der normale Zivilisationsmensch bekommt ja echte Aggression meistens nur dann zu sehen, wenn zwei seiner Mitbürger oder seiner Haustiere sich in die Wolle kriegen, und sieht so begreiflicherweise nur die üblen Auswirkungen solchen Zwistes. Dazu kommt die wahrhaft erschreckende Reihe fließender Übergänge, die von zwei Hähnen, die auf dem Mist raufen, weiter aufwärts führt über Hunde, die sich beißen, Buben, die sich abwatschen[1], Burschen, die einander Bierkrügel auf die Köpfe hauen, und weiter aufwärts zu schon ein wenig politisch getönten Wirtshausraufereien bis schließlich zu Kriegen und Atombomben. [...]

Die Frage nach dem Arterhaltungswert des Kämpfens hat bekanntlich schon Darwin[2] selbst gestellt und auch schon eine einleuchtende Antwort gegeben: Es ist für die Art, für die Zukunft, immer von Vorteil, wenn der stärkere von zwei Rivalen das Revier oder das umworbene Weibchen erringt. Wie so oft, ist diese Wahrheit von gestern zwar keine Unwahrheit, aber doch nur ein Spezialfall von heute, und die Ökologen haben in jüngerer Zeit eine noch viel wesentlichere arterhaltende Leistung der Aggression nachgewiesen. Ökologie kommt von griechisch *oikos,* das Haus, und ist die Lehre von den vielfältigen Wechselbeziehungen, die zwischen dem Organismus und seinem natürlichen Lebensraum, seinem »Zu-Hause«, bestehen, zu dem natürlich auch alle anderen, ebenfalls dort lebenden Tiere und Pflanzen zu rechnen sind. Wenn nicht etwa die Sonder-Interessen einer sozialen Organisation ein enges Zusammenleben fordern, ist es aus leicht einsehbaren Gründen am günstigsten, die Einzelwesen einer Tierart möglichst gleichmäßig über den auszunutzenden Lebensraum zu verteilen. In einem Gleichnis aus dem menschlichen Berufsleben ausgedrückt: Wenn in einem bestimmten Gebiet auf dem Lande eine größere Anzahl von Ärzten oder Kaufleuten oder Fahrradmechanikern ihr Auslangen[3] finden soll, werden die Vertreter jedes dieser Berufe gut daran tun, sich möglichst weit weg voneinander anzusiedeln.

1 abwatschen: jemandem eine herunterhauen, sich verprügeln.
2 Charles Darwin: englischer Naturforscher (1809–1882), Begründer der Evolutionstheorie, derzufolge die besser an die Umwelt angepassten Lebewesen im »Kampf ums Dasein« überleben.
3 Auslangen: ausreichendes Einkommen.

Die Gefahr, dass in einem Teil des zur Verfügung stehenden Biotops eine allzu dichte Bevölkerung einer Tierart alle Nahrungsquellen erschöpft und Hunger leidet, während ein anderer Teil ungenutzt bleibt, wird am einfachsten dadurch gebannt, dass die Tiere einer Art einander *abstoßen*. Dies ist, in dürren Worten, die wichtigste arterhaltende Leistung der intraspezifischen[4] Aggression. [...]

Vor allem aber ist es mehr als wahrscheinlich, dass das verderbliche Maß an Aggressionstrieb, das uns Menschen heute noch als böses Erbe in den Knochen sitzt, durch einen Vorgang der intraspezifischen Selektion[5] verursacht wurde, der durch mehrere Jahrzehntausende, nämlich durch die ganze Frühsteinzeit, auf unsere Ahnen eingewirkt hat. Als die Menschen eben gerade so weit waren, dass sie kraft ihrer Bewaffnung, Bekleidung und ihrer sozialen Organisation die von außen drohenden Gefahren des Verhungerns, Erfrierens und Gefressenwerdens von Großraubtieren einigermaßen gebannt hatten, so dass diese nicht mehr die wesentlichen selektierenden Faktoren darstellten, muss eine böse intraspezifische Selektion eingesetzt haben. Der nunmehr Auslese treibende Faktor war der Krieg, den die feindlichen benachbarten Menschenhorden gegeneinander führten. Er muss eine extreme Herauszüchtung aller sogenannten »kriegerischen Tugenden« bewirkt haben, die leider noch heute vielen Menschen als wirklich anstrebenswerte Ideale erscheinen. [...]

Angeborene Verhaltensweisen können durch eine an sich geringfügige Änderung von Umweltbedingungen völlig aus dem Gleichgewicht gebracht werden. Sie sind so unfähig sich diesen rasch anzupassen, dass unter ungünstigen Umständen eine Art zugrunde gehen kann. Die Veränderungen, die der Mensch in seiner eigenen Umwelt selbst bewirkt hat, sind aber keineswegs nur geringfügig. Sähe man als voraussetzungsloser Beobachter den Menschen, wie er heute dasteht, in der Hand die Wasserstoffbombe, die ihm sein Geist beschert hat, im Herzen den von Anthropoiden[6]-Ahnen ererbten Aggressionstrieb, den seine Vernunft nicht zu meistern vermag, man würde ihm kein langes Leben voraussagen! Betrachtet man nun gar diese Situation als mitbetroffener Mensch, so erscheint sie als irrer Angsttraum, und es fällt einem schwer zu glauben, dass die Aggression nicht ein an sich pathologisches[7] Symptom des gegenwärtigen Kulturverfalls sei.

Und dabei könnte man nur wünschen, dass sie das wäre! Gerade die Einsicht, dass der Aggressionstrieb ein echter, primär arterhaltender Instinkt ist, lässt uns seine volle Gefährlichkeit erkennen: Die Spontaneität des Instinktes ist es, die ihn so gefährlich macht. Wäre er nur eine *Re*aktion auf bestimmte Außenbedingungen, was viele Soziologen und Psychologen annahmen, dann wäre die Lage der Menschheit nicht ganz so gefährlich, wie sie tatsächlich ist. Dann könnte man grundsätzlich die reaktions-auslösenden Faktoren erforschen und ausschalten. Freud[8] darf den Ruhm für sich beanspruchen die Aggression erstmalig in ihrer Eigenständigkeit erkannt zu haben, auch hat er gezeigt, dass der Mangel an sozialem Kontakt, vor allem sein Verlorengehen (Liebesverlust), zu den stark begünstigenden Faktoren zählen. Die falsche Konsequenz aus dieser an sich richtigen Vorstellung, die von vielen amerikanischen Erziehern gezogen wurde, lag in der Annahme, dass Kinder zu weniger neurotischen[9], an die Umwelt besser angepassten und vor allem weniger aggressiven Menschen heranwachsen würden, wollte man ihnen von klein auf jede Enttäuschung (Frustration) ersparen und ihnen in allem und jedem nachgeben. Eine diesen Annahmen ent-

4 intraspezifisch: innerhalb einer Art.

5 Selektion: Auslese der besser an die Umwelt angepassten Lebewesen.

6 Anthropoide/Anthropoid: Menschenaffe.

7 pathologisch: krankhaft.

8 Sigmund Freud: österreichischer Mediziner und Psychologe (1856–1939), Begründer der Psychoanalyse.

9 neurotisch/Neurose: seelische Störung, die häufig auf verdrängten Erlebnissen und Wünschen basiert.

sprechende amerikanische Erziehungsmethode zeigte nur, dass der Aggressionstrieb, wie so viele andere Instinkte auch, »spontan« aus dem Inneren des Menschen quillt. Es entstanden unzählige ganz unerträglich freche Kinder, die alles andere als unaggressiv waren. Die tragische Seite der tragikomischen Angelegenheit aber folgte, wenn diese Kinder der Familie entwuchsen und nun plötzlich statt ihren unterwürfigen Eltern der mitleidlosen öffentlichen Meinung gegenüberstanden, wie etwa beim Eintreten in ein College. Unter dem Druck der nun sehr hart erzwungenen sozialen Einordnung wurden, wie mir amerikanische Psychoanalytiker[10] versichert haben, sehr viele so erzogene Jugendliche erst recht neurotisch.

[...] Der »Stau« einer Instinktbewegung[11], der durch längeren Entzug der sie auslösenden Reize eintritt, hat aber nicht nur die beschriebene Vermehrung der Reaktionsbereitschaft zur Folge, er bewirkt viel tiefer greifende, den Organismus als Ganzes in Mitleidenschaft ziehende Vorgänge. Grundsätzlich hat jede echte Instinktbewegung, der in der geschilderten Weise die Möglichkeit zum Abreagieren entzogen ist, die Eigenschaft, *das Tier als Ganzes in Unruhe zu versetzen und es nach den sie auslösenden Reizen suchen zu machen.* Dieses Suchen, das im einfachsten Falle in regellosem Umherlaufen, -fliegen oder -schwimmen besteht, im kompliziertesten aber alle Verhaltensweisen des Lernens und der Einsicht in sich schließen kann, ist von Wallace Craig[12] als Appetenzverhalten[13] bezeichnet worden. Faust sitzt nicht ruhig da und wartet, bis Weiber in sein Gesichtsfeld laufen, er wagt bekanntlich den nicht ganz unbedenklichen Gang zu den Müttern, um Helenen zu gewinnen!

IV 3: Erich Fromm: Gutartige und bösartige Formen der Aggression

Erich Fromm ist ein einflussreicher Vertreter der Psychoanalyse und der Sozialphilosophie in der zweiten Hälfte des 20. Jahrhunderts. Er versuchte, die Trieblehre Sigmund Freuds mit der marxistischen Gesellschaftstheorie zu verbinden. In seinem populären Werk Haben oder Sein *(1976) untersucht er die seelischen Grundlagen einer neuen, humanen Gesellschaft und wendet sich gegen das in den westlichen Industriestaaten vorherrschende Besitzdenken.*
Fromm wurde am 23. März 1903 in Frankfurt am Main geboren, studierte Soziologie, Psychologie und Philosophie und war zunächst Mitarbeiter an dem von Max Horkheimer geleiteten Frankfurter Institut für Sozialforschung. 1934 emigrierte er in die USA, wo er an verschiedenen Universitäten lehrte. Von 1950 bis 1965 war er Professor für Psychoanalyse in Mexiko. Fromm starb am 19. Juni 1980 in Muralto (Tessin).
In der Einleitung seines Werks Anatomie der menschlichen Destruktivität *(1973) begründet er die These, dass zwischen gut- und bösartiger Aggression unterschieden werden muss.*

10 Psychoanalytiker: Anhänger der Psychoanalyse, die seelische Krankheiten und Störungen durch Bewusstmachung der ihnen zugrunde liegenden verdrängten Konflikte und Wünsche heilen will.

11 Instinktbewegung: eine Bewegung oder körperliche Aktion, die durch Entladung eines Instinkts zustande kommt.

12 Wallace Craig: amerikanischer Zoologe und Biologe (1876–1954).

13 Appetenzverhalten: ein Verhalten, das sich in ziellosem Suchen nach Nahrung oder sexueller Betätigung äußert.

Konk

Wir müssen beim Menschen *zwei völlig verschiedene Arten der Aggression* unterscheiden. Die erste Art, die er mit allen Tieren gemein hat, ist ein phylogenetisch[1] programmierter Impuls anzugreifen (oder zu fliehen), sobald lebenswichtige Interessen bedroht sind. Diese *defensive*, »gutartige« Aggression dient dem Überleben des Individuums und der Art; sie ist biologisch angepasst und erlischt, sobald die Bedrohung nicht mehr vorhanden ist. Die andere Art, die »bösartige« Aggression, das heißt die *Destruktivität und Grausamkeit*, ist spezifisch für den Menschen und fehlt praktisch bei den meisten Säugetieren; sie ist nicht phylogenetisch programmiert und nicht biologisch angepasst; sie dient keinem Zweck und ihre Befriedigung ist lustvoll. Der größte Teil der früheren Diskussion über dieses Thema war dadurch beeinträchtigt, dass versäumt wurde, zwischen diesen beiden Arten von Aggression zu unterscheiden, die verschiedener Herkunft sind und verschiedene Merkmale haben.

Die defensive Aggression gehört tatsächlich zur menschlichen Natur, wenn es sich dabei auch nicht um einen »angeborenen« Instinkt handelt, als welchen man sie zu klassifizieren pflegte. Soweit Lorenz von Aggression als Verteidigung spricht, hat er Recht mit seiner Annahme, dass es sich um einen aggressiven Instinkt handelt (wenngleich die Theorie von der Spontaneität des Triebs und seiner Eigenschaft, sich selbst aufzuladen, unhaltbar ist). Aber Lorenz geht weiter. Mit Hilfe einer Reihe scharfsinniger Konstruktionen betrachtet er *jede* menschliche Aggression, einschließlich des Drangs zu töten und zu quälen, als Auswirkung einer biologisch vorgegebenen Aggression, die sich aufgrund einer Reihe verschiedener Faktoren aus einer nützlichen in eine destruktive Kraft verwandelt hat. Es sprechen jedoch so viele empirische Daten gegen diese Hypothese, dass sie praktisch unhaltbar wird. Das Studium von Tieren zeigt, dass die Säugetiere – und besonders die Primaten[2] – zwar ein gutes Maß defensiver Aggression besitzen, aber keine Mörder und Folterer sind. Die Paläontologie[3], die Anthropologie und die Geschichte liefern zahlreiche Beweise gegen die instinktivistische These: 1. menschliche Gruppen unterscheiden sich in Bezug auf den Grad ihrer Destruktivität grundlegend voneinander, ein Tatbestand, den man kaum mit der Annahme erklären kann, dass Destruktivität und Grausamkeit angeboren sind; 2. verschiedene Grade von Destruktivität können mit jeweils anderen psychischen Faktoren und mit Unterschieden in der jeweiligen Sozialstruktur in Korrelation[4] gebracht werden, und 3. wächst der Grad der Destruktivität mit der fortschreitenden Entwicklung der Zivilisation und nicht umgekehrt. Tatsächlich passt das Bild von der angeborenen Destruktivität viel besser

1 phylogenetisch: stammesgeschichtlich.

2 Primaten: Herrentiere, höchstentwickelte Säugetiere, umfassen Affen, Halbaffen und Menschenartige (»Hominiden«).

3 Paläontologie: Wissenschaft von den Pflanzen und Tieren vergangener Erdzeitalter.

4 Korrelation: Wechselbeziehung.

zur Geschichte als zur Vorgeschichte. Wäre der Mensch nur mit der biologisch adaptiven[5] Aggression ausgestattet, die er mit seinen tierischen Vorfahren gemein hat, so wäre er ein relativ friedliches Wesen; wenn es unter den Schimpansen Psychologen gäbe, würden diese in der Aggression kaum ein beunruhigendes Problem sehen, über das sie Bücher schreiben sollten.

Der Mensch unterscheidet sich jedoch vom Tier dadurch, dass er ein Mörder ist. Er ist der einzige Primat, der seine Artgenossen ohne biologischen oder ökonomischen Grund tötet und quält und der dabei Befriedigung empfindet. Es ist diese biologisch nicht angepasste und nicht phylogenetisch programmierte »bösartige« Aggression, die das wirkliche Problem und die Gefahr für das Fortleben der Spezies Mensch ist. [...]

Die Unterscheidung zwischen gutartig-defensiver und bösartig-destruktiver Aggression verlangt nach einer weiteren, grundsätzlicheren Unterscheidung, nämlich der zwischen *Instinkt* und *Charakter* oder – genauer gesagt – zwischen den in physiologischen[6] Bedürfnissen verwurzelten (organischen) Trieben und jenen spezifisch menschlichen Leidenschaften, die in seinem Charakter verwurzelt sind (»charakterbedingte oder menschliche Leidenschaften«). Die Unterscheidung zwischen Instinkt und Charakter wird im Weiteren ausführlich behandelt. Ich werde zu zeigen versuchen, dass der Charakter die »zweite Natur« des Menschen ist, der Ersatz für seine nur schwach entwickelten Instinkte; dass die menschlichen Leidenschaften Antworten auf »existentielle Bedürfnisse« sind, die ihrerseits in den spezifischen Bedingungen der menschlichen Existenz begründet sind. Kurz, dass *Instinkte* Antworten auf die *physiologischen* Bedürfnisse des Menschen sind, dass aber seine im Charakter verwurzelten Leidenschaften (wie der Drang nach Liebe, Zärtlichkeit, Freiheit, Zerstörungslust, Sadismus[7], Masochismus[8], die Gier nach Macht und Besitz) Antworten auf seine *existentiellen* Bedürfnisse und *spezifisch menschlich* sind. Während die existentiellen *Bedürfnisse* die gleichen für alle Menschen sind, unterscheiden sich Individuen und Gruppen in Bezug auf die in ihnen jeweils vorherrschenden Leidenschaften. Um ein Beispiel zu geben: Der Mensch kann von der Liebe oder von der Leidenschaft getrieben werden zu zerstören; in beiden Fällen befriedigt er eines seiner existentiellen Bedürfnisse: das Bedürfnis etwas zu »bewirken«, jemand zu bewegen. Ob die beherrschende Leidenschaft eines Menschen Liebe oder Zerstörungsdrang ist, hängt weitgehend von den sozialen Umständen ab; diese Umstände wirken jedoch auf die biologisch vorgegebene existentielle Situation des Menschen und auf die daraus entstehenden Bedürfnisse ein und nicht, wie die Vertreter der Milieu-Theorie[9] behaupten, auf eine unbegrenzt formbare undifferenzierte Psyche. [...]

Diese Leidenschaften werden nicht erst mächtig in uns, *nachdem* unsere physiologischen Bedürfnisse befriedigt sind. Sie wurzeln im Grund menschlicher Existenz und sind keineswegs nur eine Art Luxus, den wir uns gestatten können, nachdem unsere normalen, »niedrigeren« Bedürfnisse befriedigt sind. Menschen haben Selbstmord begangen, weil sie ihren leidenschaftlichen Drang nach Liebe, Macht, Ruhm oder Rache nicht befriedigen konnten. Fälle von Selbstmord wegen mangelnder sexueller Befriedigung kommen praktisch nicht vor. Diese nicht triebbedingten Leidenschaften erregen den Menschen, feuern ihn an, machen ihm das Leben lebenswert. [...]

5 adaptiv: sich anpassend.

6 physiologisch/Physiologie: Wissenschaft von den Lebensvorgängen im Organismus.

7 Sadismus: Freude und Lust an der Zufügung von körperlichen oder seelischen Schmerzen.

8 Masochismus: Freude und Lust an der Erduldung von körperlichen oder seelischen Misshandlungen.

9 Milieu-Theorie: psychologische Theorie, die allein die Umwelt (Milieu) als maßgebend für die charakterliche Entwicklung eines Menschen betrachtet.

In Wahrheit sind alle menschlichen Leidenschaften, die »guten« wie die »schlechten«, nur als Versuch des Menschen zu verstehen die banale Existenz der reinen Fristung des Lebens zu transzendieren[10]. Wandel der Persönlichkeit ist nur dann möglich, wenn es ihm gelingt sich zu einer neuen Art, dem Leben Sinn zu geben zu »bekehren«, indem er seine lebensfördernden Leidenschaften mobilisiert und auf diese Weise eine stärkere Vitalität und Integration[11] erfährt, als er sie zuvor besaß. Solange dies nicht geschieht, kann er zwar gezähmt, aber nicht geheilt werden. Aber obwohl die lebensfördernden Leidenschaften zu einem erhöhten Kraftgefühl, zu größerer Lebensfreude und einer stärkeren Integration und Vitalität führen als Destruktivität und Grausamkeit, sind diese doch ebenso eine Antwort auf das Problem der menschlichen Existenz wie jene. Auch der sadistische und destruktivste Mensch ist ein Mensch, so menschlich wie der Heilige. Man kann ihn als verkrüppelten und kranken Menschen bezeichnen, der keine bessere Antwort auf die Herausforderung finden konnte, als Mensch geboren zu sein, und man hätte Recht damit; man kann ihn auch als einen Menschen bezeichnen, der auf der Suche nach seinem Heil den falschen Weg eingeschlagen hat.

Diese Erwägungen sollen jedoch keineswegs besagen, dass Destruktivität und Grausamkeit keine Laster wären; sie besagen nur, dass das Laster menschlich ist. Sie wirken sich in der Tat zerstörerisch auf das Leben, auf Körper und Geist aus, und dies nicht nur für das Opfer, sondern auch für den destruktiv Handelnden selbst. Sie stellen ein Paradoxon[12] dar: In ihnen kommt zum Ausdruck, dass *das Leben im Bestreben, sich einen Sinn zu geben, sich gegen sich selbst kehrt*. Sie sind die einzige echte Perversion. Sie zu verstehen, heißt nicht, sie zu verzeihen. Doch solange wir sie nicht verstehen, haben wir nicht die Möglichkeit zu beurteilen, wie sie einzudämmen sind und welche Faktoren die Tendenz haben sie zu verstärken.

FORUM

Zur Texterschließung

1 | Erläutern Sie die von Rauchfleisch getroffene Unterscheidung zwischen spektakulärer und alltäglicher Gewalt!

2 | Welche Beispiele nennt Rauchfleisch für alltägliche Gewalt im Straßenverkehr und welche Folgerung zieht er daraus für die Psychologie?

3 | Worin besteht nach Lorenz der Arterhaltungswert der Aggression? Welche Beispiele aus dem menschlichen Leben führt er an?

4 | Wie erklärt Lorenz die Entstehung der natürlichen Aggression des Menschen? Wodurch ist Aggression heutzutage zu einer Gefährdung für den Menschen geworden?

5 | Erklären Sie die These von Lorenz, dass die Aggression ein spontaner Instinkt des Menschen ist!

6 | Worin sieht Lorenz eine falsche Erziehungsmethode zur Vermeidung aggressiven Verhaltens?

10 transzendieren: überschreiten.

11 Integration (hier): Herstellung der Einheit einer Person.

12 Paradoxon: rätselhafter Widerspruch.

7 | Wodurch unterscheiden sich nach Fromm gutartige und bösartige Aggression des Menschen?
8 | Wie grenzt Fromm seine Theorie der Aggression von Lorenz' Auffassung ab und welche Argumente trägt er gegen Lorenz vor?
9 | Beschreiben Sie Fromms Unterscheidung von Instinkt und Charakter!
10 | Erklären Sie Fromms These, dass die Leidenschaften Versuche des Menschen sind, dem Leben einen Sinn zu geben! Wie lässt sich nach Fromm der Zusammenhang zwischen Leidenschaften und bösartigen Aggressionen erklären?

Der Mensch und seine Aggressionen – Zur Diskussion

1 | Sammeln Sie Beispiele alltäglicher Gewalt, denen Sie oder Ihre Bekannten und Freunde in Familie, Schule und Öffentlichkeit ausgesetzt sind! Welche Beispiele finden Sie besonders schlimm? Begründen Sie Ihre Ansicht!
2 | Nennen Sie Beispiele für Gewalt im Straßenverkehr, die Sie selbst erlebt haben!
3 | In Spielfilmen und in Nachrichtensendungen werden wir täglich mit Gewalt, Verbrechen und Mord konfrontiert. Die Darstellung von Gewalt kann einerseits abschrecken, sie kann aber auch verharmlosend wirken und die Gewaltbereitschaft verstärken. Versuchen Sie aufgrund Ihrer eigenen Erfahrung zur Frage der Wirkung von Gewaltdarstellungen in den Medien Stellung zu nehmen! Welche Formen von Gewaltdarstellung wirken Ihrer Meinung nach abschreckend, welche erhöhen die Gewaltbereitschaft?
4 | Nach Lorenz hat der Mensch ein angeborenes Aggressionspotential, das auf »Entladung« drängt. Fromm sieht dagegen die bösartige Aggression in inhumanen sozialen Verhältnissen begründet. Diskutieren Sie, welche Erklärungen beide Theorien für die Phänomene der Gewalt unter Jugendlichen und der Jugendkriminalität liefern können!
5 | Wie stehen Sie zu Fromms Unterscheidung zwischen gutartiger und bösartiger Aggression?
6 | Diskutieren Sie die Frage, wie eine Erziehung, die Vermeidung bzw. Verringerung von Gewalt anstrebt, aussehen müsste?
7 | Diskutieren Sie die Frage, ob ein friedliches Zusammenleben der Menschen in einer Gesellschaft ohne staatliche Macht möglich ist! Welche Bedingungen in der Gesellschaft müssten sich verändern? Wie müsste der Mensch sich selbst verändern?

IV 4: Apuleius: Platons Lehre von der Herrschaft der Vernunft

Der griechische Philosoph Platon gehört zu den bedeutendsten Denkern der Geistesgeschichte. Mit seiner sog. »Ideenlehre«, die die wahrnehmbaren Dinge als vergängliche Abbilder der wahren, unvergänglichen Wirklichkeit (»Ideen«) versteht, hat er den philosophischen Idealismus begründet. In seinem Werk Politeia *hat er seine Lehre vom idealen Staat dargestellt und damit das politische Denken bis in die Gegenwart beeinflusst. In mehreren seiner Schriften wie* Phaidon *und* Phaidros *versucht er nicht nur durch verschiedene Argumente die Unsterblichkeit der menschlichen Seele zu beweisen, sondern auch die Herrschaft der menschlichen Vernunft über die Triebe zu begründen.*
Platon wurde 427 v. Chr. als Nachkomme einer einflussreichen adligen Familie in Athen geboren. Er wurde für eine politische Laufbahn erzogen, doch unter dem Einfluss seines

Lehrers Sokrates wandte er sich der Philosophie zu. Nach dem Tod des Sokrates (399 v. Chr.) machte er verschiedene Reisen im Mittelmeerraum und versuchte in Syrakus vergeblich seine politischen Ideen zu verwirklichen. Im Jahre 383 v. Chr. kehrte er nach Athen zurück und gründete eine Philosophenschule, die Akademie*, die zum Vorbild aller wissenschaftlichen Lehr- und Forschungsinstitutionen wurde. Platon starb 347 v. Chr. in Athen.*
Der Autor des folgenden Textes, Apuleius, ist einer der bekanntesten spätantiken Schriftsteller und Philosophen. Er wurde 125 n. Chr. in Madaura (Nordafrika) geboren und studierte Philosophie in Karthago und Athen. Nach zahlreichen Reisen ließ er sich in Karthago nieder, wo er als Priester des römischen Kaiserkultes wirkte. Sein bedeutendstes literarisches Werk ist der Roman Der goldene Esel*, der auch das berühmte Märchen »Amor und Psyche« enthält.*
Apuleius wurde aber auch als Anhänger und Interpret Platons bekannt, besonders durch sein Werk Platon und seine Lehre*, das die älteste, vollständig erhaltene Platon-Biographie enthält. Apuleius starb zwischen 170 und 180 n. Chr. in Karthago.*
Der Auszug ist der Schrift Platon und seine Lehre *entnommen und gibt eine Zusammenfassung von Platons Auffassung des Verhältnisses von Vernunft und Trieb.*

Daher lehrt Platon, die Seele sei die Herrin des Körpers. Da er nun aber drei Teile der Seele annimmt, sagt er, der vernunftbestimmte Teil, nämlich der beste Teil des Geistes, habe seinen Sitz im Scheitelpunkt des Kopfes; der zornbestimmte Teil aber sei weit von der Vernunft entfernt in das Herz als Wohnsitz gelegt worden und gehorche ihr, um zur rechten Zeit der Weisheit zu entsprechen; die Begierde und das Verlangen, der letzte Teil des Geistes, habe die unteren Teile des Bauches als eine Art Küche und verborgene Kloake zum Sitz, Schlupfwinkel der Liederlichkeit und der Zügellosigkeit; dieser Teil aber scheine deshalb weiter von der Weisheit entfernt zu sein, damit nicht die Vernunft, die von oben über das Wohl des Ganzen befinden soll, durch eine ihr ungünstige Nachbarschaft hinsichtlich der Nützlichkeit ihrer Gedanken getrübt werde.

Der ganze Mensch nämlich ruhe in Kopf und Antlitz; denn die Klugheit und alle Sinne seien nirgendwo anders als in diesem Teil des Körpers enthalten. Die anderen Glieder dienten und seien dem Kopf unterworfen, ließen ihm die Speisen und anderes zukommen, trügen ihn auch hocherhoben als Herrn und Gebieter und sicherten seine Vorsorge gegen Gefahren.

Die Hilfsmittel aber, mit denen die Sinne zum Wahrnehmen und Unterscheiden der Eigenschaften (der Dinge) versehen sind, seien vor dem königlichen Sitz des Kopfes angebracht, und zwar unter den Augen der Vernunft, um so die Wahrheit des Erkennens und der Wahrnehmung zu unterstützen. [...]

Platon sagt auch, dass die Seele dreigeteilt sei: der erste Teil sei der vernunftbestimmte, der andere das Aufbrausen und die Reizbarkeit, der dritte das Verlangen: diesen können wir auch »Begierde« nennen.

Das Lebewesen aber habe dann Gesundheit, Kräfte und Schönheit, wenn die Vernunft (die Seele) ganz lenkt und wenn, während die beiden niedrigeren Teile (der Seele) ihr gehorchen und untereinander übereinstimmen, der Zorn und die Lust nichts verlangen, nichts in Bewegung setzen, was die Vernunft als unnütz angesehen hat. Wenn die Teile der Seele zu einer solchen Ausgeglichenheit eingerichtet sind, dann wird der Körper durch keine Störung geschwächt. Im anderen Falle bringt es Krankheit, Schwäche und Hässlichkeit mit sich, wenn (die Teile der Seele) ungeordnet und einander unähnlich sind, wenn die Begierde den Zorn und die Überlegung bezwungen und sich unterworfen hat oder wenn die heftigere Wut die Herrin und Königin Vernunft besiegt hat, selbst wenn die Begierde dieser gehorcht und befriedigt ist.

IV 5: Sigmund Freud: Menschliches Handeln ist triebbestimmt

Sigmund Freud ist der Begründer der Psychoanalyse, der einflussreichsten Theorie der Tiefenpsychologie im 20. Jahrhundert. Grundthese der Tiefenpsychologie ist die Annahme, dass die entscheidenden Antriebe des menschlichen Verhaltens in den unbewussten »Tiefen« des Seelenlebens liegen. Freuds Psychoanalyse war zunächst ein therapeutisches Verfahren zur Heilung seelischer Krankheiten wie Hysterie, doch entwickelte er in seiner Schrift Traumdeutung *(1900) und in einer Vielzahl späterer Schriften daraus eine umfassende psychologische Theorie des Menschen, in deren Zentrum die Macht der unbewussten Wünsche und Triebe sowie die zentrale Rolle der Sexualität im menschlichen Verhalten stehen. Die Psychoanalyse hat das moderne Menschenbild maßgeblich geprägt.*
Freud, der 1856 in Freiberg in Mähren (heute Tschechische Republik) geboren wurde, entstammte einer jüdischen Kaufmannsfamilie, die seit 1859 in Wien lebte. Nach dem Studium der Medizin wurde er Nervenarzt und 1902 Professor für Neuropathologie in Wien. Neben seiner wissenschaftlichen Lehr- und Forschungstätigkeit arbeitete er gleichzeitig praktisch als Psychoanalytiker. Nach dem Anschluss Österreichs an das Deutsche Reich emigrierte Freud 1938 nach England und starb im folgenden Jahr in London.
Der folgende Text, der aus den Schriften Vorlesungen zur Einführung in die Psychoanalyse *(1917),* Abriss der Psychoanalyse *(1938) und* Unbehagen in der Kultur *(1929) zusammengestellt ist, enthält Freuds Modell der menschlichen Psyche und sein grundsätzliches Bild der menschlichen Natur.*

Zwei große Kränkungen ihrer naiven Eigenliebe hat die Menschheit im Laufe der Zeiten von der Wissenschaft erdulden müssen. Die erste, als sie erfuhr, dass unsere Erde nicht der Mittelpunkt des Weltalls ist, sondern ein winziges Teilchen eines in seiner Größe kaum vorstellbaren Weltsystems. Sie knüpft sich für uns an den Namen *Kopernikus*[1], obwohl schon die alexandrinische[2] Wissenschaft Ähnliches verkündet hatte. Die zweite dann, als die biologische Forschung das angebliche Schöpfungsvorrecht des Menschen zunichte machte, ihn auf die Abstammung aus dem Tierreich und die Unvertilgbarkeit seiner animalischen Natur verwies. Diese Umwertung hat sich in unseren Tagen unter dem Einfluss von *Ch. Darwin*[3], *Wallace*[4] und ihren Vorgängern nicht ohne das heftigste Sträuben der Zeitgenossen vollzogen. Die dritte und empfindlichste Kränkung aber soll die menschliche Größensucht durch die heutige psychologische Forschung erfahren, welche dem Ich nachweisen will, dass es nicht einmal Herr ist im eigenen Hause, sondern auf kärgliche Nachrichten angewiesen bleibt von dem, was unbewusst in seinem Seelenleben vorgeht. Auch diese Mahnung zur Einkehr haben wir Psychoanalytiker nicht zuerst und nicht als die einzigen vorgetragen, aber es scheint uns beschieden, sie am eindringlichsten zu vertreten und durch Erfahrungsmaterial, das jedem Einzelnen nahe geht, zu erhärten. [...]

1 Nikolaus Kopernikus: Astronom (1473–1543), Begründer des heliozentrischen Weltbildes, demzufolge die Sonne sich nicht um die Erde, sondern die Erde sich um die Sonne dreht.

2 alexandrinisch/Alexandria: von Alexander dem Großen (356–323 v.Chr.) gegründete Stadt an der Küste Ägyptens, die für ein Jahrtausend das Zentrum griechisch-hellenistischer Kultur und Wissenschaft war.

3 Charles Darwin: englischer Naturforscher (1809–1882), Begründer der Evolutionstheorie, erregte mit seiner Lehre von der Abstammung des Menschen aus dem Tierreich großes Aufsehen.

4 Alfred Russell Wallace: englischer Biologe (1823–1913), trat 1858 mit Grundgedanken der modernen Evolutionstheorie hervor und veranlasste Darwin zur Veröffentlichung seiner Forschungsergebnisse.

»Sigmund Freud« von Artzybasheff

Zur Kenntnis dieses psychischen Apparates sind wir durch das Studium der individuellen Entwicklung des menschlichen Wesens gekommen. Die älteste dieser psychischen Provinzen oder Instanzen nennen wir das *Es*, sein Inhalt ist alles, was ererbt, bei Geburt mitgebracht, konstitutionell[5] festgelegt ist, vor allem also die aus der Körperorganisation stammenden Triebe, die hier einen ersten uns in seinen Formen unbekannten psychischen Ausdruck finden.

Unter dem Einfluss der uns umgebenden realen Außenwelt hat ein Teil des Es eine besondere Entwicklung erfahren. Ursprünglich als Rindenschicht[6] mit den Organen zur Reizaufnahme und den Einrichtungen zum Reizschutz ausgestattet, hat sich eine besondere Organisation hergestellt, die von nun an zwischen Es und Außenwelt vermittelt. Diesem Bezirk unseres Seelenlebens lassen wir den Namen des *Ichs*.

5 konstitutionell: durch Erbanlagen bedingt.

6 Rindenschicht (hier): die Großhirnrinde des menschlichen Gehirns, wo Fähigkeiten wie Sehen, Hören, Sprechen, Intelligenz, Gedächtnis und Bewusstsein lokalisiert sind.

Die hauptsächlichen Charaktere des Ich. Infolge der vorgebildeten Beziehung zwischen Sinneswahrnehmung und Muskelaktion hat das Ich die Verfügung über die willkürlichen Bewegungen. Es hat die Aufgabe der Selbstbehauptung, erfüllt sie, indem es nach außen die Reize kennen lernt, Erfahrungen über sie aufspeichert (im Gedächtnis), überstarke Reize vermeidet (durch Flucht), mäßigen Reizen begegnet (durch Anpassung) und endlich lernt, die Außenwelt in zweckmäßiger Weise zu seinem Vorteil zu verändern (Aktivität); nach innen gegen das Es, indem es die Herrschaft über die Triebansprüche gewinnt, entscheidet, ob sie zur Befriedigung zugelassen werden sollen, diese Befriedigung auf die in der Außenwelt günstigsten Zeiten und Umstände verschiebt oder ihre Erregungen überhaupt unterdrückt. [...]

Als Niederschlag der langen Kindheitsperiode, während der der werdende Mensch in Abhängigkeit von seinen Eltern lebt, bildet sich in seinem Ich eine besondere Instanz heraus, in der sich dieser elterliche Einfluss fortsetzt. Sie hat den Namen des *Über-Ichs* erhalten. Insoweit dieses Über-Ich sich vom Ich sondert und sich ihm entgegenstellt, ist es eine dritte Macht, der das Ich Rechnung tragen muss.

Eine Handlung des Ichs ist dann korrekt, wenn sie gleichzeitig den Anforderungen des Es, des Über-Ichs und der Realität genügt, also deren Ansprüche miteinander zu versöhnen weiß. Die Einzelheiten der Beziehung zwischen Ich und Über-Ich werden durchwegs aus der Zurückführung auf das Verhältnis des Kindes zu seinen Eltern verständlich. Im Elterneinfluss wirkt natürlich nicht nur das persönliche Wesen der Eltern, sondern auch der durch sie fortgepflanzte Einfluss von Familien-, Rassen- und Volkstradition sowie die von ihnen vertretenen Anforderungen des jeweiligen sozialen Milieus. Ebenso nimmt das Über-Ich im Laufe der individuellen Entwicklung Beiträge vonseiten späterer Fortsetzer und Ersatzpersonen der Eltern auf, wie Erzieher, öffentlicher Vorbilder, in der Gesellschaft verehrter Ideale. Man sieht, dass Es und Über-Ich bei all ihrer fundamentalen Verschiedenheit die eine Übereinstimmung zeigen, dass sie die Einflüsse der Vergangenheit repräsentieren, das Es den der ererbten, das Über-Ich im Wesentlichen den der von anderen übernommenen, während das Ich hauptsächlich durch das selbst Erlebte, also Akzidentelle[7] und Aktuelle bestimmt wird. [...]

Die Macht des Es drückt die eigentliche Lebensabsicht des Einzelwesens aus. Sie besteht darin, seine mitgebrachten Bedürfnisse zu befriedigen. Eine Absicht, sich am Leben zu erhalten und sich durch die Angst vor Gefahren zu schützen, kann dem Es nicht zugeschrieben werden. Dies ist die Aufgabe des Ichs, das auch die günstigste und gefahrloseste Art der Befriedigung mit Rücksicht auf die Außenwelt herauszufinden hat. Das Über-Ich mag neue Bedürfnisse geltend machen, seine Hauptleistung bleibt aber die Einschränkung der Befriedigungen.

Die Kräfte, die wir hinter den Bedürfnisspannungen des Es annehmen, heißen wir *Triebe*. Sie repräsentieren die körperlichen Anforderungen an das Seelenleben. Obwohl letzte Ursache jeder Aktivität, sind sie konservativer Natur; aus jedem Zustand, den ein Wesen erreicht hat, geht ein Bestreben hervor, diesen Zustand wiederherzustellen, sobald er verlassen worden ist. Man kann also eine unbestimmte Anzahl von Trieben unterscheiden, tut es auch in der gewöhnlichen Übung. Für uns ist die Möglichkeit bedeutsam, ob man nicht all diese vielfachen Triebe auf einige wenige Grundtriebe zurückführen könne. Wir haben erfahren, daß die Triebe ihr Ziel verändern können (durch Verschiebung), auch dass sie einander ersetzen können, indem die Energie des einen Triebs auf einen anderen übergeht. Der letz-

7 Akzidentelle/akzidentell: zufällig, unwesentlich.

tere Vorgang ist noch wenig gut verstanden. Nach langem Zögern und Schwanken haben wir uns entschlossen, nur zwei Grundtriebe anzunehmen, den *Eros*[8] und den *Destruktionstrieb*. (Der Gegensatz von Selbsterhaltungs- und Arterhaltungstrieb sowie der andere von Ichliebe und Objektliebe fällt noch innerhalb des Eros.) Das Ziel des ersten ist, immer größere Einheiten herzustellen und so zu erhalten, also Bindung, das Ziel des anderen im Gegenteil, Zusammenhänge aufzulösen und so die Dinge zu zerstören. Beim Destruktionstrieb können wir daran denken, dass als sein letztes Ziel erscheint, das Lebende in den anorganischen Zustand zu überführen. Wir heißen ihn darum auch *Todestrieb*. Wenn wir annehmen, dass das Leben später als das Leblose gekommen und aus ihm entstanden ist, so fügt sich der Todestrieb der erwähnten Formel, dass ein Trieb die Rückkehr zu einem früheren Zustand anstrebt. Für den Eros (oder Liebestrieb) können wir eine solche Anwendung nicht durchführen. Es würde voraussetzen, dass die lebende Substanz einmal eine Einheit war, die dann zerrissen wurde und die nun die Wiedervereinigung anstrebt.

In den biologischen Funktionen wirken die beiden Grundtriebe gegeneinander oder kombinieren sich miteinander. So ist der Akt des Essens eine Zerstörung des Objekts mit dem Endziel der Einverleibung, der Sexualakt eine Aggression mit der Absicht der innigsten Vereinigung. Dieses Mit- und Gegeneinanderwirken der beiden Grundtriebe ergibt die ganze Buntheit der Lebenserscheinungen. Über den Bereich des Lebenden hinaus führt die Analogie unserer beiden Grundtriebe zu dem im Anorganischen herrschenden Gegensatzpaar von Anziehung und Abstoßung. [...]

Das gern verleugnete Stück Wirklichkeit hinter alledem ist, dass der Mensch nicht ein sanftes, liebebedürftiges Wesen ist, das sich höchstens, wenn angegriffen, auch zu verteidigen vermag, sondern dass er zu seinen Triebbegabungen auch einen mächtigen Anteil von Aggressionsneigung rechnen darf. Infogedessen ist ihm der Nächste nicht nur möglicher Helfer und Sexualobjekt, sondern auch eine Versuchung, seine Aggression an ihm zu befriedigen, seine Arbeitskraft ohne Entschädigung auszunützen, ihn ohne seine Einwilligung sexuell zu gebrauchen, sich in den Besitz seiner Habe zu setzen, ihn zu demütigen, ihm Schmerzen zu bereiten, ihn zu martern und zu töten. *Homo homini lupus*[9], wer hat nach allen Erfahrungen des Lebens und der Geschichte den Mut diesen Satz zu bestreiten? Diese grausame Aggression wartet in der Regel eine Provokation ab oder stellt sich in den Dienst einer anderen Absicht, deren Ziel auch mit mildernden Mitteln zu erreichen wäre. Unter ihr günstigen Umständen, wenn die seelischen Gegenkräfte, die sie sonst hemmen, weggefallen sind, äußert sie sich auch spontan, enthüllt den Menschen als wilde Bestie, der die Schonung der eigenen Art fremd ist. Wer die Greuel der Völkerwanderung, der Einbrüche der Hunnen, der sogenannten Mongolen unter Dschengis Khan[10] und Timurlenk[11], der Eroberung Jerusalems durch die frommen Kreuzfahrer[12], ja selbst noch die Schrecken des letzten Weltkrieges in seine Erinnerung ruft, wird sich vor der Tatsächlichkeit dieser Auffassung demütig beugen müssen.

8 Eros: griechischer Gott der Liebe, auch: der auf Fortpflanzung und Selbsterhaltung gerichtete Grundtrieb des Menschen.

9 Homo homini lupus: lat. »Der Mensch ist dem Menschen ein Wolf«; eine von dem englischen Philosophen Thomas Hobbes (1588–1679) geprägte Aussage über die ursprüngliche Natur des Menschen.

10 Dsche(i)ngis Khan: Begründer des Mongolischen Weltreichs (1155–1227).

11 Timurlenk: asiatischer Eroberer (1336–1405), Erneuerer des Mongolischen Weltreichs.

12 Kreuzfahrer: Teilnehmer an einem der mittelalterlichen, von den christlichen Europäern unternommenen Kreuzzüge, die vom Ende des 11. bis zum Ende des 13. Jahrhunderts Jerusalem aus den Händen der Muslime befreien wollten und teilweise mit großer Grausamkeit durchgeführt wurden.

IV 6: Dieter E. Zimmer: Freuds Homunculi

Dieter E. Zimmer wurde 1934 in Berlin geboren, studierte Literaturwissenschaft und ist seit 1959 Redakteur der Wochenzeitung DIE ZEIT. Er hat zahlreiche Artikel und Bücher zur Entwicklung der Wissenschaft und zum modernen Menschenbild veröffentlicht und 1982 einen Preis für Wissenschaftspublizistik erhalten. In seinem Buch Tiefenschwindel *(1986) übt er scharfe Kritik an der Psychoanalyse Freuds, die er für wissenschaftlich überholt hält. Diesem Buch ist auch unser Auszug entnommen.*

Das eigentliche Herzstück der Freudschen Metapsychologie[1] ist die sogenannte Instanzenlehre. Im Unterschied zur energetischen[2] Triebtheorie wurde sie fern von aller Hirnanatomie[3] und Hirnphysiologie[4] entwickelt. Fertig wurde sie erst in den frühen zwanziger Jahren. Kurz zusammengefasst, besagt sie: Die Psyche bildet keine Einheit, sondern besteht aus mehreren relativ unabhängigen »Instanzen« oder »Provinzen« oder »Agenturen«, dreien an der Zahl, die Freud schließlich das »Es«, das »Ich« und das »Über-Ich« nannte; unter diesen Namen machte das Trio Karriere. Die berühmte »Psychodynamik«, von der die Psychoanalyse spricht, ist nichts anderes als die ständige Auseinandersetzung, die sich zwischen diesen drei Instanzen in unserem Kopf abspielen soll. Klar, wenn unter unserem Schädel drei separate »Instanzen« zu Hause sind, deren Interessen von vornherein und prinzipiell weit auseinander gehen, muss es dort in der Tat dramatisch und, wenn man will, »dynamisch« zugehen.

Diese drei Wesenheiten existieren angeblich in der Seele nebeneinanderher und versuchen sich dauernd gegenseitig zu übervorteilen. Jede soll ihre eigene Energieversorgung haben (das Ich »entlehnt« ihre Energie dem Es, manchmal nur mit List und Tücke), ihr eigenes Gedächtnis, ihre eigenen Vorstellungen, Wünsche, Abneigungen, Gedankengänge. Jede wäre, kurz gesagt, eine ziemlich vollständige psychische Person, und zwar eine mit ausgeprägtem Charakter: drei höchst unterschiedliche Charakterzwerge in eines jeden Kopf. Diese Personifizierungen der Instanzen sind keine späteren und unverständigen Verballhornungen Freudschen Denkens. Wie sich schon in den eben wiedergegebenen Zitaten zeigt, erging sich Freud genussvoll in Personifizierungen seiner Konstrukte: »Das Über-Ich... beschimpft, erniedrigt, misshandelt das arme Ich, lässt es die schwersten Strafen erwarten, macht ihm Vorwürfe...«

Eine derartig grundlegende Dreiteilung der Psyche, so möchte man denken, müsste sich auf Schritt und Tritt bemerkbar machen und nicht erst, wenn man die Lupe zu Hilfe nimmt. Im Experiment gar, das es eigens auf ihre Bestätigung angelegt hat, müsste sie sich noch und noch bestätigen. Tatsächlich aber wurde Freuds Instanzenlehre nur wenige Male experimentell überprüft und die Ergebnisse waren mehr als dünn. [...]

Selbst wenn ihre Dreiteilung halbwegs richtig wäre, hörte sie schon auf, wo die Wissenschaft erst anzufangen hätte. Sie zerlegt die Seele in mehrere ihrerseits unerklärte Homunculi[5] – das ist lateinisch und heißt wörtlich »Männchen« – und gibt dies als ihre Erklärung

1 Metapsychologie: der Teil der Psychologie, der allen konkreten psychologischen Untersuchungen vorausliegt und sich mit den Grundkräften der Psyche und dem allgemeinen Modell der Psyche befasst.

2 energetisch (hier): die an dem naturwissenschaftlichen Satz von der Erhaltung der Energie orientierte Vorstellung, dass die Kräfte der Seele Energien sind, die ineinander verwandelbar sind, aber in ihrer Gesamtsumme erhalten bleiben.

3 Hirnanatomie: Wissenschaft von der Form und dem Aufbau des Gehirns.

4 Hirnphysiologie: Wissenschaft von den Hirnvorgängen.

5 Homunculi: wörtlich »Menschlein«, künstlich erzeugte Menschen.

aus. Sie spaltet die Seele in drei »quasi-personale Instanzen«, drei Wesenheiten, die sich benehmen, als wären sie mehr oder weniger ganze Personen. [...]

Freuds Instanzenlehre war eine verspätete Neuauflage mittelalterlicher Dämonologie[6] im Gewande der Wissenschaft. Die Person erschien als von drei Dämonen bewohnt, die einen unablässigen Streit in ihr aufführen. Einer war geil, rücksichtslos und böse, einer hochmoralisch und streng, und zwischen den beiden suchte der dritte mühsam, listig und anpasserisch Form und Contenance[7] zu wahren. Ein Bild war das, eine Metapher, nicht mehr und nicht weniger, so eingängig wie die populäre Ansicht, »Herz und Verstand« oder »Kopf und Bauch« lägen miteinander im Widerstreit, und keine Erklärung für irgendetwas.

FORUM

Zur Texterschließung

1 | Welche Aufgabe haben die drei Teile der menschlichen Seele nach Platon? Setzen Sie die jeweilige Funktion in Beziehung zu ihrem Sitz im Körper!

2 | Worin besteht nach Platon das richtige Verhältnis der drei Seelenteile? Auf welche Weise kann das Verhältnis der Seelenteile falsch angeordnet sein?

3 | Welche »drei großen Kränkungen« hat nach Freud die Menschheit durch die Wissenschaften erfahren?

4 | Nach Freud besteht die menschliche Seele aus Es, Ich und Über-Ich. Erklären Sie in wenigen Sätzen die Unterschiede zwischen diesen drei psychischen Instanzen!

5 | Welche Rolle haben die Triebe bei Freud? Wie unterscheidet er zwischen Eros- und Destruktionstrieb?

6 | Welches Menschenbild vertritt Freud am Ende des Textes?

7 | Warum spricht Zimmer im Hinblick auf Freuds Instanzenlehre von »Wesenheiten« und »Personifizierungen«?

8 | Warum hält Zimmer Freuds Theorie für unwissenschaftlich?

Vernunft und Trieb – Zur Diskussion

1 | Kommentieren Sie die Wortwahl des Apuleius, nach der der Bauch als Sitz der Begierde eine »verborgene Kloake« ist. Welche Haltung zur Sinnlichkeit drückt sich darin aus?

2 | Wo finden Sie heute noch Belege dafür, dass die Vernunft als der herrschende Teil im Menschen angesehen wird?

3 | Seit Platon haben Philosophen immer wieder die Auffassung vertreten, dass der Mensch kein bloßes Naturwesen sein kann, weil er fähig ist, seine egoistischen Triebe zu beherrschen, zu unterdrücken oder gar zu überwinden. Sehen Sie in der Lebensweise von Mönchen oder Asketen eine Herrschaft des Geistes über die triebhafte Natur oder haben Sie eine andere Erklärung dafür? Begründen Sie Ihre Ansicht!

4 | Was erscheint Ihnen an der Instanzenlehre Freuds einsichtig und was nicht? Können Sie die Kritik Zimmers nachvollziehen? Begründen Sie Ihre Ansicht!

5 | Nach Freud übt der Sexualtrieb einen großen direkten und indirekten Einfluss auf unsere Wünsche und auf unser Handeln aus. Halten Sie die Rolle, die Sex im öffentlichen und privaten Leben spielt, für gerechtfertigt? Begründen Sie Ihre Meinung! Was halten Sie von der These, man solle seine Triebe ausleben?

6 Dämonologie: Lehre von den bösen Geistern.

7 Contenance: Fassung, Haltung, Gelassenheit.

IV 7: Bernhard Rensch: Das Wunder des Homo sapiens

Bernhard Rensch ist ein moderner Biologe, der nicht nur Beiträge zur Fachwissenschaft geliefert hat, sondern sich auch mit philosophischen Fragen auseinander gesetzt und sich um ein wissenschaftlich fundiertes Gesamtbild der Welt bemüht hat. Er wurde 1900 in Thale im Harz geboren, studierte Zoologie, Botanik, Chemie und Philosophie und war von 1947 bis 1968 Professor für Zoologie in München, wo er 1990 starb. In seiner Schrift Das universale Weltbild *(1977) versucht er die Erkenntnisse der Wissenschaften unter der Leitidee der Evolution zusammenzufassen. Danach gibt es nicht nur eine Evolution des Lebens, sondern auch eine Evolution des Kosmos, der Erde und der Kultur.*
Der Auszug aus der genannten Schrift behandelt die Abstammung des Menschen und die Sonderstellung des Menschen im Reich des Lebendigen.

Biologisch gesehen ist der heutige Mensch, der *Homo sapiens*, eine Spezies[1], die den etwa 2 Millionen bekannten tierischen Lebewesen unmittelbar anzuschließen ist. Aufgrund der großen Zahl fossiler[2] Vormenschen-Reste besteht kein Zweifel, dass sich die menschliche Organisationsstufe schrittweise aus einem Ast des tierischen Stammbaums entwickelt hat und dass wir mit Affen und Halbaffen der Ordnung der *Primaten*[3] zuzurechnen sind. Mit unseren nächsten derzeit lebenden Verwandten, den Schimpansen und Gorillas – eine Verwandtschaft, die immerhin wenigstens 12 Millionen Jahre zurückliegt –, stimmen unser Körperbau und alle seine lebenswichtigen Funktionen noch ganz weitgehend überein. Wir besitzen die gleiche Anzahl und die gleichen Typen von Knochen, die nur in ihren Proportionen anders sind. Sinnesorgane, Nervensystem, Hormondrüsen usw. arbeiten in ganz entsprechender Weise. Muskelfasern, Darmzellen, Leber- oder Nierenzellen und selbst Hirnzellen sind unter dem Mikroskop von denen der Menschenaffen nicht oder nur minimal unterschieden. Alle anatomischen, histologischen[4] und physiologischen[5] Unterschiede zwischen Menschen und Menschenaffen sind zunächst nur *quantitativer* Art.

Und doch differiert[6] der *Homo sapiens* nicht nur graduell, sondern *prinzipiell* von den höchsten tierischen Lebewesen durch seine Fähigkeit zu abstraktem, logischem Denken, durch seine Sprache, durch das Erkennen universaler Gesetzlichkeiten und darauf sich gründendes langfristiges Planen, durch die Schaffung wissenschaftlicher, künstlerischer und religiöser Werte, durch die Ausrichtung seiner Lebensführung nach selbst geschaffenen Normen, durch seine Fähigkeit seine Umwelt weitgehend neu zu gestalten, kurzum, durch seine materielle und geistige Kultur. So müssen wir denn fragen, wie es möglich werden

1 Spezies: eine besondere Art von Lebewesen innerhalb einer Gattung, z. B. Hund als besondere Art der Gattung Säugetier.
2 fossil/Fossil: versteinerter Rest von Tieren und Pflanzen aus früheren Epochen der Erdgeschichte.
3 Primaten: Herrentiere, höchstentwickelte Säugetiere, umfassen Affen, Halbaffen und Menschen (»Hominiden«).
4 histologisch/Histologie: Wissenschaft von den Geweben des Körpers.
5 physiologisch/Physiologie: Wissenschaft von den Lebensvorgängen im Organismus.
6 differieren: sich unterscheiden.

Metamorphosenreihe im Anschluss an Goethe und Lavater von Franz Gräffer (1785–1858): Vom Frosch zu Apollo (und umgekehrt!)

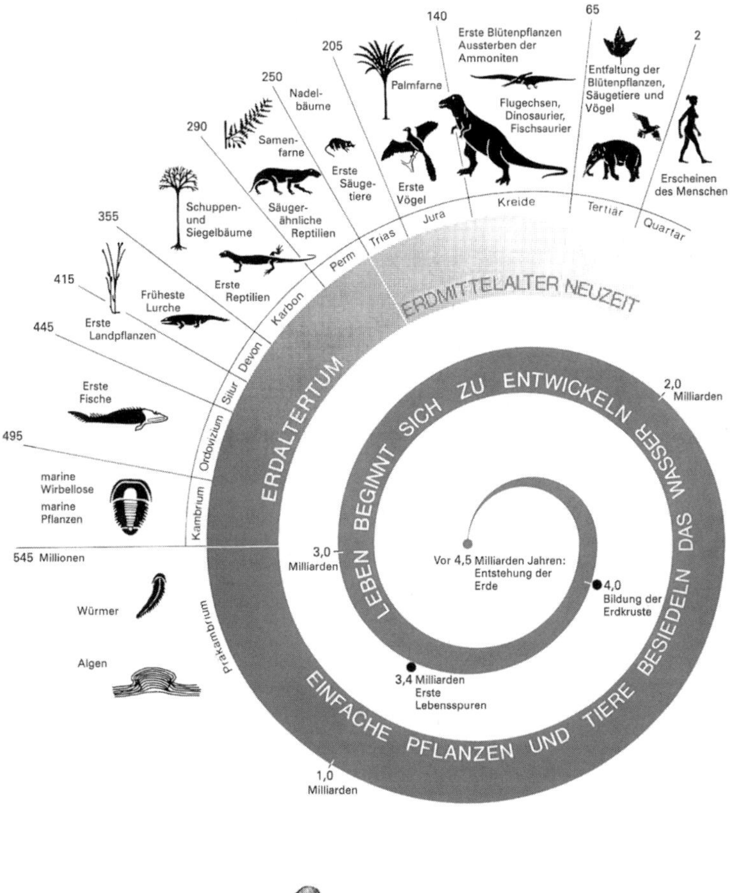

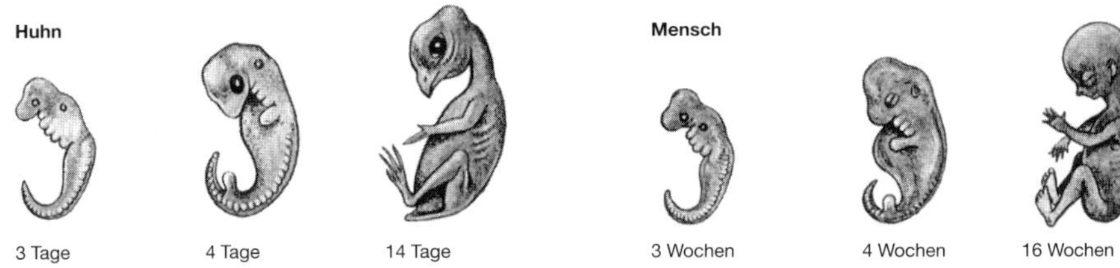

Ergebnisse der Evolutionsforschung: In frühen Embryonalstadien werden bei allen Landwirbeltieren – und auch beim Menschen – zunächst noch Kiemenspalten angelegt, die später jedoch wieder verschwinden – ein Hinweis darauf, dass wir uns aus Fischen entwickelt haben.

konnte, dass Artbildungsvorgänge zu einem derart einzigartigen, autonomen[7], die Erde, Tier- und Pflanzenwelt beherrschenden Lebewesen führen konnten. [...]

Wenn wir uns nun fragen, wie es denn möglich war, dass aus einer der unzähligen tierischen Stammesreihen Menschen hervorgingen, also Lebewesen, die trotz allen anatomischen und physiologischen Übereinstimmungen mit den höchsten Tieren, den Menschenaffen, etwas *prinzipiell* anderes, völlig Neuartiges wurden, so lassen sich noch keine ganz ausreichenden Antworten geben. Zunächst möchte es fast wie ein »Wunder« erscheinen, dass eine Entwicklungslinie zustande kam, für die eine ähnlich minimale Wahrscheinlichkeit der Verwirklichung bestand wie für die Entstehung erster primitiver einzelliger Lebewesen. Eine eingehendere Betrachtung lehrt jedoch, dass mancherlei Voraussetzungen dafür gegeben waren. Das »Wunder« besteht nicht so sehr darin, dass sich ein *Homo sapiens* herausbildete, als darin, dass dieser Zehntausende von Jahren nach seiner Entstehung befähigt wurde, die Zusammenhänge und Gesetzlichkeiten der Welt von den Atomen bis zu Milchstraßensystemen und von den empfindungs- und vorstellungsmäßigen Grundlagen seiner Erkenntnisse bis zur Analyse seiner Verstandestätigkeit zu erfassen. Dabei handelt es sich aber auch um philosophische Probleme... [...]

Nicht zu bezweifeln ist es wohl, dass sich menschenartige Wesen auf unserem Planeten nur aus einer Stammesreihe von Säugetieren entwickeln konnten. Nur diese warmblütigen Tiere hatten einen genügend intensiven Stoffwechsel und ein genügend großes Gehirn, um zu menschlichen Leistungen führen zu können. Und nur bei ihnen gab es Bauplantypen, bei denen Vordergliedmaßen wie Hände benutzt werden konnten, denn ohne werkzeugschaffende Hände wäre eine Menschwerdung nicht zu denken. Von solchen Säugergruppen, zu denen Beuteltiere, Nagetiere, manche Raubtiere (besonders Waschbären, Nasenbären, Wickelbären) sowie Halbaffen und Affen zu rechnen sind, kamen am ehesten die letzteren in Frage, weil sie nicht nur das vollkommenste Gehirn, sondern auch noch alle fünf Finger aufwiesen, wie sie zuerst bei den stammesgeschichtlichen Vorfahren der Amphibienstufe[8] im Devon[9] entstanden waren. Zudem konnte bei Affen der Daumen den vier anderen Fingern gegenübergestellt werden (Opponierbarkeit[10]), sodass ein Eingreifen und Halten von Gegenständen besser möglich war. Und alle Betätigungen dieser Greifhände konnten über besondere nervöse Verbindungen, über die Pyramidenbahn[11], unmittelbar vom Vorderhirn gelenkt werden.

Zudem sitzen Affen aufrecht und Schimpansen, Gorillas und Gibbons vermögen ein Stück weit aufrecht zu gehen. Das ist auch für die tertiären[12] Menschenaffen wahrscheinlich, von denen die Hominiden[13] abstammen. Damit war der Übergang zur zweibeinigen Fortbewegung bei den ersten Vormenschen erleichtert. Das Darmbein des Beckens war auch bereits etwas schaufelförmig, sodass es beim Sitzen und Aufrechtstehen bzw. -gehen die Last der Eingeweide sowie des im Uterus[14] heranwachsenden Fötus[15] stützen konnte. Von entschei-

7 autonom: selbständig, unabhängig.

8 Amphibienstufe: Stufe in der Evolution des Lebens auf der Erde, die von der auf dem Land und im Wasser lebenden Wirbeltierklasse der Lurche (Frösche u.a.) geprägt war.

9 Devon: mittlerer Abschnitt des Erdaltertums (»Paläozoikum«) vor ca. 408 bis 360 Millionen Jahren.

10 Opponierbarkeit (hier): die Fähigkeit des Gegenübertretens, Entgegensetzens und Ergänzens.

11 Pyramidenbahn: die Nervenbahn im Gehirn und im Rückenmark für die willkürlichen Bewegungen.

12 tertiär/Tertiär: Abschnitt der Erdneuzeit (»Neozoikum«) vor ca. 65 bis 2,5 Millionen Jahren.

13 Hominiden: Menschenartige, von denen der Mensch der einzig lebende Vertreter ist.

14 Uterus: Gebärmutter.

15 Fötus: die Frucht der höheren Säugetiere und des Menschen im Anschluss an die Embryonalperiode, beim Menschen ab dem vierten Monat.

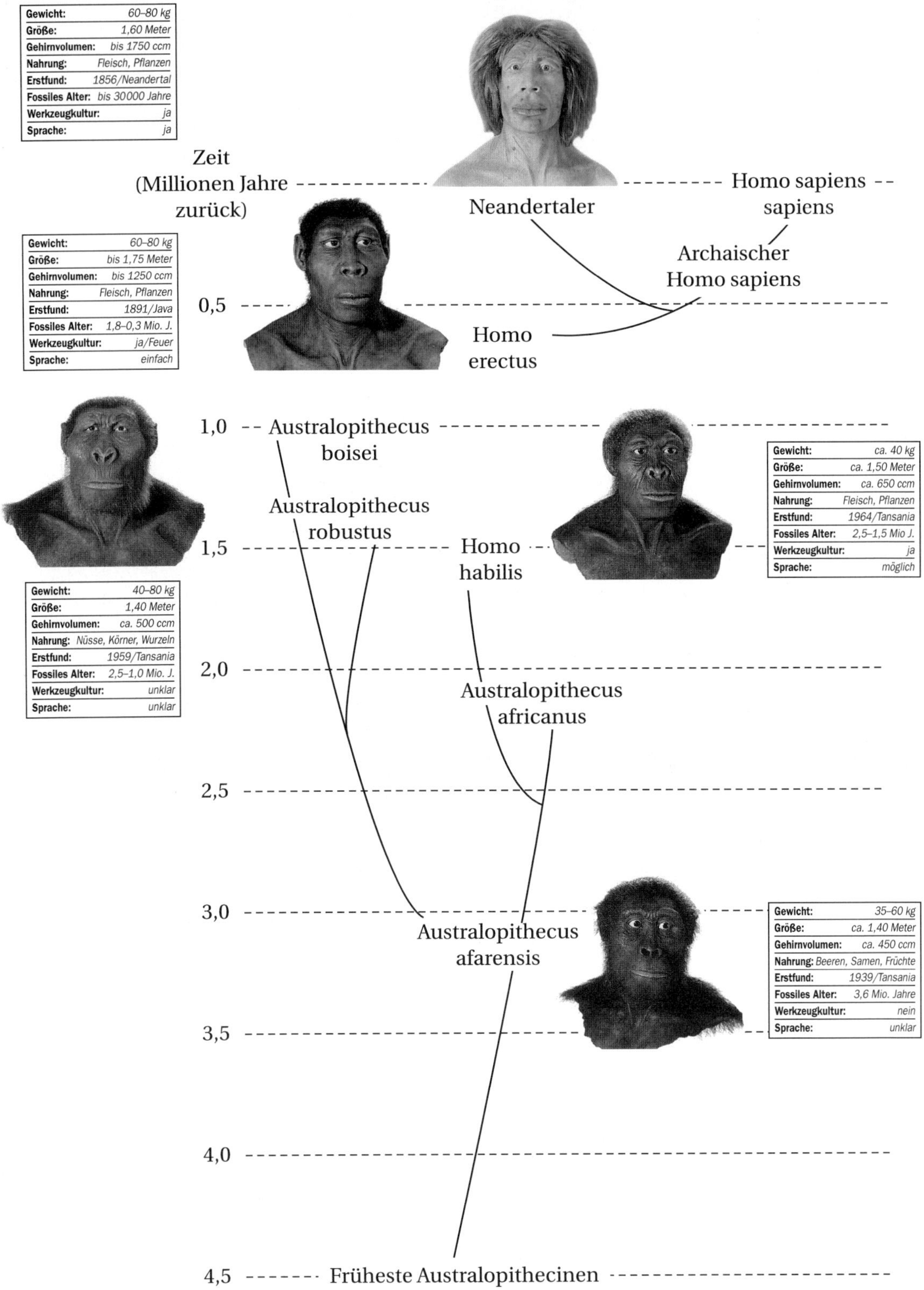

Gewicht:	*60–80 kg*
Größe:	*1,60 Meter*
Gehirnvolumen:	*bis 1750 ccm*
Nahrung:	*Fleisch, Pflanzen*
Erstfund:	*1856/Neandertal*
Fossiles Alter:	*bis 30000 Jahre*
Werkzeugkultur:	*ja*
Sprache:	*ja*

Gewicht:	*60–80 kg*
Größe:	*bis 1,75 Meter*
Gehirnvolumen:	*bis 1250 ccm*
Nahrung:	*Fleisch, Pflanzen*
Erstfund:	*1891/Java*
Fossiles Alter:	*1,8–0,3 Mio. J.*
Werkzeugkultur:	*ja/Feuer*
Sprache:	*einfach*

Gewicht:	*40–80 kg*
Größe:	*1,40 Meter*
Gehirnvolumen:	*ca. 500 ccm*
Nahrung:	*Nüsse, Körner, Wurzeln*
Erstfund:	*1959/Tansania*
Fossiles Alter:	*2,5–1,0 Mio. J.*
Werkzeugkultur:	*unklar*
Sprache:	*unklar*

Gewicht:	*ca. 40 kg*
Größe:	*ca. 1,50 Meter*
Gehirnvolumen:	*ca. 650 ccm*
Nahrung:	*Fleisch, Pflanzen*
Erstfund:	*1964/Tansania*
Fossiles Alter:	*2,5–1,5 Mio J.*
Werkzeugkultur:	*ja*
Sprache:	*möglich*

Gewicht:	*35–60 kg*
Größe:	*ca. 1,40 Meter*
Gehirnvolumen:	*ca. 450 ccm*
Nahrung:	*Beeren, Samen, Früchte*
Erstfund:	*1939/Tansania*
Fossiles Alter:	*3,6 Mio. Jahre*
Werkzeugkultur:	*nein*
Sprache:	*unklar*

Michael Sowa, Homo sapiens

dender Bedeutung war natürlich das bei allen Affen und speziell bei Menschenaffen außerordentlich nervenzellenreiche und in viele Funktionsgebiete gegliederte Gehirn, das bereits bei Menschenaffen Werkzeuggebrauch, den Beginn einer Werkzeugverbesserung und andere »einsichtige« Handlungen ermöglichte. Wichtig war es weiterhin auch, dass die tertiären Menschenaffen sehr wahrscheinlich so wie die heutigen Menschenaffen erst nach mehreren Jahren zur vollen Größe heranwuchsen und geschlechtsreif wurden, sodass gerade die Lebensperiode, in der die Umwelt spielerisch erforscht wird und Erfahrungen gesammelt werden, verlängert war. Schließlich leben auch die meisten Affenarten in sozialen Verbänden, was wiederum eine wichtige Voraussetzung für die Menschwerdung war, denn ohne solche Gemeinschaften wäre die Entstehung einer Sprache und einer Kultur nicht möglich gewesen. So ist es also durchaus verständlich, dass wir nur von äffischen Vorfahren abstammen können.

Welche speziellen Ursachen nun aber zur Menschwerdung führten, ist noch nicht ganz eindeutig zu ermitteln, zumal wir bislang noch nicht mit Sicherheit angeben können, wo der erste entscheidende Entwicklungsschritt stattfand. Es ist aber wahrscheinlich, dass der Übergang vom Baum- zum Boden-Leben durch eine Periode der Versteppung ausgelöst wurde und dass dabei der Reichtum an verhältnismäßig leicht zu erlangender tierischer Nahrung in solchen wildreichen Gebieten von Bedeutung war. [...]

IV 8: Arnold Gehlen: Der Mensch als Mängelwesen und Prometheus

Arnold Gehlen ist ein Hauptvertreter der modernen Philosophischen Anthropologie. Deren Anliegen ist es, ausgehend von der Biologie und einem Tier-Mensch-Vergleich, die Frage nach der Sonderstellung des Menschen in der Natur zu klären. Gehlens zentrale These, die er in seinem Hauptwerk Der Mensch *(1940) begründet hat, lautet, dass der Mensch als natürliches Lebewesen ein »Mängelwesen« ist, das nur mit dürftigen Instinkten und begrenzt leistungsfähigen Organen ausgestattet ist. Der Mensch muss sich also ersatzweise eine »zweite Natur« schaffen. Die Rolle dieser »Ersatznatur« spielt nach Gehlen die Kultur. Der Mensch ist daher von seinen natürlichen Voraussetzungen aus auf Kultur angelegt.*
Gehlen wurde 1904 in Leipzig geboren. Nach dem Studium lehrte er von 1934 bis 1945 in Leipzig, Königsberg und Wien und nach dem Krieg als Professor für Soziologie in Speyer und Aachen. Gehlen starb 1976 in Hamburg.
Der Text aus der Aufsatzsammlung Anthropologische Forschung *(1961) erläutert die Grundthese vom Menschen als Mängelwesen.*

Man hat schon lange bemerkt, dass der Mensch, morphologisch[1] angesehen, sozusagen einen Ausnahmefall darstellt. Die Fortschritte der Natur bestehen sonst in der organischen Spezialisierung ihrer Arten, also in der Ausbildung immer leistungsfähigerer natürlicher Anpassungen an bestimmte Umwelten. Ein tierischer Organismus »hält sich« kraft seiner spezifischen Organisation in einem Gefüge von Bedingungen, in das er »eingepasst« ist,

1 morphologisch/Morphologie: Wissenschaft von den Gestalten und Formen der Pflanzen, Tiere und Menschen.

ohne dass wir hier fragen wollen, wie diese Harmonie zustande kam. Sieht man nun den Menschen theoretisch unbefangen an, so bemerkt man einige Merkmale, die zunächst einmal nur aufgezählt seien.

1. Er ist organisch mittellos, ohne natürliche Waffen, ohne Angriffs- oder Schutz- oder Fluchtorgane, mit Sinnen von nicht besonders bedeutender Leistungsfähigkeit, denn jeder unserer Sinne wird von den »Spezialisten« im Tierreich weit übertroffen. Er ist ohne Haarkleid und ohne Anpassung an die Witterung, und auch viele Jahrhunderte Selbstbeobachtung haben ihn nicht belehrt, ob er nun eigentlich Instinkte hat und welche. Man hat dies schon lange bemerkt und Herder[2] (1772) sowie Kant[3] (1784) haben darauf hingewiesen. Erst neuerdings aber ist unter Führung des verstorbenen Amsterdamer Anatomen[4] Bolk[5] eine Theorie zur Entwicklung gekommen, die alle besonderen menschlichen Baumerkmale unter dem Gesichtspunkt der Primitivität begreift. Man versteht darunter einmal die Tatsache, dass gewisse Organbesonderheiten, wie das lückenlose Gebiss, die fünfgliedrige Hand und andere archaisch[6], d.h. entwicklungsgeschichtlich alt sein müssen, dass sie nur als Ausgangspunkte von Spezialisierungen verständlich sind, wie wir sie bei Großaffen (Herausentwicklung des Eckzahnes, Verkürzung des Daumens) finden; sodann die andere, dass weitere Besonderheiten (Haarlosigkeit, Schädelwölbung mit untergesetztem Gebiss, Struktur der Beckenregion usw.) als fixierte, dauerhaft gewordene Foetalzustände[7] zu verstehen sind. Diese *Retardation*[8], der der Mensch einen sozusagen embryonischen Habitus[9] verdankt, ist ein höchst wertvolles Erklärungsprinzip, weil sie auch andere menschliche Eigenheiten verstehen lässt, vor allem die unverhältnismäßig verlängerte Entwicklungszeit, die lange Hilflosigkeit der Kleinkindphase, die späte Geschlechtsreifung usw. Die Gesamtheit dieser Merkmale fasst man unter dem Begriff der »Unspezialisiertheit« zusammen, und daher stammt die Berechtigung den Menschen in einen beschreibenden und vergleichenden *Gegensatz* zum Tier zu bringen, vor allem zu seinen nächsten Verwandten, den ja sehr hoch spezialisierten Großaffen. Vergleicht man wissenschaftlich, d.h. undogmatisch, so wird man erwarten müssen, dass die Vorfahren des Menschen Großaffen von vergleichsweise sehr viel mehr menschlichem Habitus als die jetzigen gewesen sind und dass diese ganze Entwicklungslinie durch die sonst nirgends vorhandene *Herrschaft* eines Prinzips bestimmt ist, das sich in viel geringerem Grade auch sonst finden lässt und das unter verschiedenen Bezeichnungen näherungsweise gefunden ist: eben ein »Festhalten« entwicklungsgeschichtlich alter oder individualgenetisch[10] früher, jugendlicher bzw. embryonaler Merkmale.

2. Wir sehen weiter, wo wir auch hinblicken, den Menschen über die Erde verbreitet und trotz seiner physischen Mittellosigkeit sich zunehmend die Natur unterwerfen. Es ist dabei

2 Johann Gottlieb Herder: deutscher Schriftsteller und Philosoph (1744–1803).

3 Immanuel Kant: bedeutendster deutscher Philosoph der Aufklärung (1724–1804).

4 Anatom: Wissenschaftler des Fachs Anatomie, die sich mit der Form und dem Körperbau der Lebewesen befasst.

5 Lodewejk Bolk: niederländischer Anatom (1866–1930).

6 archaisch: altertümlich, aus sehr früher Zeit stammend.

7 Foetalzustände: Zustände des sich entwickelnden Organismus, beim Menschen bis zum Ende des dritten Schwangerschaftsmonats.

8 Retardation: Verlangsamung, Hemmung der Entwicklung.

9 embryonischer Habitus: Erscheinungsbild des sich entwickelnden Organismus, beim Menschen bis zum Ende des dritten Schwangerschaftsmonats.

10 individualgenetisch/Individualgenese: die Entwicklung des menschlichen Individuums.

keine Umwelt, kein Inbegriff natürlicher und urwüchsiger Bedingungen angebbar, der erfüllt sein muss, damit »der Mensch« leben kann, sondern wir sehen ihn überall, unter Pol und Äquator, auf dem Wasser und auf dem Lande, in Wald, Sumpf, Gebirge und Steppe sich halten. Und zwar lebt er als Kulturwesen, d.h. von den Resultaten seiner *voraussehenden*, geplanten und gemeinsamen Tätigkeit, die ihm erlaubt aus sehr beliebigen Konstellationen von Naturbedingungen durch deren voraussehende und tätige Veränderung sich Techniken und Mittel seiner Existenz zurechtzumachen. Man kann daher die Kultursphäre jeweils den Inbegriff tätig *veränderter* urwüchsiger Bedingungen nennen, innerhalb deren der Mensch allein lebt und leben kann. Irgendwelche Techniken der Nahrungsbeschaffung und -zubereitung, irgendwelche Waffen, Organisationsformen gemeinsamer Tätigkeit und Schutzmaßnahmen vor Feinden, vor der Witterung usw. gehören daher zu den Beständen auch der primitivsten Kultur, und Naturmenschen, d.h. Kulturlose gibt es überhaupt nicht.

Man muss die Resultate dieser geplanten, verändernden Tätigkeit einschließlich der dazugehörigen Sachmittel, Denk- und Vorstellungsmittel zu den *physischen* Existenzbedingungen des Menschen rechnen, und diese Aussage gilt für kein Tier. Die Bauten der Biber, die Vogelnester usw. sind niemals voraussehend geplant und gehen aus rein instinktiven Betätigungen hervor. Den Menschen als *Prometheus*[11] zu bezeichnen hat daher einen exakten und guten Sinn.

Wenn man bemerkt, dass die Kultursphäre des Menschen in der Tat eine biologische Bedeutung hat, so liegt es nahe, den für die Zoologie[12] bewährten Begriff der Umwelt auch hier anzuwenden, wie es meistens geschieht. Aber es besteht doch ein wesentlicher Unterschied: Ohne Zweifel muss man ja die organische Mittellosigkeit des Menschen und auf der anderen Seite seine kulturschaffende Tätigkeit aufeinander beziehen und als biologisch eng sich gegenseitig bedingende Tatsachen fassen. Von einer Einpassung des Menschen in einen dieser Gattung von Natur her zugeordneten speziellen Komplex natürlicher Lebensbedingungen, wie dies im exakten Begriff der Umwelt gedacht wird, kann gar keine Rede sein. So wie sich die tierische, organische Spezialisierung und die ihr jeweils zugeschnittene Umwelt zueinander verhalten, so muss man die Unspezialisiertheit und morphologische Hilflosigkeit des Menschen in seiner Kultursphäre sehen. Da diese aber ein Inbegriff urwüchsiger Tatbestände ist, die der Mensch ins Lebensdienliche verändert hat, so gibt es von vornherein gar keine natürlichen Grenzbedingungen menschlicher Lebensfähigkeit, sondern nur technische Grenzbedingungen: Nicht in der Natur, sondern in den Graden der Bereicherung und Verbesserung seiner kulturschaffenden Tätigkeit, zuerst der Denkmittel und Sachmittel liegen die Grenzen menschlicher Ausbreitung.

Der Mensch ist also organisch »Mängelwesen« (Herder), er wäre in jeder natürlichen Umwelt lebensunfähig, und so muss er sich eine *zweite Natur*, eine künstlich bearbeitete und passend gemachte Ersatzwelt, die seiner versagenden organischen Ausstattung entgegenkommt, erschaffen, und er tut dies überall, wo wir ihn sehen. Er lebt sozusagen in einer künstlich entgifteten, handlich gemachten und von ihm ins Lebensdienliche veränderten Natur, die eben die Kultursphäre ist. Man kann auch sagen, dass er biologisch zur Naturbeherrschung gezwungen ist.

11 Prometheus: wörtlich »Vorbedacht«, griechische Sagengestalt, zu den Titanen, den von Zeus gestürzten Göttern zählend, die den Göttern das Feuer stiehlt, um es den Menschen zu schenken. Als Strafe wird er an einen Felsen gefesselt, wo ein Adler ihm die immer wieder nachwachsende Leber täglich abfrisst, bis er von Herakles befreit wird.

12 Zoologie: Wissenschaft von den Tieren.

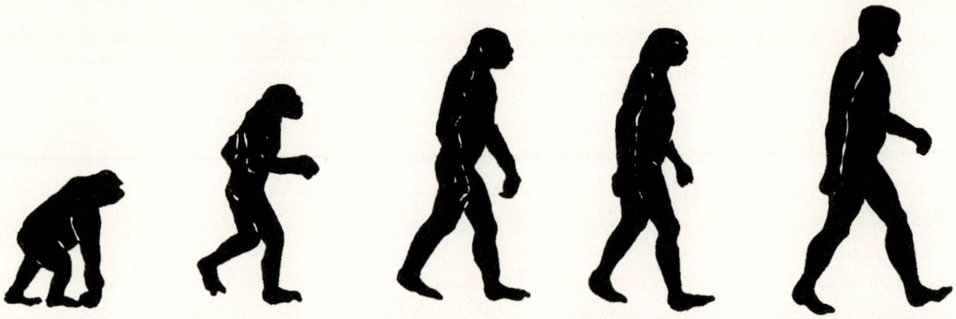

IV 9: Ulrich Horstmann: Kein Mängelwesen, sondern Untier

Ulrich Horstmann, Jahrgang 1949, studierte Anglistik, Philosophie, Pädagogik und Geschichte. Er war zeitweise Professor für Anglistik in Münster und lebt heute als freier Autor. Horstmann ist als Essayist, Übersetzer, Erzähler und Lyriker bekannt geworden und vertritt ein radikal pessimistisches Menschenbild. In seiner Schrift Das Untier. Konturen einer Philosophie der Menschenflucht *(1983) behauptet er, dass die Selbstvernichtung der Menschheit durch die moderne Waffentechnologie nicht nur unvermeidlich ist, sondern sogar das eigentliche Ziel der Evolution des Menschen darstellt. Im folgenden Textauszug versucht Horstmann die zentrale anthropologische These vom Mängelwesen in den Dienst seiner »Philosophie der Menschenflucht« zu stellen.*

Wie die Friedensforschung [...] so hat sich auch die Anthropologie des 20. Jahrhunderts als durch und durch blind gegenüber den Zeitläufen und dem sich nunmehr in aller Deutlichkeit abzeichnenden Ziel der menschlichen Evolution erwiesen. Zwar hat sie in ihren Sparten der biologischen und philosophischen, der Kultur- und Sozialanthropologie zahlreiche Erkenntnisse und Hypothesen über Ursprung und Werden des Menschen formuliert und gesammelt, zwar weiß sie seit Darwin[1] um die Abstammung aus dem Tierreich und kennt dank paläoanthropologischer[2] Forschungen und Funde die Stadien der Humanisation[3] vom Australopithecus[4] über den Pithecanthropus[5] bis zum Neandertaler[6] und Cro-Magnon-Typus[7], die unsere Veruntierung und Entartung besiegelten. Zwar begreift sie den Menschen als »archaisch[8] unspezialisiert« und »instinktarm«, als »infantilen[9] Affen, bei dem das

1 Charles Darwin: englischer Naturforscher (1809–1882), Begründer der Evolutionstheorie, der mit seiner Lehre von der Abstammung des Menschen aus dem Tierreich großes Aufsehen erregte.

2 paläoanthropologisch/Paläoanthropologie: Wissenschaft vom vorgeschichtlichen Menschen, die sich auf versteinerte Überreste stützt.

3 Humanisation: Menschwerdung.

4 Austrolopithecus: ältester Vertreter der frühen menschenartigen Lebewesen (»Hominiden«), mit aufrechtem Gang, der vor ca. 4 bis 1 Millionen Jahren lebte.

5 Pithecanthropus: Vorfahr des Menschen, lebte vor ca. 700000 bis 400000 Jahren.

6 Neandertaler: ausgestorbene Nebenlinie der Hominiden, lebte vor ca. 150000 bis 30000 Jahren.

7 Cro-Magnon-Typus: unmittelbarer Vorläufer des heutigen Menschen, lebte vor ca. 30000 bis 10000 Jahren.

8 archaisch: altertümlich, aus sehr früher Zeit stammend.

9 infantil: kindlich, kindisch, unterentwickelt.

höhere Wachstum nicht eintritt und der auf kindlicher oder sogar embryonaler[10] Stufe fixiert bleibt«, aber sie vermag mit diesen Daten im Grunde nichts anzufangen und hantiert damit wie ein Debiler[11], der Puzzlestückchen nach Größe oder eigener Vorliebe sortiert und gruppiert, ohne zu erkennen, dass sie sich zu einem Bild zusammenfügen lassen.

Dieses Scheitern der modernen Wissenschaft vom Menschen ist nun keineswegs unerklärlich, sondern sein Grund liegt im Gegenteil offen zutage. Die Anthropologie hat bisher nämlich immer nur hartnäckig nach dem Woher des Untiers gefragt, die Auskunft, ja die bloße Reflektion über das Wohin aber ebenso nachdrücklich verweigert bzw. für außerhalb ihres Kompetenzbereichs liegend erklärt. Dieses Frageversäumnis musste sich auf Dauer verhängnisvoll auswirken, denn wie will man Fakten deuten und ordnen, Eigenschaften herausarbeiten und werten, ohne über Informationen bezüglich der Richtung und des Ziels des Evolutionsprozesses zu verfügen, in dem diese Fakten einen ganz bestimmten Stellenwert, diese Eigenschaften konkrete Auslöser-, Beschleunigungs- oder Bremsfunktion besitzen. [...]

Dabei müsste es den Vertretern dieser Disziplin, sobald sie sich einmal mit dem Gedanken der ultimativen Selbstaufhebung des Untiers und des Evolutionsziels der Stillstellung organischen Leidens vertraut gemacht haben, wie Schuppen von den Augen fallen, denn der Mensch ist für seine eigentliche Aufgabe höchst adäquat und sinnvoll ausgestattet und keineswegs bloß der körperlich retardierte[12] Affenfötus[13], das Mängelwesen. [...]

Fügt man die Einzelbeobachtungen aber derart zusammen, dass im anthropologischen Puzzle das Abbild des Untiers sichtbar wird, sind die Schlussfolgerungen ganz andere, und die Verwunderung macht der Bewunderung der großmütigen Folgerichtigkeit Platz, mit der die Natur ihr missratenes Geschöpf trotz allem noch für den kurzen Augenblick apokalyptischer[14] Selbstverwirklichung ausgestattet hat. Welcher Vorteil, ohne dichtes Haarkleid oder Panzer zu existieren! Wie sonst hätte das Untier lernen sollen, sich hinter Schilde zu ducken, Rüstung und Harnisch[15] zu schmieden, sich in armierten[16] Fahrzeugen zu bewegen und schließlich aus dem gigantischen Außenskelett der Raketensilos seine jetzt dreistufi-

10 embryonal/Embryo: erste Phase des sich entwickelnden Organismus, beim Menschen bis zum Ende des dritten Schwangerschaftsmonats.

11 Debiler: Schwachsinniger.

12 retardiert: verzögert, gehemmt, in der Entwicklung zurückgeblieben.

13 Fötus: die sich an die Embryonalperiode anschließende Entwicklungsphase eines Organismus.

14 apokalyptisch: im Bewusstsein des Weltendes, auf das Weltende hinweisend, unheilverkündend.

15 Harnisch: geschmiedete, eiserne Schutzrüstung.

16 armiert: bewaffnet.

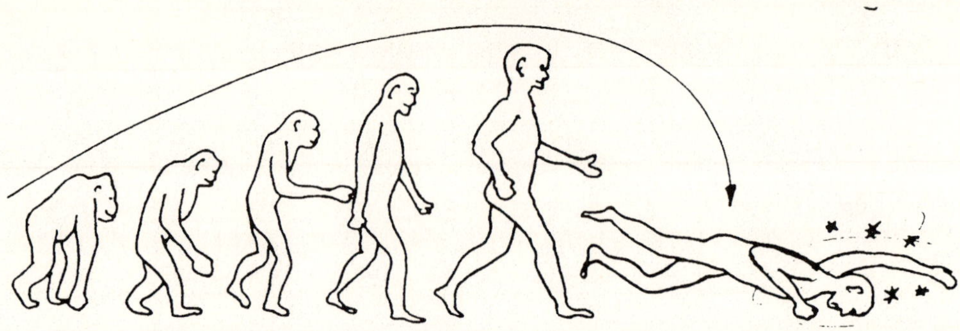

gen Pfeile dem Angreifer bis auf dessen Heimatboden entgegenzuschleudern. Welche Auszeichnung, ohne Angriffsorgane zu sein! Denn wie sonst wären im Kopf des Untiers die Generationen und Abergenerationen neuer Waffen gezeugt worden, gegen die die Zahnreihen eines Krokodils, das Horn eines Rhinozeros, das Gift der Viper wie Stümpereien eines überängstlichen Demiurgen[17] wirken. Welche Gnade, sich nicht zur Flucht wenden zu können und sich so gegenseitig Mann um Mann niedermachen zu müssen! Welcher Segen, als Instinktkrüppel auf die Welt zu kommen! Denn die innerhalb der eigenen Gattung unumstößliche Tötungshemmung der Tiere hat sie schon bei den ersten noch dilettantischen Steinigungen menschlicher Urhorden lustlos sich abwenden lassen und macht sie, wie die Erfahrung lehrt, zu Feldzügen gegen ihresgleichen völlig untüchtig. Welches Glück schließlich, über Jahre und Jahrzehnte erzieh- und beeinflussbar zu sein! Denn wie sonst sollte man in einem Wesen, das auf Kindesbeinen den Versuchungen der Langmut, des Vertrauens, der Liebe und Zärtlichkeit so überaus empfänglich ist, jene gegenteiligen Charaktereigenschaften der Unduldsamkeit, Härte, Gefühlskälte, der Lust an Strafe, Schmerz und Gewalt erzeugen, derer es so nötig bedarf, um die äonenlangen[18] Bemühungen der Gattung um Selbstbefreiung endlich mit globalem Erfolg zu krönen.

Nein, wir sind keine Mängelwesen; wir sind überreich beschenkt mit Anlagen, die uns für die Erfüllung unserer Aufgabe prädestinieren[19] und einem Scheitern auch nicht den Schatten der bequemen Ausrede oder Entschuldigung belassen.

17 Demiurg: Weltbaumeister, Weltenschöpfer.
18 äonenlang: ein Weltalter lang, unendlich lang.
19 prädestinieren: vorherbestimmen, geeignet machen für etwas.

FORUM

Zur Texterschließung

1 | Nach der Evolutionstheorie haben Mensch und Affe gemeinsame Vorfahren. Welche gemeinsamen körperlichen Merkmale von Mensch und Affe lassen sich nach Rensch daraus erklären?
2 | Durch welche Merkmale unterscheidet sich der Mensch nach Rensch prinzipiell von den Tieren?
3 | Welche biologischen Voraussetzungen mussten nach Rensch gegeben sein, damit es zur Entwicklung des Menschen kommen konnte?
4 | Wodurch erweist sich der Mensch unter organischen Gesichtspunkten nach Gehlen als Mängelwesen?
5 | Gehlen schließt sich der Auffassung an, dass sich der menschliche Bauplan unter dem Gesichtspunkt der »Primitivität« verstehen lässt. Erläutern Sie diese Auffassung!
6 | Erläutern Sie Gehlens These, dass der Mensch keine natürliche Umwelt hat, sondern dass seine Lebensweise stets kulturell geprägt ist!
7 | Was meint Gehlen, wenn er den Menschen als Prometheus bezeichnet?
8 | Welche Frage hat nach Horstmann die Anthropologie bisher versäumt zu stellen?
9 | Worin sieht Horstmann das Ziel der menschlichen Evolution, und warum ist das Mängelwesen Mensch für dieses Ziel besonders gut ausgestattet?

Der Mensch in der Evolution – Zur Diskussion

1 | Vergleichen Sie die Leistungsfähigkeit des menschlichen Körpers, seiner Organe und seiner Sinnesorgane mit denen einiger Tiere und stellen Sie heraus, worin der Mensch diesen Tieren unterlegen bzw. überlegen ist. Nehmen Sie als Beispiele den Affen, die Katze und Fische. Überprüfen Sie auf der Basis dieser Vergleiche Gehlens These vom Menschen als Mängelwesen!
2 | Nennen Sie gemeinsame Merkmale von Mensch und Affe, die als Herabsenkung des Menschen empfunden werden!
3 | Für viele Menschen ist mit der Anerkennung der Evolution des Menschen die biblische Idee der Schöpfung des Menschen erledigt. Suchen Sie Gründe für und gegen diese Ansicht!
4 | Nach Gehlen ist die menschliche Lebenswelt stets kulturell geprägt und jede Ausweitung seines Lebensraums technisch bedingt. Stellen Sie demgegenüber einige natürliche Bedingungen heraus, an die menschliches Leben gebunden bleibt!
5 | Nach Horstmann führt die Evolution des Menschen zwangsläufig zur Selbstzerstörung des Menschen und zur Vernichtung allen Lebens auf der Erde. Welche Möglichkeiten und Chancen sehen Sie, diese Gefahren abzuwenden? Worin sehen Sie die größten Chancen für den Fortbestand der Menschheit?
6 | Angenommen, Sie begegnen jemandem, der die Selbstzerstörung der Menschheit durch einen Atomkrieg für wünschenswert hält, damit alles Leiden auf der Erde verschwindet. Mit welchen Argumenten würden Sie versuchen, ihn von dieser Meinung abzubringen?
7 | Welchen Sinn hat Ihrer Meinung nach die Rede von den »natürlichen Lebensgrundlagen« des Menschen?

Der Mensch als Naturwesen in der Geschichte der Philosophie

In der Geschichte der Philosophie wurde die Frage nach dem Menschen als Naturwesen in zweierlei Hinsicht gestellt. Einerseits fragte man nach der Stellung des Menschen in der Natur, insbesondere nach seinem Verhältnis zu den Tieren; andererseits ging es um die Natur, d.h. um das Wesen des Menschen, vor allem um die Rolle von Trieb und Vernunft. Beide Aspekte waren in der antiken Auffassung vom Menschen als Teil der kosmischen Natur eng verknüpft. Der Kosmos galt als nicht geschaffen und ewig und als Inbegriff einer vernünftigen und göttlichen Ordnung, und der Mensch galt als das höchste Naturwesen, das durch seine Vernunft an der vernünftigen Ordnung des Kosmos teilhatte. Dass der Mensch Glied eines vernünftigen göttlichen Kosmos ist, haben nicht nur die Stoiker, sondern auch die beiden größten Philosophen der Antike, *Platon* (427–347 v.Chr.) und *Aristoteles* (384–322 v.Chr.), gelehrt. Sie waren sich über die Natur des Menschen einig, indem sie die menschliche Seele wegen ihres göttlichen Ursprungs als unsterblich betrachteten (→ Info III, VI) und dem Menschen die Fähigkeit zusprachen, seine natürlichen Triebe durch Vernunft zu beherrschen. Beide vertraten auch die Ansicht, dass die menschliche Seele aus drei Teilen besteht. Platon sah im Mut, einer Art kontrollierter Energie und praktischer Durchsetzungsfähigkeit, den mittleren Seelenteil zwischen sinnlicher Begierde und Vernunft. Stärker als Platon hat Aristoteles die natürlichen Wurzeln der menschlichen Seele herausgestellt. Nach seiner Auffassung besteht die menschliche Seele aus drei Schichten, wobei die Vernunft mit ihrer Fähigkeit des Denkens die höchste, spezifisch menschliche Schicht darstellt. Die unterste Seelenschicht sind dagegen die vegetativen Funktionen der Ernährung und Fortpflanzung, die schon die Pflanzen haben, und die mittlere Seelenschicht bilden die animalischen Funktionen der Wahrnehmung und Selbstbewegung, die bereits bei den Tieren vorkommen.

Das Mittelalter war geprägt durch das christliche Welt- und Menschenbild. Die Natur ist danach eine Schöpfung Gottes, sie hat also einen Anfang. Auch der Mensch ist ein Geschöpf Gottes, und als »Krone der Schöpfung« steht er an der Spitze der Hierarchie der Naturwesen, da er als einziges Wesen eine unsterbliche Seele besitzt. Doch zugleich ist der Mensch, wie der Mythos vom Sündenfall (Vertreibung Adams und Evas aus dem Paradies) erklärt, ein von Grund auf verdorbenes, sündiges Wesen. Besonders der frühchristliche Philosoph *Aurelius Augustinus* (354–430) lehrte, dass der Mensch von Natur aus böse ist und auf Gottes Gnade angewiesen ist, um seine Triebe zu beherrschen (→ Info III). Dieses pessimistische Menschenbild wurde in der Philosophie des Mittelalters zwar abgeschwächt, doch wurde es zu keiner Zeit durch die Auffassung der natürlichen Güte des Menschen ersetzt. Sofern man sich im Mittelalter überhaupt um ein von der Bibel unabhängiges Verständnis vom Menschen als Naturwesen bemühte, war man meist an Aristoteles orientiert. So schloss *Thomas von Aquin* (1225–1274) sich der Aristotelischen Auffassung von den drei Schichten der menschlichen Seele an und stellte den Menschen in der Stufenleiter der Vollkommenheit zwischen Tier und Gott.

In der Philosophie der Neuzeit fragte man nach der Natur des Menschen und nach dem Verhältnis von Trieb und Vernunft vor allem im Kontext der politischen Philosophie. Auf die Frage, welches Menschenbild die Politik zugrunde legen muss, gab *Thomas Hobbes* (1588–1679) die Antwort, dass der Mensch ein rein egoistisches, auf Selbsterhaltung bedachtes Wesen ist, das durch staatliche Gesetze gezähmt werden muss. Gegen dieses Menschenbild protestierten Aufklärer wie *Anthony Ashley Cooper, Earl of Shaftes-*

bury (1671–1713) und *David Hume* (1711–1776) und anerkannten neben dem Egoismus ein natürliches Wohlwollen gegenüber Mitmenschen als zweite Triebfeder menschlichen Handelns. Zu den Aufklärern mit einem eher pessimistischen Menschenbild gehörte *Immanuel Kant* (1724–1804), der von einem »radikal Bösen in der menschlichen Natur« sprach. Doch wenngleich die Ansichten der Aufklärer über die Natur des Menschen divergierten, waren die meisten doch der Ansicht, dass der Mensch – sei es aus »wohlverstandenem Eigeninteresse« oder aufgrund einer moralischen Veranlagung – seine egoistischen, aggressiven Triebe beherrschen kann.

Seit Beginn der Neuzeit wurden die Fragen nach der Stellung des Menschen in der Natur und nach dem Verhältnis von Mensch und Tier vor allem im Umkreis von Medizin und Biologie diskutiert. Ausgangspunkt war das von *René Descartes* (1596–1650) begründete mechanistische Naturbild und seine sich darauf stützende Ansicht, dass der menschliche Körper wie eine Maschine funktioniert. Zwar lehrte Descartes zugleich, dass der Mensch auch eine vom Körper unabhängige unsterbliche Seele besitzt, doch wurde diese Auffassung mehr und mehr in Frage gestellt. Als das zunehmende Verständnis natürlicher Prozesse des Körpers wie etwa des Blutkreislaufs die Ähnlichkeit von Mensch und Tier immer deutlicher hervortreten ließ, gingen Materialisten der französischen Aufklärung wie *Paul Heinrich Dietrich Baron von Holbach* (1723–1789) und *Julien Offray de Lamettrie* (1709–1751) dazu über, den Menschen insgesamt als Maschine zu betrachten und einen Wesensunterschied zwischen Tier und Mensch überhaupt zu bestreiten (→ Info VI).

Eine herausragende Rolle bei der Einordnung des Menschen in das Tierreich hat in der Moderne die Evolutionstheorie gespielt. Seit *Charles Darwin* (1809–1882) hat sich die Auffassung durchgesetzt, dass der Mensch ein Produkt der Evolution ist, das sich wie die anderen lebenden Arten im Kampf ums Dasein durchgesetzt hat. Die Evolutionstheorie erklärt die Ähnlichkeit der Organe von Mensch und Tier durch ihre gemeinsame Stammesgeschichte und liefert eine natürliche Erklärung der Entstehung und Entwicklung der Arten durch Mutation und Selektion, ohne auf eine übernatürliche Macht wie einen göttlichen Schöpfungsplan zurückzugreifen.

Angesichts der Fortschritte der Biologie und Medizin hat die Philosophie des 20. Jahrhunderts die Frage aufzuwerfen, ob das wissenschaftliche Wissen vom Menschen das Wesen des Menschen und die Stellung des Menschen in der Natur erschöpfend klären kann. Ausgehend von einem Tier-Mensch-Vergleich gelangte die moderne Philosophische Anthropologie zu der These von der Sonderstellung des Menschen in der Natur. Nach dieser Auffassung unterscheidet sich der Mensch bereits biologisch durch seine spezifische Ausstattung mit Organen und Instinkten vom Tier. Nach *Max Scheler* (1874–1928) fehlen dem Mensch nicht nur verlässliche Instinkte, sondern der Mensch ist weder an eine artspezifische Umwelt angepasst noch ist seine Erkenntnis der Welt auf das praktisch Nützliche beschränkt. Der Mensch ist vielmehr durch »Weltoffenheit« gekennzeichnet, d.h. er ist fähig, sich zu einer sachlichen, rein »objektiven« Erkenntnis der Welt zu erheben (→ Info III). *Helmut Plessner* (1892–1985) hat darüber hinaus betont, dass der Mensch als unfertiges Wesen auf die Welt kommt und sich im Rahmen einer Gesellschaft selbst verwirklichen muss. Ähnlich argumentiert *Arnold Gehlen* (1904–1976), für den der Mensch, unter organischen Gesichtspunkten, ein Mängelwesen ist, das von Natur aus auf eine Ergänzung durch Geist und Kultur angewiesen ist, um überhaupt leben zu können (→ Info II, V).

Die moderne Auffassung vom Menschen als Triebwesen ist entscheidend durch die Tiefenpsychologie bestimmt. An ihrem Anfang steht die Philosophie *Arthur Schopenhauers* (1788–1860), die das Wesen des Menschen in einem blinden, unbewussten Lebenswillen sieht. Dieser Lebenswille, der sich als Selbsterhaltungs- und Sexualtrieb äußert, ist die dominierende Macht im Menschen. Die spezifische Eigenart des Menschen ist zwar die Vernunft, aber ist sie im Allgemeinen ein bloßes Instrument des Lebenswillens (→ Info III). *Friedrich Nietzsche* (1844–1900) hat sich an Schopenhauers Lehre weitgehend angeschlossen, doch hat er den Lebenswillen als Machtwillen interpretiert. Die Natur des Menschen besteht demnach in einem »Willen zur Macht«.

Die klassische Fassung des Bildes vom Menschen als Triebwesen stammt von *Sigmund Freud* (1856–1939). Die von ihm begründete Psychoanalyse (→ Info V) betont die Macht der unbewussten Wünsche und Triebe und die dominante Rolle der Sexualität im menschlichen Leben. Mit seiner Lehre von den beiden Grundtrieben Eros und Destruktion (»Todestrieb«) hat Freud zudem die moderne Diskussion um die Aggression des Menschen maßgeblich geprägt. In Auseinandersetzung mit Freud hat der Biologe *Konrad Lorenz* (1903–1989) die Aggression als natürlichen Instinkt des Menschen gedeutet, während der Psychoanalytiker *Erich Fromm* (1903–1980) soziale Ursachen aggressiven Verhaltens herauszustellen versuchte.

V UNSERE ZWEITE NATUR? – KULTUR UND GESELLSCHAFT

Einführung

Wo auch immer wir dem Menschen begegnen, sehen wir ihn eingebunden in komplexe soziale und kulturelle Zusammenhänge. Schon die frühesten Menschen, von denen wir Kenntnis haben, haben nicht isoliert, sondern in engen, durch Arbeitsteilung geregelten Beziehungen zu anderen Menschen gelebt. Sie haben uns kulturelle Zeugnisse in Form von Gräbern, Schmuck oder Höhlenzeichnungen überliefert. Seit der Antike hat die Philosophie darauf aufmerksam gemacht, dass es eine »Natur« des Menschen unabhängig von Kultur und Gesellschaft nicht gibt, dass Kultur und Gesellschaft vielmehr selbst Teile der menschlichen Natur sind. Einen »natürlichen« Menschen ohne Kultur und gesellschaftliche Beziehungen hat es anscheinend nie gegeben.

Dank der modernen Informationstechnologie steht der Mensch heute nicht mehr nur in sozialen Beziehungen zu Menschen seiner unmittelbaren örtlichen Umgebung, sondern er hat über Briefe, Telefon oder Internet weltweit auch Kontakte zu Personen, die er nie persönlich kennen lernt. Stets wird sein Verhalten durch kulturelle Einflüsse und gesellschaftliche Sitten und Gebräuche geleitet. Doch der Mensch ist nicht nur das Produkt von Gesellschaft und Kultur, sondern zugleich deren Schöpfer. Von den frühesten Kulturen der Höhlenmenschen bis zu den hochtechnisierten Gesellschaften der Moderne hat der Mensch die Formen seines Zusammenlebens selbst geschaffen. Im Verlauf seiner Entwicklung erfand er die Schrift, entwickelte Kunst und Wissenschaft, Institutionen der Politik und des Rechts. Kultur und Gesellschaft sind wie Spiegel, in denen der Mensch sich nicht nur selbst wahrnimmt, sondern auch immer wieder Bilder von sich selbst entwirft.

Wie kommt es zur Entstehung menschlicher Kultur und Gesellschaft? Was sagt uns ihre Existenz über die Natur des Menschen? In welchem Sinne ist der Mensch ein soziales Wesen, das die Gesellschaft und den Staat zu seiner Selbstverwirklichung braucht? Und wie weit beschränkt die soziale Gemeinschaft die Selbstverwirklichung des Individuums?

René Magritte, Das rote Modell, 1937

V 1: Will und Ariel Durant: Bedingungen der Entstehung von Kultur

Der amerikanische Kulturhistoriker Will (eigentlich William James) Durant hat zusammen mit seiner Frau Ariel Durant das vielleicht erfolgreichste und bekannteste populärphilosophische und kulturgeschichtliche Werk des 20. Jahrhunderts geschrieben. Will Durants Philosophiegeschichte Große Denker *(1925) verkaufte sich allein über zwei Millionen Mal. Für die zusammen mit seiner Frau verfasste monumentale 18bändige* Kulturgeschichte der Menschheit *(1935–1967) erhielten sie 1967 den Pulitzer-Preis, den bedeutendsten Literaturpreis der USA.*
Will Durant wurde am 5. November 1885 in North Adams (Massachuetts) geboren und war Professor in Los Angeles. Seine Frau Ariel (eigentlich Ada) Durant, geb. Kaufmann, wurde am 10. Mai 1898 in Prosurow in Russland geboren. Sie starb am 25. Oktober 1981 und er kurz danach am 7. November 1981 in Los Angeles.
In den einleitenden Passagen des 1. Bandes der Kulturgeschichte, der den Titel Der alte Orient und Indien *(1935) trägt, werden die verschiedenen natürlichen und sozialen Bedingungen von Kultur thematisiert.*

Kultur ist soziale Ordnung, welche schöpferische Tätigkeit begünstigt. Vier Elemente setzen sie zusammen: wirtschaftliche Vorsorge, politische Organisation, moralische Traditionen und das Streben nach Wissen und Kunst. Sie beginnt, wo Chaos und Unsicherheit enden. Neugier und Erfindungsgeist werden frei, wenn die Angst besiegt ist, und der Mensch schreitet aus natürlichem Antrieb dem Verständnis und der Verschönerung des Lebens entgegen.

Gewisse Faktoren bedingen die Kultur und können sie fördern, andere sie behindern. Erstens geologische[1] Bedingungen. Die Kultur ist ein Intermezzo zwischen den Eiszeiten: Der Strom der Vereisung kann jederzeit ansteigen, die Menschenwerke mit Eis und Stein bedecken und das Leben auf einen kleinen Abschnitt unserer Erde beschränken. Oder der Dämon des Erdbebens, mit dessen Erlaubnis wir unsere Städte bauen, kann seine Schultern schütteln und uns kaltblütig vernichten.

Zweitens geographische Bedingungen. Die Hitze der Tropen und die zahllosen Parasiten, die sie unsicher machen, sind der Kultur feindlich. Schlafsucht und Krankheit, frühe Reife und früher Verfall lenken die Kräfte von jenen unwägbaren Dingen des Lebens ab, die die Kultur ausmachen, und nehmen sie für Ernährung und Fortpflanzung in Anspruch; für das Spiel der Künste und die Abenteuer des Geistes bleibt nichts übrig. Regen ist notwendig; denn Wasser ist der Mittler des Lebens, wichtiger selbst als das Sonnenlicht. Die unbegreifliche Laune der Elemente kann Städte wie Ninive[2] und Babylon[3], die einst machtvoll blühten, zur Dürre verdammen oder Gebieten, die scheinbar abseits der Hauptverkehrsstraßen liegen, schnell zu Macht und Reichtum verhelfen, wie der Fall Großbritanniens es beweist. Wenn der Boden fruchtbar oder mineralisch ist, wenn Flüsse bequeme Möglichkeiten zum Austausch von Waren bieten, wenn – was für den Handelsverkehr bedeutungsvoll ist – eine Küste viele natürliche Häfen besitzt und wenn dazu noch ein Volk wie die Athener oder Karthager[4], Florentiner oder Venezianer an der Hauptstraße des Welthandels sitzt –

1 geologisch/Geologie: Wissenschaft von der Entwicklungsgeschichte und vom Aufbau der Erde.
2 Ninive: Hauptstadt des Assyrerreichs am Tigris, 612 v. Chr. von den Medern zerstört.
3 Babylon: Hauptstadt Babyloniens am Euphrat, von den Assyrern mehrfach zerstört, 539 v. Chr. von den Persern erobert und danach dritte Hauptstadt des Perserreichs, allmählicher Verfall nach dem Tod Alexander des Großen (323 v. Chr.).
4 Karthager: bedeutende See- und Handelsmacht in Nordafrika mit Karthago (nahe dem heutigen Tunis) als Hauptstadt und mit Kolonien in Sizilien, Sardinien, Spanien und Gallien, von den Römern 146 v. Chr. zerstört.

dann wird die geographische Beschaffenheit des Landes, auch wenn sie die Kultur nicht schaffen kann, ihr doch zulächeln und sie fördern.

Noch wichtiger sind die wirtschaftlichen Bedingungen. Die amerikanischen Indianer sind ein Beispiel dafür, dass ein Volk geordnete Einrichtungen, einen stolzen Moralkodex[5] und sogar Sinn für die einfacheren Formen der Kunst besitzen und dennoch niemals wirklich von der Barbarei zur Kultur übergehen kann; es bleibt auf der Jagdstufe stehen, weil seine Existenz von dem unsicheren Jagdglück abhängt. Es gibt Nomadenstämme – etwa die arabischen Beduinen –, die außerordentlich intelligent und kräftig sind und hohe Charaktereigenschaften wie Mut, Freigebigkeit und Noblesse[6] besitzen; aber ohne die *Conditio sine qua non*[7] der Kultur, nämlich die Nahrungskontinuität, müssen sie Mut und Klugheit auf die Gefahren der Jagd und die Listen des Handels verschwenden, und für die Arabesken[8] und Krausen, den Reiz und die Armut, die Schönheiten und Genüsse der Kultur bleibt nichts übrig. Die erste Form der Kultur ist der Ackerbau. Sobald der Mensch sesshaft wird, um den Boden zu bebauen und Vorräte für eine unsichere Zukunft anzulegen, findet er auch Zeit und Möglichkeit, sich zu zivilisieren. Innerhalb des kleinen Kreises von Geborgenheit, wie ein zuverlässiger Vorrat an Wasser und Nahrung ihn bietet, baut er seine Hütten, Tempel und Schulen. Er erfindet nützliche Werkzeuge, er zähmt den Hund, den Esel, das Schwein und zuletzt sich selbst, er gewöhnt sich an regelmäßige und geordnete Arbeit und überliefert seinen Nachkommen vollständiger als zuvor das geistige und moralische Erbe seiner Rasse.

Das Wort Kultur weist auf den Ackerbau *(agricultura)* hin, das Wort Zivilisation dagegen auf die Stadt *(civitas)*. In einem gewissen Sinne bedeutet Zivilisation die Gewohnheit der »Zivilität«, und diese meint die Verfeinerung der Sitten, wie sie die Städter, die auch das Wort schufen, nur in der Civitas, der Stadt, für möglich hielten. Denn in der Stadt sammeln sich, zu Recht oder zu Unrecht, die materiellen und geistigen Güter an, die das Land hervorgebracht hat. In der Stadt vermehren Fleiß und Erfindungsgeist die Annehmlichkeiten des Daseins und die höheren Genüsse des Lebens. Die Stadt ist der Treffpunkt der Händler; hier werden Güter und Ideen ausgetauscht und durch die wechselseitige Befruchtung der Geister an den Kreuzwegen des Handelns wird die Intelligenz zu schöpferischer Leistung angeregt. In der Stadt gibt es Männer, die den materiellen Dingen fern stehen; sie erschaffen Wissenschaft und Philosophie, Literatur und Kunst. Die Kultur beginnt in der Bauernhütte, aber sie blüht in den Städten.

Die Kultur ist nicht rassegebunden. Sie kann auf jedem Erdteil und in jeder Farbe erscheinen: in Peking oder Delhi, Memphis oder Babylon, Ravenna oder London, Peru oder Yucatan[9]. Nicht die große Rasse schafft die Kultur, sondern die große Kultur schafft das Volk. Geographische und wirtschaftliche Umstände formen eine Kultur und diese formt einen Typus. Der Engländer macht nicht die britische Kultur, sie macht ihn. Er nimmt sie überall mit und zieht sich sogar in Timbuktu[10] zum Abendessen um; er schafft damit seine Kultur dort nicht aufs Neue, aber er erkennt selbst dort ihre Herrschaft über seine Seele an. Unter den gleichen materiellen Bedingungen würde eine andere Rasse zu den gleichen Ergebnissen gelangen. Mit Rasse hat Kultur nur insofern zu tun, als dieser in manchen Fällen die all-

5 Moralkodex: Regelwerk moralischer Gebote und Verbote.
6 Noblesse: vornehme Gesinnung und Haltung.
7 conditio sine qua non: notwendige Bedingung, ohne die etwas anderes nicht eintreten kann.
8 Arabesken: Ornamente, Verzierungen aus ineinander verschlungenen Linien von Pflanzenranken.
9 Yucatan: Halbinsel in Mittelamerika, einst Teil des Maya-Reichs, heute großenteils zu Mexiko gehörend.
10 Timbuktu: Stadt in dem westafrikanischen Staat Mali, ehemaliger Kultur- und Handelsmittelpunkt der islamischen Welt.

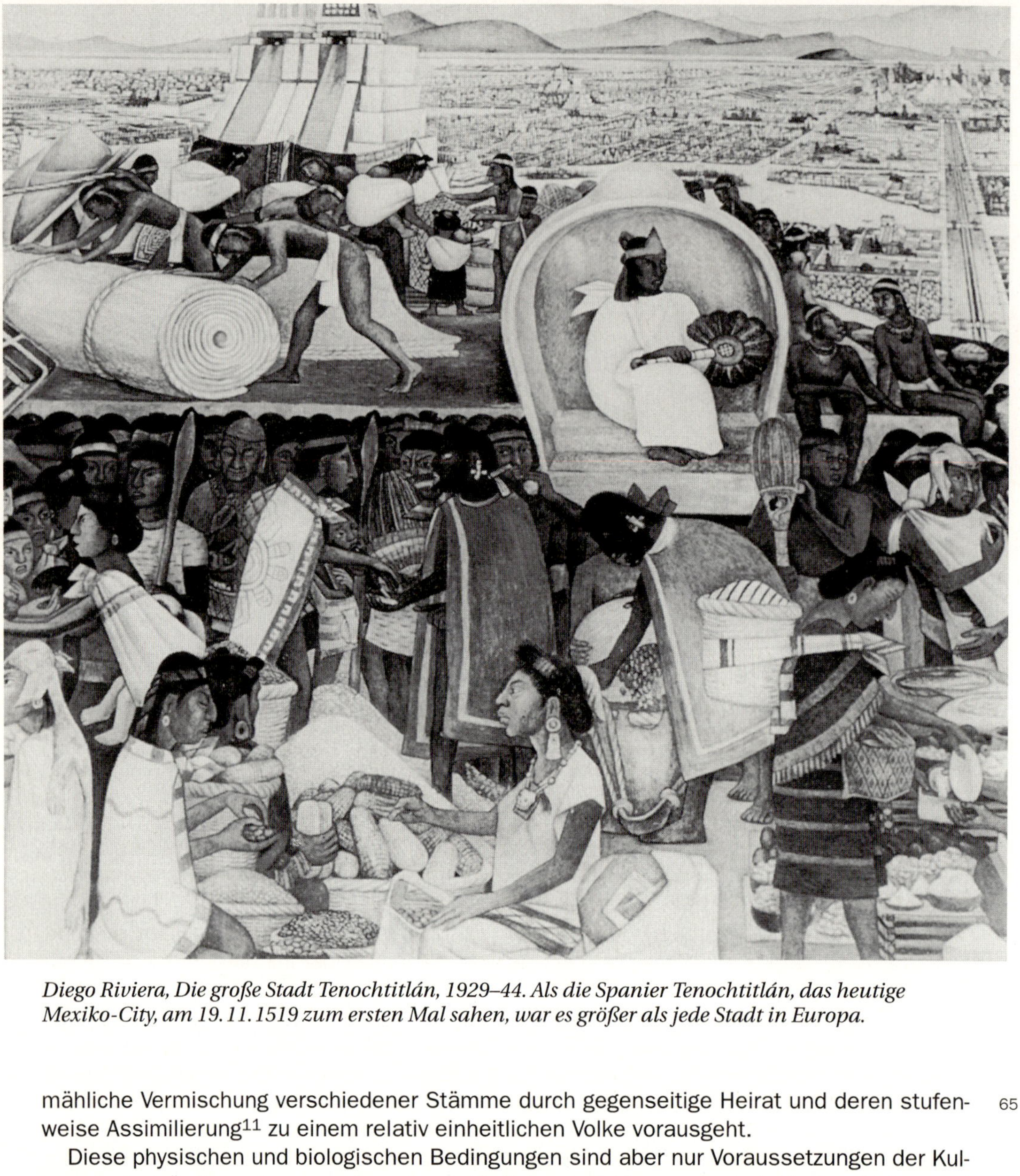

Diego Riviera, Die große Stadt Tenochtitlán, 1929–44. Als die Spanier Tenochtitlán, das heutige Mexiko-City, am 19. 11. 1519 zum ersten Mal sahen, war es größer als jede Stadt in Europa.

mähliche Vermischung verschiedener Stämme durch gegenseitige Heirat und deren stufenweise Assimilierung[11] zu einem relativ einheitlichen Volke vorausgeht.

Diese physischen und biologischen Bedingungen sind aber nur Voraussetzungen der Kultur, sie begründen oder erzeugen sie nicht. Feinere Faktoren psychologischer Natur sind außerdem erforderlich. Es muss eine gewisse politische Ordnung vorhanden sein, selbst wenn sie, wie im Florenz oder Rom der Renaissance, das Chaos streift; die Menschen dürfen nicht das Gefühl haben, der Tod oder der Steuervogt lauere hinter jeder Straßenbiegung auf sie. Ferner braucht es eine gemeinsame Sprache als Mittel des geistigen Austausches. Weiterhin muss die Kirche, die Familie, die Schule oder sonst irgendeine Instanz einen allgemeinen Moralkodex, eine Reihe von Spielregeln aufstellen, die für das sittliche Leben

11 Assimilierung/Assimilation: Angleichung eines Einzelnen oder einer Gruppe an eine andere Gruppe.

richtunggebend sind und sogar von denen anerkannt werden, die sie verletzen. Vielleicht muss es auch irgendeinen gemeinsamen Glauben geben, der die Moral mit einem höheren Impuls erfüllt und dem menschlichen Leben trotz seiner Vergänglichkeit Größe und Sinn verleiht. Schließlich ist irgendeine Art von Erziehung, irgendeine, wenn auch noch so primitive Methode zur Überlieferung des kulturellen Bestandes notwendig. Der Vater oder die Mutter, die Lehrer oder die Priester müssen den Kindern auf irgendeine Weise, sei es durch ihr Beispiel, sei es durch Belehrung oder Einweihung die angesammelte Erfahrung, das kulturelle Erbe des Stammes – seine Sprache und seine Kenntnisse, seine Moral und Lebensart, Technik und Kunst – als das wahre Werkzeug ihrer Menschwerdung übermitteln.

Das Verschwinden dieser Bedingungen – manchmal auch nur einer einzigen – kann eine Kultur zugrunde richten. Eine geologische Katastrophe oder eine einschneidende klimatische Veränderung; eine grassierende Epidemie wie die, welche unter den Antoninen[12] die Hälfte der Bevölkerung des römischen Kaiserreiches ausrottete, oder wie der Schwarze Tod[13], der dazu beigetragen hat, den Feudalismus[14] zu beseitigen; die Erschöpfung des Bodens und der Ruin der Landwirtschaft infolge übermäßiger Beanspruchung durch die Städte, welche die Versorgung der Bevölkerung mit Nahrungsmitteln von den Lieferungen des Auslandes abhängig macht und sie dadurch gefährdet; das Versiegen von natürlichen Reichtümern, seien es Brennmaterialien oder Rohstoffe; eine Verlegung der Handelsrouten, die eine Nation von den Hauptstraßen des Welthandels auf eine Nebenstraße verweist; der geistige oder moralische Verfall, den das Stadtleben mit seinen Spannungen und Versuchungen, dem engen Aufeinander der Menschen, der Zerrüttung der herkömmlichen Ordnung nach sich zieht; die Schwächung der Volkskraft durch sexuelle Liederlichkeit oder durch eine epikureische[15], pessimistische oder quietistische[16] Philosophie; der Verfall der Führerschicht infolge Unfruchtbarkeit der Tüchtigsten; die relativ kleine Zahl der Familien, die imstande sind das kulturelle Erbe der Rasse in seiner Gesamtheit weiterzugeben; eine ungesunde, zu Klassenkämpfen führende Konzentration des Reichtums, verheerende Revolutionen, finanzielle Erschöpfung: Diese und manche andere Ursachen können den Untergang einer Kultur herbeiführen. Denn Kultur ist nicht etwas Angeborenes oder Unvergängliches; sie muss von jeder Generation neu erobert werden und jeder ernstliche Bruch der Kontinuität kann ihr Schicksal besiegeln. Der Mensch unterscheidet sich vom Tier nur durch die Erziehung und diese ist im Grunde genommen die Technik der Überlieferung des kulturellen Erbes.

Die Kulturen sind die Generationen der Kollektivseele[17]. Wie zuerst die Fürsorge für die Familie, später die Kunst des Schreibens die Generationen miteinander verband und eine Tradition schuf, so können in unserer Zeit die Druckerpresse, die Handelsbeziehungen und die internationalen Verkehrswege die heutigen Kulturen miteinander verbinden und künftigen Zeiten alles das, was die Gegenwart für sie Wertvolles enthält, bewahren. Wir wollen, ehe wir sterben, unser Erbe sammeln und es unseren Kindern darbringen.

12 Antoninen: römische Kaiser im zweiten Jahrhundert nach Christus mit dem Namen »Antoninus«.

13 Schwarzer Tod: mittelalterliche Bezeichnung für die Pest.

14 Feudalismus: eine vor allem im Mittelalter verbreitete soziale, politische und wirtschaftliche Ordnung, in der eine adlige Oberschicht von Grundbesitzern die Herrschaft über leibeigene Bauern ausübt.

15 epikureisch/Epikureismus: die nach dem Griechen Epikur (341–271 v. Chr.) benannte philosophische Einstellung, die in Genuss und Freude das glückliche, sinnerfüllte Leben sieht.

16 quietistisch/Quietismus: eine religiös-philosophische Grundhaltung, die durch Weltabgewandtheit, Tatenlosigkeit und Unterdrückung aller Triebe und Wünsche gekennzeichnet ist.

17 Kollektivseele (hier): die einer Gruppe von Menschen gemeinsamen Gefühle und Ideen.

V 2: Jürgen Habermas: Der Mensch wird erst, was er ist

Jürgen Habermas gilt inzwischen als der renommierteste lebende deutschsprachige Philosoph und Soziologe. Ursprünglich dem Umkreis der neomarxistischen Frankfurter Schule zugehörig, wurde er seit den 70er Jahren zum wichtigsten Vertreter einer Neubegründung der Ethik in Deutschland. Auch in öffentliche politische Diskussionen hat sich Habermas immer wieder eingeschaltet.
In seinen frühen Schriften wandte sich Habermas gegen die Ansicht, Wissenschaft könne wertfrei, als reine Theorie und ohne moralisches Fundament betrieben werden. In diesem Sinne trat er in dem berühmten »Positivismusstreit« Ende der 60er Jahre gegen Karl Popper und den Kritischen Rationalismus auf. Jede Theorie hat nach Habermas eine gesellschaftliche Funktion und steht im Dienst gesellschaftlicher Interessen. In einer zweiten Phase seines Schaffens bemühte sich Habermas in der Tradition Kants und der Aufklärung darum, die Geltung moralischer Grundregeln wie z. B. das Wahrheitsgebot und das Gebot sich gegenseitig als gleichberechtigte Personen zu respektieren in einem neuen Modell zu begründen. In der sogenannten »Diskursethik« vertritt er die These, dass in den Regeln einer »herrschaftsfreien« Kommunikation zwischen Menschen, in sprachlichen »Diskursen« die Anerkennung der moralischen Grundregeln bereits enthalten ist.
Jürgen Habermas wurde 1929 in Düsseldorf geboren. In den 50er Jahren war er Assistent bei Max Horkheimer, dem Mitbegründer der »Frankfurter Schule«. Ab 1961 hatte er Lehrstühle in Heidelberg und Frankfurt/M. inne, von 1971 bis 1983 war er Direktor am Max Planck Institut Starnberg. Seitdem lehrt Habermas wieder in Frankfurt. Als seine Hauptwerke gelten Erkenntnis und Interesse *(1968) und* Theorie des kommunikativen Handelns *(1981).*
Der Textauszug ist dem Artikel »Philosophische Anthropologie« (1958) entnommen, der als Beitrag zu einem philosophischen Lexikon entstanden ist.

Es gibt unter Menschen keine Bewegung, kein Verhalten, genau genommen nicht einmal einen Ausdruck, der »natürlich« ist. Immer schießt in sein Gebaren etwas von dem ein, was der Mensch nicht von Natur aus schon ist, wozu er sich selber vielmehr erst macht. Die »Natur« des Menschen, das, was als menschlich gilt, ist nicht einfach »gegeben« wie die Natur von Dingen oder Lebewesen. Sie begegnet als eine »Bestimmung« in des Wortes doppelter Bedeutung: sie beansprucht sehr wohl Objektivität, ist dem Belieben des Menschen entzogen; und doch bedarf sie der Subjekte, ihrer Anstrengung und ihrer Einsicht, um wirklich zu werden. Das, was am Menschen den Menschen ausmacht, Humanität, hat diesen doppelten Charakter: dem Menschen selbst in die Hand gegeben, zugleich gegeben und aufgegeben zu sein. [...]

Damit hängt am Ende eine Schwierigkeit zusammen, die den Rahmen der Anthropologie sprengt: »den« Menschen gibt es sowenig wie »die« Sprache. Weil Menschen sich erst zu dem machen, was sie sind, und das, den Umständen nach, je auf eine andere Weise, gibt es sehr wohl Gesellschaften oder Kulturen, über die sich, wie über Pflanzenarten oder Tiergattungen, allgemeine Aussagen machen lassen; aber nicht über »den« Menschen. [...]

Die Menschen leben und handeln nur in den konkreten Lebenswelten je ihrer Gesellschaft, niemals in »der« Welt. Die Sprache der Gauchos[1] kennt mehrere hundert Wörter für Pferde und das, was im Umgang mit ihnen bedeutsam ist, aber nur vier Pflanzennamen: ihr Weltbild entspricht den Formen, in denen sie ihr Leben reproduzieren. Was ihre Umwelt von

1 Gaucho: argentinischer Cowboy.

Salvador Dali, Geopolitisches Kind beobachtet die Geburt des neuen Menschen, 1943

der des oben erwähnten Zeckenweibchens[2] unterscheidet, ist freilich wesentlich: die Menschen können im Prinzip ihre Lebenswelt überschreiten, sie können sie erweitern und in andere Welten übersetzen (eine Fähigkeit, die erst mit dem Aufkommen der historischen Wissenschaften im 19. Jh. *systematisch* ausgebildet wird); aber sie können sie nicht eigentlich ausstreichen oder einklammern, solange aus ihnen Motive fürs Handeln gezogen werden.

Die Menschen leben in einer eigentümlichen Verschränkung von Umweltbindung und Weltoffenheit. Das eine oder andere, für sich genommen, träfe nur für Tiere oder Engel zu; der Mensch aber steht zwischen beiden. Die Lebenswelt der Menschen ist gewiss einseitig in ihren Interessen und beschränkt in den Perspektiven, aber sie ist niemals eine nur natürliche, sondern stets auch eine künstlich stilisierte. Was hier mit dem dialektischen Verhältnis[3] von Umweltverhaftung und Weltoffenheit, der Immanenz und Transzendenz[4] des gesellschaftlichen Lebenszusammenhangs, der Lebenswelten, formal angezeigt wird, ist noch einmal die Tatsache: dass der Mensch Geschichte hat und geschichtlich erst wird, was er ist. Eine beunruhigende Tatsache für eine Anthropologie, die es mit der »Natur« des Menschen, mit dem, was allen Menschen jederzeit gemeinsam ist, zu tun hat. Lebten die Menschen wie Tiere in erbfest montierten Umwelten, gäbe es keine Geschichte; lebten sie in ein und derselben Welt, Engeln gleich, gäbe es wiederum keine Geschichte. In beiden Fällen wären unveränderliche Strukturen festzustellen, ein Katalog anthropologischer Konstanten[5]. So aber verhält es sich nicht.

2 oben erwähntes Zeckenweibchen: An einer früheren Stelle des Textes erwähnt Habermas das Zeckenweibchen als Beispiel für ein Lebewesen, das in »einem artspezifischen, unzerbrechbaren Umweltgehäuse« lebt und die Welt selektiv über nur drei Sinne wahrnimmt.

3 dialektisches Verhältnis (hier): Verhältnis von wechselseitiger Beeinflussung.

4 Immanenz und Transzendenz des gesellschaftlichen Lebenszusammenhangs (hier): der innere Zusammenhalt und die Veränderbarkeit gesellschaftlicher Bindungen.

5 anthropologische Konstanten: dem Menschen von Natur eigene, feststehende Merkmale.

V 3: Herbert Schnädelbach: Kulturkritik als Merkmal einer entwickelten Kultur

Herbert Schnädelbach wurde 1936 in Altenburg/Thüringen geboren und ist Professor für Philosophie an der Humboldt-Universität in Berlin. Seine Veröffentlichungen beschäftigen sich vor allem mit dem Begriff und der Geschichte der Philosophie, u. a. mit dem Werk G. W. F. Hegels. 1983 veröffentlichte er sein viel beachtetes Buch über Philosophie in Deutschland 1831–1933.
Der Textauszug ist dem Beitrag »Kultur« entnommen, den Schnädelbach für die von ihm selbst und von E. Mertens herausgegebene zweibändige Einführung Philosophie. Ein Grundkurs *(1985) geschrieben hat.*

Wenn es ... einen inneren Zusammenhang gibt zwischen Kulturkritik und kritisierter Kultur, liegt die Frage nahe, ob nicht auch umgekehrt Kultur und Kulturkritik zusammengehören derart, dass kritiklose Kultur dasselbe wie Unkultur oder Barbarei wäre. Entscheiden lässt sich dies nicht allein auf der begrifflichen Ebene; doch ist zunächst daran zu erinnern, dass »Kritik« ja nicht einfach dasselbe ist wie Ablehnen, Schlechtmachen, Zurückweisen, sondern seinem Wortsinn nach (griech. *krineîn*) »Unterscheiden« meint und dann ein Beurteilen anhand von ausweisbaren Kriterien. (So etwa unterscheiden wir Kritik von bloßer Nörgelei.) Kulturkritik in diesem Sinne hat es nicht immer gegeben, solange es Kultur gibt, sondern erst als die Menschen ihre Lebenswelt von der Natur unterscheiden lernten, konnten sie die Kultur überhaupt zum Thema machen und sich dann kritisch darauf beziehen. (Wer kritisiert schon die Natur?) So kann man die These wagen, dass nur in Kulturen, die einen Begriff von sich als Kultur haben und in diesem Sinne *reflexiv*[1] geworden sind, ein innerer, nicht bloß zufälliger Zusammenhang zwischen Kultur und Kulturkritik besteht. Vorformen dieses Reflexivwerdens finden wir im Mythos: etwa in der Geschichte vom Sündenfall[2], derzufolge es im Paradies Kultur nicht gibt, sondern die Mühe und Arbeit als Strafe für die Sünde ist und gleichzeitig die begrenzte Autonomie[3] anzeigt, die die Menschen gegenüber Gott und bloßer Natur gewonnen haben; auch an die griechischen Mythen vom göttlichen Ursprung der Kultur ist hier zu denken, die sie über das Naturhafte heraushebt. Explizit reflexiv wird in unserem Kulturkreis die Kultur in der Sophistik[4], die den damaligen Kulturkonservativen[5] deswegen als zersetzend und gefährlich erschien, weil sie ständig das Traditionelle und vermeintlich Natürliche (griech. *phýsei* – von Natur aus) daraufhin befragte, ob es nicht doch von Menschen gemacht, d. h. kulturell erzeugt sei (griech. *thései, nómo* – durch Setzung, Gesetz). Das »Gefährliche« lag in dem Legitimationsentzug, der aus solchen Nachweisen zu entstehen drohte. (Wir führen heute noch ähnliche Debatten, etwa wenn wir uns über die Angeborenheit oder das soziale Erzeugtsein von Intelligenz, Aggression, Geschlechterrollenverhalten usf. streiten.) Die Basis von Kulturkritik überhaupt ist somit die Unterscheidung zwischen Natur und Kultur, die das Kulturelle allererst intellektuell verfügbar macht und dadurch zugleich einen inneren Zusammenhang zwischen Kultur und Kulturkritik stiftet.

1 reflexiv sein (hier): ein Bewusstsein von sich selbst haben, über die eigene Rolle nachdenken.
2 Geschichte vom Sündenfall: Die im Alten Testament der Bibel erzählte Geschichte der ersten Menschen Adam und Eva im Paradiesgarten, die der Versuchung des Bösen nachgeben und von Gott abfallen.
3 Autonomie: Selbständigkeit, Unabhängigkeit.
4 Sophistik: aufklärerische philosophische Strömung im frühen Griechenland, die die Autorität der Götter anzweifelte und die Kultur als Werk des Menschen ansah.
5 Kulturkonservative: diejenigen, die an den traditionellen Werten einer jeweiligen Kultur festhalten wollen.

Kulturkritik ist der unvermeidliche und unabschließbare Begleitdiskurs reflexiv gewordener Kulturen. [...] Ist Kultur *als* Kultur zum Bewusstsein gekommen, gehört sie als von Menschen gemachte zum Bereich dessen, was die Menschen selbst zu verantworten und zu beurteilen haben, und der Diskurs darüber ist der kulturkritische Diskurs. [...] Die Crux[6] der Sache ist, dass die Kriterien und Maßstäbe der Kulturkritik in ihr stets mit zur Debatte stehen, woraus folgt: *Kulturkritik* ist immer auch und zugleich *Kritik der Kulturkritik*, d.h. selbst reflexiv. [...]

Auch prämoderne[7] Kulturen kennen Kulturkritik – man denke an die alttestamentarischen Propheten[8] oder Laotse[9]; deswegen macht die Tatsache der Reflexivität noch nicht die Modernität von Kultur aus. Modern sind Kulturen erst dann, wenn sich die Kulturkritik in ihr nicht mehr an mythischen, religiösen oder bloß traditionellen Autoritäten orientiert, sondern das Bewusstsein gewonnen hat, dass die Kriterien, Maßstäbe und Normen, denen sie folgt, im kulturkritischen Diskurs selbst gerechtfertigt werden müssen; moderne Kulturen sind solche, die ihre Normativität[10] »aus sich selbst schöpfen« müssen. Durch dieses Merkmal des Vollständig-reflexiv-Gewordenseins unterscheidet sich moderne Kulturkritik von früheren Formen; wie alle Kulturkritik ist auch sie ein Element der »Mühe und Arbeit«, die alle Kultur nun einmal kostet. Als notwendiger Bestandteil von moderner Kultur aber ist sie nicht die Kulturzerstörung, die die Kulturkonservativen befürchten, sondern das Umgekehrte gilt: Das gewaltsame Stillstehen von Kulturkritik, das alle totalitären Systeme[11] versuchen, ist das Ende der modernen Kultur. Dies zeigt, dass die Faszination des Totalitären etwas zu tun hat mit der Verheißung, uns endlich und mit einem Streich von den Mühen und Lasten der Kulturkritik zu befreien. Wir können uns nur dadurch zur Modernität bekennen, dass wir solche »Entlastung« zurückweisen; so ist es letztlich unser eigenes kulturelles Selbstverständnis, das uns den inneren Zusammenhang zwischen Kultur [...] und Kulturkritik als unauflösbar erscheinen lässt.

6 Crux: wörtl. »Kreuz«, die eigentliche Schwierigkeit, das eigentliche Problem.
7 prämoderne Kulturen: vormoderne Kulturen, d.h. Kulturen, die entweder im zeitlichen Sinn oder vom Stand der Entwicklung her noch nicht auf dem Stand der Moderne sind.
8 alttestamentarische Propheten: im Alten Testament der Bibel auftretende Verkünder und Interpreten Gottes, die das jüdische Volk vor Verfehlungen und der Abkehr von Gott warnten.
9 Laotse: auch »Lao-tse« oder »Lao-tzu« (ca. 6. Jh. v.Chr.), chinesischer Philosoph, Verfasser des *Tao-Te-King* und Begründer des Taoismus.
10 Normativität (hier): Festlegung und Begründung von Regeln, denen eine Gesellschaft und Kultur folgt.
11 totalitäre Systeme: Diktaturen, die eine Einheitsmeinung propagieren, eine »totale«, umfassende Kontrolle und Zensur aller kulturellen Äußerungen anstreben und jede Kritik unterbinden.

FORUM

Zur Texterschließung

1 | Welche Bedingungen müssen nach Durant vorliegen, damit Kultur entstehen kann?
2 | Erklären Sie, mit Hinweis auf den Text von Durant, den Ursprung der Begriffe »Kultur« und »Zivilisation«!
3 | Nennen Sie einige der von Durant erwähnten Faktoren, die in der Vergangenheit zum Verschwinden einer Kultur geführt haben.
4 | Was unterscheidet nach Habermas die »Natur« des Menschen von der Natur anderer Dinge und Lebewesen?
5 | Erläutern Sie die These von Habermas (Zeile 16 f.): »Die Menschen leben und handeln nur in den konkreten Lebenswelten je ihrer Gesellschaft, niemals in ›der‹ Welt.«
6 | Wodurch unterscheidet sich der Mensch nach Habermas sowohl von Engeln als auch von Tieren?
7 | Welches ist nach Schnädelbach die Voraussetzung dafür, dass eine Kultur Kulturkritik hervorbringt?
8 | Welches Beispiel für eine frühe Kulturkritik in der europäischen Geistesgeschichte erwähnt Schnädelbach? Worauf richteten sich die Fragen dieser Kulturkritiker? Warum wurde diese Kritik als »zersetzend« empfunden?
9 | Welche Merkmale muss nach Schnädelbach eine Kulturkritik aufweisen, damit man von der »Modernität« einer Kultur sprechen kann?

Kultur und ihre Kritik – Zur Diskussion

1 | Kommentieren Sie die These Durants in Zeile 56 f.: »Die Kultur ist nicht rassegebunden. Sie kann auf jedem Erdteil und in jeder Farbe erscheinen.« Versuchen Sie diese These durch Beispiele aus der Geschichte zu belegen!
2 | Der Philosoph Jean-Jacques Rousseau (1712–1778) forderte im 18. Jahrhundert eine Abkehr von den Irrwegen der Kultur und Zivilisation mit dem Aufruf: »Zurück zur Natur!« Wie könnte ein solches »natürliches« Leben der Menschen Ihrer Meinung nach aussehen? Konfrontieren Sie die Forderung Rousseaus mit der These von Habermas in Zeile 1 f.: »Es gibt unter Menschen keine Bewegung, kein Verhalten, genau genommen nicht einmal einen Ausdruck, der ›natürlich‹ ist.« Welcher der beiden Positionen stimmen Sie zu? Begründen Sie Ihre Meinung! Gibt es einen Mittelweg und wie könnte er aussehen?
3 | Interpretieren Sie die Forderung Rousseaus im Licht der Aussagen, die Schnädelbach über die Rolle der Kulturkritik in einer entwickelten Kultur macht!
4 | In seinem Roman »Riddley Walker« beschreibt der amerikanische Schriftsteller Russell Hoban (* 1925) den Rückfall von Menschen in eine primitive Kultur nach einem Atomkrieg. Versuchen Sie selbst sich eine solche Szenerie auszumalen! Welche kulturellen Errungenschaften würden Ihrer Meinung nach einem Atomkrieg überleben und welche nicht? Welche Art von Staat, Wissenschaft, Wirtschaftssystem, Religion und Kunst würde es dann noch geben?
5 | Nennen Sie Beispiele, wo Völker von hoher Kultur in die Barbarei zurückgefallen sind. Welche Gründe waren Ihrer Meinung nach dafür ausschlaggebend?
6 | Erklären Sie die umgangssprachliche Wendung vom sogenannten »Kulturvolk«! Wie passt sie mit der Definition von Kultur zusammen, die Durant gibt? Wo sind die Gemeinsamkeiten und wo die Widersprüche?

V 4: Aristoteles: Der Mensch als gesellschaftliches Lebewesen

Aristoteles ist einer der einflussreichsten Philosophen und Wissenschaftler aller Zeiten. Sein Einfluss gründet sich nicht nur auf seine Lehren, sondern auch darauf, dass er als Erster verschiedene philosophische Disziplinen wie Logik, Metaphysik, Naturphilosophie, Ethik und Politische Philosophie unterschieden und getrennt behandelt hat. Darüber hinaus hat er die philosophische Fachsprache bis heute entscheidend geprägt und ist durch seinen Stil sachlicher Analyse zum Vorbild wissenschaftlichen Denkens geworden. Auch naturwissenschaftliche Disziplinen wie Zoologie und Botanik sind von ihm begründet worden. Seine theoretische Philosophie gipfelt in einem teleologischen Weltbild, d.h. in der Annahme, dass alle Naturprozesse ebenso auf Ziele angelegt sind wie ein Keim auf seine Entfaltung zur reifen Pflanze. Auch die kosmische Entwicklung befindet sich nach Aristoteles in Annäherung an einen Zustand höchster Vollkommenheit. Das teleologische Denken prägte nicht nur das Weltbild, sondern auch das Menschenbild des Aristoteles. In seiner Ethik vertritt er die Auffassung, dass menschliche Tugend in der Ausbildung und Herrschaft der Vernunft über die Triebe besteht und dass darin zugleich Selbstverwirklichung und höchstes Glück des Menschen liegt. Seine Staatsphilosophie, die sich mit der zweckmäßigen Organisation des Staats zum Wohl und zur Versittlichung der Bürger befasst, geht von dem Gedanken aus, dass der Mensch ein »zoon politikon« ist, d.h. ein gesellschaftliches Lebewesen, das sich nur in der Gesellschaft entfalten kann.
Aristoteles wurde 384 v.Chr. in Stagira (im heutigen nordgriechischen Mazedonien) als Sohn eines Arztes geboren. Im Alter von 18 Jahren kam er nach Athen und wurde für 20 Jahre Schüler an der berühmten Philosophenschule Platons, der Akademie. Nach Platons Tod im Jahre 347 v.Chr. verließ er die Akademie und wurde für einige Jahre Lehrer des späteren Alexander des Großen. Danach kehrte er nach Athen zurück und gründete seine eigene Schule, die (nach dem griechischen Wort »peripatoi« = Wandelgänge) als die »peripatetische Schule« bezeichnet wurde, vermutlich weil Aristoteles beim Lehren in den Gängen der Schule auf und ab zu gehen liebte. Nach Alexanders Tod im Jahre 323 v.Chr. verließ Aristoteles wegen politischer Anfeindungen Athen und starb im folgenden Jahr auf Euböa.
Der Textauszug stammt aus Aristoteles' Schrift Politik *und erläutert seine Grundthese vom Menschen als gesellschaftlichem Lebewesen.*

Daraus ergibt sich, dass der Staat zu den naturgemäßen Gebilden gehört und dass der Mensch von Natur ein Staaten bildendes Lebewesen ist; derjenige, der aufgrund seiner Natur und nicht bloß aus Zufall außerhalb des Staates lebt, ist entweder schlecht oder höher als der Mensch; so etwa der von Homer[1] beschimpfte: »ohne Geschlecht, ohne Gesetz und ohne Herd«. Denn dieser ist von Natur ein solcher und gleichzeitig gierig nach Krieg, da er unverbunden dasteht, wie man im Brettspiel[2] sagt.

Dass ferner der Mensch in höherem Grade ein Staaten bildendes Lebewesen ist als jede Biene oder irgendein Herdentier, ist klar. Denn die Natur macht, wie wir behaupten, nichts vergebens. Der Mensch ist aber das einzige Lebewesen, das Sprache besitzt. Die Stimme zeigt Schmerz und Lust an und ist darum auch den andern Lebewesen eigen (denn bis zu diesem Punkte ist ihre Natur gelangt, dass sie Schmerz und Lust wahrnehmen und dies

1 Homer: die erste bekannte griechische Dichterfigur (etwa 8 Jh. v.Chr.), die als Verfasser der Heldenepen *Ilias* und *Odyssee* gilt.

2 Brettspiel: Art und Regeln des Brettspiels sind unbekannt.

einander anzeigen können); die Sprache dagegen dient dazu, das Nützliche und Schädliche mitzuteilen und so auch das Gerechte und Ungerechte. Dies ist nämlich im Gegensatz zu den andern Lebewesen dem Menschen eigentümlich, dass er allein die Wahrnehmung des Guten und Schlechten, des Gerechten und Ungerechten und so weiter besitzt. Die Gemeinschaft in diesen Dingen schafft das Haus und den Staat.

Der Staat ist denn auch von Natur ursprünglicher als das Haus oder jeder Einzelne von uns. Denn das Ganze muss ursprünglicher sein als der Teil. Wenn man nämlich das Ganze wegnimmt, so gibt es auch keinen Fuß oder keine Hand, außer dem Namen nach, wie etwa eine Hand aus Stein; nur in diesem Sinn wird eine tote Hand noch eine Hand sein. In Wahrheit ist alles bestimmt durch seine besondere Leistung und Fähigkeit, und wenn es diese nicht mehr besitzt, kann es auch nicht mehr als dasselbe Ding bezeichnet werden außer dem bloßen Namen nach.

Dass also der Staat von Natur ist und ursprünglicher als der Einzelne, ist klar. Sofern nämlich der Einzelne nicht autark[3] für sich zu leben vermag, so wird er sich verhalten wie auch sonst ein Teil zu einem Ganzen. Wer aber nicht in Gemeinschaft leben kann oder in seiner Autarkie ihrer nicht bedarf, der ist kein Teil des Staates, sondern ein wildes Tier oder Gott.

Alle Menschen haben also von Natur den Drang zu einer solchen Gemeinschaft, und wer sie als Erster aufgebaut hat, ist ein Schöpfer größter Güter. Wie nämlich der Mensch, wenn er vollendet ist, das beste der Lebewesen ist, so ist er abgetrennt von Gesetz und Recht das schlechteste von allen. Das Schlimmste ist die bewaffnete Ungerechtigkeit. Der Mensch besitzt von Natur als Waffen die Klugheit und Tüchtigkeit und gerade sie kann man am allermeisten in verkehrtem Sinne gebrauchen. Darum ist der Mensch ohne Tugend das gottloseste und wildeste aller Wesen und in Liebeslust und Essgier das schlimmste. Die Gerechtigkeit dagegen ist der staatlichen Gemeinschaft eigen. Denn das Recht ist die Ordnung der staatlichen Gemeinschaft und die Gerechtigkeit urteilt darüber, was gerecht sei.

V 5: Arthur Schopenhauer: Die Stachelschweine

Arthur Schopenhauer gehört mit seinem pessimistischen Menschenbild, das die Macht des Triebhaften und Unbewussten betont, zu den einflussreichsten Denkern der Moderne. Nach Schopenhauer ist das innere Wesen von Natur und Mensch, gleichsam die Energie, die alles in Gang hält, ein blinder, unvernünftiger, großenteils unbewusster Lebenswille. Der Mensch wird daher wie alle Lebewesen primär durch Selbsterhaltungs- und Sexualtrieb gesteuert. Der Egoismus des Lebenswillens führt dazu, dass Mensch und Natur, aber auch Mensch und Mensch stets in Streit miteinander liegen. Auch soziale Konflikte wurzeln in diesem egoistischen Lebenswillen. Leben heißt daher leiden, wie Schopenhauer mit ausdrücklichem Bezug auf den Buddhismus sagt. Für politische Utopien, die von einer ursprünglichen Güte des Menschen ausgehen, hat Schopenhauer nur Spott und Verachtung übrig. Aber auch sozialen Reformen, die auf die Überwindung oder Linderung menschlichen Leids abzielen, stand er skeptisch gegenüber. Erlösung vom Leiden vermag nach Schopenhauer vorübergehend die Kunst, dauerhaft jedoch nur ein selbstloses, enthaltsames Leben (»Willensverneinung«) zu gewähren.

3 autark: (wirtschaftlich) unabhängig.

Schopenhauer wurde am 22. Februar 1788 als Sohn einer reichen Kaufmannsfamilie in Danzig geboren. Auf Wunsch des Vaters begann er eine Kaufmannslehre, die er jedoch nach dem Tod des Vaters abbrach, um das Abitur nachzuholen und Philosophie und Naturwissenschaften zu studieren. Bereits 1818 trat er mit seinem Hauptwerk Die Welt als Wille und Vorstellung *hervor, das jedoch zunächst unbeachtet blieb. Als sein Versuch einer Universitätskarriere in Berlin gescheitert war, zog er sich 1833 als Privatgelehrter nach Frankfurt am Main zurück. Sein Ruhm begann 1851 mit seinem populärphilosophischen zweibändigen Werk* Parerga und Paralipomena, *worin auch die berühmten* Aphorismen zur Lebensweisheit *enthalten sind. Schopenhauer starb am 21. September 1860 in Frankfurt. Der Text aus dem zweiten Band der* Parerga und Paralipomena *liefert ein Gleichnis für die Grundsituation des Menschen in der Gesellschaft.*

Eine Gesellschaft Stachelschweine drängte sich, an einem kalten Wintertage, recht nahe zusammen, um, durch die gegenseitige Wärme, sich vor dem Erfrieren zu schützen. Jedoch bald empfanden sie die gegenseitigen Stacheln; welches sie dann wieder voneinander entfernte. Wann nun das Bedürfniss der Erwärmung sie wieder näher zusammen brachte, wiederholte sich jenes zweite Übel; so dass sie zwischen beiden Leiden hin- und hergeworfen wurden, bis sie eine mäßige Entfernung voneinander herausgefunden hatten, in der sie es am besten aushalten konnten. – So treibt das Bedürfnis der Gesellschaft, aus der Leere und Monotonie des eigenen Innern entsprungen, die Menschen zueinander; aber ihre vielen widerwärtigen Eigenschaften und unerträglichen Fehler stoßen sie wieder voneinander ab. Die mittlere Entfernung, die sie endlich herausfinden, und bei welcher ein Beisammenseyn bestehn kann, ist die Höflichkeit und feine Sitte. Dem, der sich nicht in dieser Entfernung hält, ruft man in England zu: *keep your distance!* [Wahren Sie den Abstand!] – Vermöge derselben wird zwar das Bedürfnis gegenseitiger Erwärmung nur unvollkommen befriedigt, dafür aber der Stich der Stacheln nicht empfunden. – Wer jedoch viel eigene, innere Wärme hat, bleibt lieber aus der Gesellschaft weg, um keine Beschwerde zu geben, noch zu empfangen.

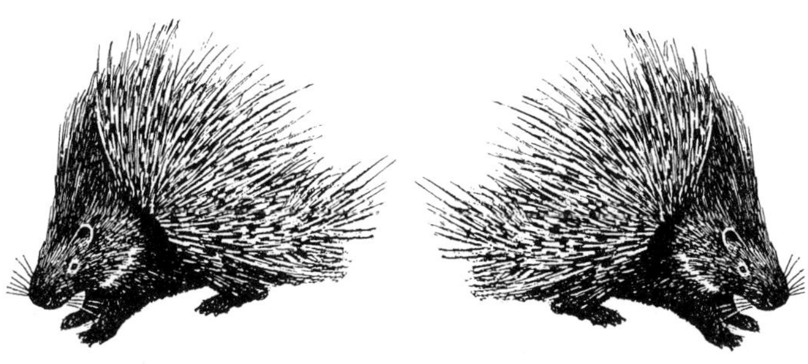

V 6: Otfried Höffe: Die Rolle der Menschenrechte für eine neue Anthropologie

Otfried Höffe, geboren 1943, ist seit 1992 Professor für Philosophie in Tübingen. Schwerpunkte seiner Arbeit sind Ethik, Rechtsphilosophie und politische Philosophie. Eines seiner wichtigsten Werke ist das 1992 erschienene Buch Politische Gerechtigkeit.
Der Textauszug ist dem Aufsatz »Sieben Thesen zur Anthropologie der Menschenrechte« entnommen, der in dem von Höffe selbst herausgegebenen Buch Der Mensch – ein politisches Tier. Essays zur politischen Anthropologie *(1992) abgedruckt ist.*

Dass für eine Neubewertung der Anthropologie die Menschenrechte noch keinen Anlass gegeben haben, ist eigentlich erstaunlich. Denn ihrer Grundidee nach stellen sie ein Rechtsinstitut[1] dar, das der politischen Kritik so gut wie vollständig entzogen ist. Die – wenigen – Kritiker sprechen zwar abschätzig von einer »Zivilreligion der Moderne«. Wahr ist, dass im Verlauf der Neuzeit die Menschenrechte nicht nur zum festen Bestandteil der politischen Ordnung werden, sondern auch zum Fokus[2] einer weithin anerkannten Rechts- und Staatsmoral; in den Menschenrechten vollendet sich das sittlich-politische Projekt der Moderne.

Den Menschen der Moderne definieren wir gern von der Naturwissenschaft und Technik her und zitieren dann das Descartes[3]-Wort von *maître et possesseur de la nature*[4]. Eine Anthropologie der Menschenrechte hält die Moderne für ein komplexeres Programm und stellt – als Kontrapunkt – den Menschen vor, sofern er im sittlich-politischen Projekt der Moderne zutage tritt. [...]

Nach dem klassischen Topos[5] der politischen Anthropologie, nach Aristoteles'[6] *physei politikon zoon*[7], bildet die Polis[8], das heißt auch: die spezifisch griechische Form eines Gemeinwesens, jenen Ort, an dem allein der Mensch ein gelungenes Leben realisieren könne. Die These von *Politik*[9] I,2 hat Aristoteles andernorts selbst relativiert, beispielsweise mit dem Gedanken eines *bios theoretikos*[10], also einer an sich selbst apolitischen Lebensform, die gleichwohl dem politischen Leben im Rang überlegen sei (*Nikomachische Ethik*[11], X,6–9). Eine gewisse Relativierung findet sich auch in der Lehre von der Freundschaft (Buch VIII), ferner (*Politik* I,2) in der Erwähnung der vorpolitischen Sozialformen, der Hausgemeinschaft und den Blutsbanden der Sippe *(kome)*.

In der Idee der Menschenrechte setzt sich die Relativierung fort. Selbst wenn der formale Kern in Aristoteles' Bestimmung zutrifft und die humanen Möglichkeiten erst in einem Gemeinwesen sich voll verwirklichen lassen, bleibt dessen Gestalt offen. [...]

1 Rechtsinstitut (hier): festgeschriebenes Regelwerk des Rechts.
2 Fokus: Brennpunkt.
3 René Descartes: französischer Philosoph (1596–1650), einer der Begründer der neuzeitlichen Philosophie.
4 *maître et possesseur de la nature*: (französisch) »Herr und Besitzer der Natur«.
5 topos (hier): These, grundlegende Behauptung.
6 Aristoteles: griechischer Philosoph (382–322 v.Chr.), der den Menschen als politisches, gesellschaftliches Wesen definierte.
7 physei politikon zoon: (griechisch) »ein von Natur aus gesellschaftliches Wesen«.
8 polis: der Stadtstaat im antiken Griechenland.
9 *Politik*: Titel des staatsphilosophischen Hauptwerks des griechischen Philosophen Aristoteles.
10 bios theoretikos: (griechisch) »ein theoretisches, kontemplatives Leben«.
11 *Nikomachische Ethik*: Titel des moralphilosophischen Hauptwerks des griechischen Philosophen Aristoteles.

Die Idee der Menschenrechte lässt zu, dass das »politische System« nicht mehr als Vor- und Rahmenbedingungen festlegt, während das wirkliche Humanum[12] andernorts zu suchen ist und dabei auf durchaus verschiedene Weise. (Dieser Sachverhalt ist Aristoteles zumindest nicht ganz fremd; die theoretische Existenz hält er nämlich nicht bloß für höherrangiger als die politische Existenz; er sagt auch, ihr Glück sei von dem der politischen Existenz abgesondert: *Nikomachische Ethik* X 8, 1178a 22.)

Der Kritik an jeder Fixierung des Menschen begegnet die Idee der Menschenrechte vor allem durch eine Abschwächung ihres anthropologischen Anspruchs. Nach Aristoteles gibt es ein *ergon tou anthropou*[13], eine für den Menschen charakteristische Fähigkeit. Wer sie, die Sprach- und Vernunftbegabung, zur vollen Aktualisierung bringe, wer entweder das Leben eines Wissenschaftlers und Philosophen oder ein sittlich-politisches Leben führe, der, aber auch nur der könne erreichen, was jeder Mensch wolle: ein gelungenes Leben, wir würden sagen: eine sinnerfüllte Existenz. Das Leitziel verfehle dagegen, wer lediglich den Genuss suche (*bios apolaustikos*[14]) oder wer sich jenem Leben verschreibe, in dem Max Weber[15] den Geist des Kapitalismus sehen wird: der lediglich auf Gelderwerb gerichteten Existenz (*bios chrematistes*[16]).

Die eigene Erfahrung sagt, was schon ein kurzer Blick in die Geschichte bestätigt: es gibt weit mehr Möglichkeiten im Leben Sinn zu finden. Für den religiösen Menschen ist es, wer allen irdischen Eitelkeiten entsagt: der Heilige; in der Neuzeit gewinnen an Bedeutung der Arzt, der Lehrer, der Ingenieur und vor allem der Künstler. Die Idee der Menschenrechte bleibt für all diese Möglichkeiten offen. Sie lässt sogar jene Lebensformen zu, die Aristoteles ausdrücklich ablehnt; soll der Mensch, bloß weil er Mensch ist, gewisse Rechte haben, dann stehen sie ebenso dem zu, der – aus welchen Gründen auch immer – ein sinnerfülltes Leben verfehlt.

Dort, wo es an Offenheit mangelt und erst der »humane« Mensch zählt, läuft man Gefahr, darauf zu verfallen, was in der Antike tatsächlich galt: den nicht so humanen Menschen werden elementare Rechte abgesprochen. Wer hinsichtlich der Vernunft- und Sprachbegabung ein grundsätzliches Defizit hat, pointiert gesprochen: der geistig Behinderte, ist nach Aristoteles *physei doulos*[17], von Natur und mit gutem Grund ein Mensch minderen Rechts: ein Sklave. Damit es dazu gerade nicht kommt, darf die Idee der Menschenrechte nicht bestimmte Formen der Selbstverwirklichung privilegieren; hinsichtlich des Humanum pflegt sie eine bewusste Unbestimmtheit. [...]

Scheinbar ein Mangel, ist die Unbestimmtheit tatsächlich ein Gewinn; gegen anspruchsvollere Definitionen des Menschen nicht indifferent, wohl offen, lässt sie den verschiedenen Kulturen und lässt sie innerhalb der verschiedenen Kulturen den Subkulturen und den Individuen das Recht auf Eigenart und Andersartigkeit. [...]

In der Idee der Menschenrechte gehen Bescheidenheit und Unbescheidenheit eine charakteristische Verbindung ein. Die Grenze aller Pluralität und Nonkonformität[18], die Annahme von übergeschichtlich gültigen, universalen Bedingungen des Menschseins, wird ergänzt um eine Bedingung für Pluralität und Nonkonformität, um den Verzicht auf einen

12 Humanum; wörtl. »das Menschliche«; hier: die menschliche Selbstverwirklichung.

13 ergon tou anthropou: (griechisch) »das Werk, die Schöpfung des Menschen«.

14 bios apolaustikos: (griechisch) »ein dem Genuss gewidmetes Leben«.

15 Max Weber: einer der Begründer der modernen Soziologie (1864–1920). Zu seinen Hauptwerken gehört die Abhandlung *Die protestantische Ethik und der Geist des Kapitalismus* (1905).

16 bios chrematistes: (griechisch) »ein dem Profit, dem Gelderwerb gewidmetes Leben«.

17 physei doulos: (griechisch) »von Natur aus ein Sklave«.

18 Nonkonformität: das Nichtangepasstsein an die gesellschaftlichen Regeln.

normativen Begriff des Humanum. Möglich wird diese Verbindung nur durch die Umkehrung des anthropologischen Blicks, durch eine Konversion[19] also, die durchaus den anspruchsvollen Titel einer kopernikanischen Revolution[20] der Anthropologie verdient. Statt den Menschen, wie seit der Antike üblich, von dem her zu definieren, was ihm Glück, Selbstverwirklichung oder eine sinnerfüllte Existenz erlaubt, verabschieden die Menschenrechte jeden teleologischen[21] bzw. normativen[22] Begriff.

FORUM

Zur Texterschließung

1 | Warum ist nach Aristoteles der Mensch noch mehr als jedes Tier ein gemeinschafts- und Staaten bildendes Wesen?
2 | Wie begründet Aristoteles seine These, dass der Staat als soziale Gemeinschaft ursprünglicher ist als z. B. die Hausgemeinschaft?
3 | Welchen Einfluss hat nach Aristoteles der Staat auf die Entwicklung des Menschen? Wie würde die Entwicklung ohne Staat verlaufen?
4 | Durch welche gegensätzlichen Bedürfnisse wird nach Schopenhauer das Verhältnis des Menschen zur Gesellschaft bestimmt?
5 | Worin besteht nach Schopenhauer die Bedeutung von Höflichkeit und Sitte?
6 | Welche Korrektur an den Menschenbildern von Descartes und Aristoteles ist nach Höffe durch die Idee der Menschenrechte notwendig? Worin sieht er die Gefahr einer zu engen Definition des Menschen?
7 | Inwieweit begrenzen die Menschenrechte nach Höffe die Möglichkeiten menschlicher Selbstverwirklichung und inwieweit lassen sie diese Möglichkeiten offen?
8 | Welche anderen Möglichkeiten, außerhalb der staatlichen Gemeinschaft, gibt es nach Höffe für den Menschen seinem Leben einen Sinn zu geben?

Der gesellige und ungesellige Mensch – Zur Diskussion

1 | Für Aristoteles ist der Staat gleichbedeutend mit dem kleinen, überschaubaren griechischen Stadtstaat der Antike (= *polis*). Inwieweit trifft Ihrer Meinung nach die These, dass der Mensch von Natur ein Staaten bildendes Wesen ist, auch auf die modernen großen Flächenstaaten zu?
2 | In dem Roman *Robinson Crusoe* (1719) des englischen Schriftstellers Daniel Defoe (1660–1731) strandet Robinson als Schiffbrüchiger auf einer einsamen Insel und baut sich dort ein neues Leben auf. Sein einziger Gefährte wird ein Einheimischer, den er »Freitag« tauft. Inwieweit bestätigt die Geschichte des Robinson Crusoe die These des Aristoteles, inwieweit widerspricht sie ihr?

19 Konversion: wörtl. »Umkehrung«.
20 kopernikanische Revolution: die von dem Astronomen Nikolaus Kopernikus (1473–1543) ausgelöste Veränderung des Weltbildes, nach dem sich nicht mehr die Sonne um die Erde, sondern die Erde um die Sonne dreht.
21 teleologisch: auf einen vorherbestimmten Zweck ausgerichtet.
22 normativ: eine Norm, eine Regel voraussetzend.

3 | Kommentieren Sie den Satz des Aristoteles in Zeile 35f.: »Die Gerechtigkeit ist der staatlichen Gemeinschaft eigen.« Nennen Sie im Gegensatz dazu Beispiele aus dem 20. Jahrhundert, wo der Staat nicht der Garant für Gerechtigkeit war, sondern Gerechtigkeit geradezu verhindert hat.

4 | Welche Arten von Gemeinschaft braucht Ihrer Meinung nach der Mensch, um ein erfülltes Leben führen zu können: Familie, Freundschaften, Gemeinschaft von Menschen gleicher Sprache und Kultur, Staat? Begründen Sie Ihre Meinung!

5 | Nennen Sie Belege aus Ihrer Erfahrung für Schopenhauers These, dass Menschen, wenn sie näher miteinander bekannt werden, wieder voneinander abgestoßen werden. Was ist Ihrer Meinung nach an dieser These richtig und was ist daran falsch? Nennen Sie Gegenbeispiele!

6 | In dem Drama *Geschlossene Gesellschaft* (1944) beschreibt Jean-Paul Sartre (1905–1980) das Leben in der Gesellschaft als von Grund auf konfliktbeladen, gipfelnd in dem Kernsatz: »Die Hölle, das sind die anderen.« Setzen Sie diese Auffassung in Beziehung zu den Ansichten von Aristoteles und Schopenhauer!

7 | Erläutern Sie die Begriffe »Individualismus« bzw. »Individualist« im Gegensatz zu den Begriffen »Kollektivismus« bzw. »Kollektivist«! Wo liegt Ihrer Meinung nach die Berechtigung des Individualismus einerseits und des Kollektivismus andererseits?

8 | Schauen Sie sich in Ihrer Familie, unter Ihren Freunden und Bekannten und in Ihrer Klasse um. Wie viele und welche verschiedenen Kulturen sind dort vertreten? Welche Art von Gemeinschaft gibt es zwischen diesen Menschen? Wo liegen die Probleme des Zusammenlebens?

9 | Der Politologe Samuel P. Huntington (1927–2008) spricht von einem »Kampf der Kulturen«, der sich im 21. Jahrhundert, so z.B. zwischen christlich-westlicher und islamischer Welt, abzeichnet. Welche Lösung bietet der Text von Höffe an, um einen solchen Konflikt zu vermeiden? Welche Schwierigkeiten stehen einer solchen Lösung entgegen?

Joseph Beuys, Mensch

INFOBOX

Der Mensch als Kultur- und Gesellschaftswesen in der Geschichte der Philosophie

Dass der Mensch nicht nur ein mit Organen und Trieben ausgestattetes Naturwesen ist, sondern zugleich durch Kultur und Gesellschaft geprägt wird, haben bereits Philosophen der Antike gesehen. Für die frühen griechischen Aufklärer, die *Sophisten*, ist der Mensch ein Wesen, das sich nicht nur seine lebensnotwendigen Güter wie Nahrung, Kleidung, Wohnung selbst herstellt, sondern das auch die Form seines sozialen Zusammenlebens selbst bestimmt (→ Info II, III). Der Bereich der Kultur wurde damit der Natur entgegengesetzt: Während die Natur vorgegeben und unveränderlich ist, ist Kultur Menschenwerk und daher veränderlich. Auf der Basis der Unterscheidung von Natur (»physei«) und Kultur (»thesei« = »Satzung«) entwickelten die Sophisten erstmals eine Kultur- und Gesellschaftskritik, indem sie den gesellschaftlichen Sitten ein einfaches, naturverbundenes Leben entgegensetzten.

Deutlicher als die Sophisten stellte *Aristoteles* (384–322 v. Chr.) die gesellschaftliche Bedingtheit des Menschen heraus. Nach Aristoteles ist das Leben in der Gemeinschaft für den Menschen keineswegs zufällig oder verzichtbar, vielmehr ist der Mensch ein gesellschaftliches Wesen (»zoon politikon«), d. h. ein Wesen, das zur vollen Entfaltung seiner Anlagen auf die Gemeinschaft ebenso angewiesen ist wie eine Pflanze auf Licht und Wasser. Die Gesellschaft ist daher der natürliche Bereich der menschlichen Selbstverwirklichung. Die Philosophie des christlichen Mittelalters, die die Lehren der Bibel mit der antiken Philosophie, insbesondere mit der Philosophie des Aristoteles, zu verbinden versuchte, sah die Bedeutung von Kultur und Gesellschaft für den Menschen ähnlich. So begriff *Thomas von Aquin* (1225–1274) den Menschen als ein auf die Gemeinschaft angewiesenes Lebewesen (»animal sociale«), das seine von Gott eingepflanzten Anlagen nur in der Gesellschaft verwirklichen kann.

In der Neuzeit wurde durch die Entdeckung neuer Länder und Völker der Blick stärker auf die kulturelle Bedingtheit des Menschen gelenkt. Angesichts der offenkundigen Verschiedenheit der Menschen anderer Völker, der sog. »Wilden«, gelangte man zu der Ansicht, dass der zivilisierte Mensch ein spätes Kulturprodukt ist. Man nahm also an, dass der Mensch von Natur aus barbarisch und grausam ist und erst durch Kultur domestiziert und zivilisiert worden ist. Vor allem in der Aufklärung und der Romantik wurde Kultur häufig als Teil der Geschichtsphilosophie diskutiert. Für den Italiener *Giambattista Vico* (1668–1744) war die Kultur, und nicht die Natur, das bevorzugte Erkenntnisobjekt des Menschen, da der Mensch das besser versteht, was er selbst hergestellt hat. Die Geschichte der Kultur einzelner Völker lässt sich nach Vico als regelmäßiger Kreislauf von Aufstieg, Blüte und Verfall beschreiben. Im Gegensatz dazu vertraten Aufklärer wie *Voltaire* (1694–1778) die Ansicht, dass die Kulturgeschichte ein mehr oder weniger geradliniger Prozess des Fortschritts von der Barbarei zu Zivilisation und Humanität ist. *Johann Gottfried Herder* (1744–1803) fragte nach den organischen Bedingungen dieses Fortschritts und behauptete, dass der Mensch, im Unterschied zum Tier, über unspezialisierte Sinnesorgane und schwache Instinkte verfügt und als Kompensation für diese Mängel Vernunft, Freiheit und Sprache erhalten hat, die ihn zum »ersten Freigelassenen der Natur« machen. Dass das Kulturwesen Mensch durch Freiheit ausgezeichnet ist, hat sodann vor allem *Immanuel Kant* (1724–1804) herausgestellt. Kultur ist für ihn der Zustand der Freiheit, in dem der Mensch sich von der Vormundschaft der natürlichen

Triebe befreit. Kant betrachtete den Fortschritt zu mehr Humanität nicht als geschichtlichen Automatismus, sondern als moralische Aufgabe des Menschen. Im Gegensatz dazu interpretierte *Georg Wilhelm Friedrich Hegel* (1770–1831) die Geschichte als unaufhaltsamen Fortschritt und den Menschen primär als Produkt der Kultur (→ Info III). Er begriff kulturelle Formen wie Moral und Recht, Familie und Schule als sog. »objektiven Geist«, da sie, obgleich ursprünglich von Menschen geschaffen, das Individuum wie eine fremde Macht beherrschen.

In der Aufklärung wurde freilich auch die kritische Auffassung entwickelt, dass die Kultur in erster Linie eine Behinderung menschlicher Selbstverwirklichung darstellt. *Jean-Jacques Rousseau* (1712–1778) vertrat die Ansicht, dass die ursprüngliche Natur des Menschen gut ist und erst durch Kultur verdorben wird. Indem er den Sittenverfall der zeitgenössischen Adelsgesellschaft, aber auch das einseitig intellektuelle Leben anprangerte und im Kontrast dazu das einfache, natürliche Leben pries, gab er dem romantischen Streben nach einer »Rückkehr zur Natur« entscheidende Impulse.

Dass bestimmte Formen der Kultur und Zivilisation die Entwicklung des Menschen eher behindern als fördern, ist auch ein zentraler Bestandteil im Denken von *Karl Marx* (1818–1883) am Beginn der Moderne. Marx gab der Auffassung vom Menschen als gesellschaftlichem Wesen eine eminent kritische Wendung. Nach seiner Ansicht wird der Mensch nicht nur durch die sozialen, insbesondere ökonomischen Verhältnisse wesentlich geprägt, sondern es gehört auch zum menschlichen Dasein in der Gesellschaft, dass der Mensch sein Leben durch Arbeit erhalten muss und sich dadurch selbst verwirklicht. Durch seine Analyse des Kapitalismus gelangte Marx schließlich zu der gesellschaftskritischen These, dass menschliche Selbstverwirklichung in der inhumanen Gesellschaft des Kapitalismus, anders als in der kommenden klassenlosen Gesellschaft, nicht möglich ist. Es gibt also nach Marx Gesellschaften, in denen Selbstverwirklichung möglich, und solche, in denen sie nicht möglich ist (→ Info I, II, III). Eine ganz andere, an der Evolutionstheorie Darwins orientierte kulturkritische Auffassung entwickelte *Friedrich Nietzsche* (1844–1900). Seine Grundidee war, dass Verstand und Geist des Menschen, obgleich sie ursprünglich Instrumente der Triebe und Instinkte waren, sich bei der Zivilisierung des Menschen verselbständigen und dadurch seine Lebensenergien untergraben. Daher befragte er kulturelle Erscheinungen nach ihrer Nützlichkeit für das Leben und Überleben des Menschen und gelangte zu einer scharfen Kritik der westlichen, christlich geprägten Kultur, die er als lebensfeindlich (»dekadent«) diagnostizierte und der er eine natürliche, die Instinkte und Triebe bejahende Moral, ja eine Haltung »jenseits von Gut und Böse«, gegenüberstellte (→ Info III).

Nietzsche und Marx sind die beiden wichtigsten Ausgangspunkte moderner Kulturkritik. Im Anschluss an Nietzsche entwickelte sich in der ersten Hälfte des 20. Jahrhunderts die lebensphilosophische Kulturkritik. *Ludwig Klages* (1872–1956) deutete Geist und Kultur schlicht als »Widersacher« des ursprünglichen, instinktiven Lebens, und *Georg Simmel* (1858–1918) sah die »Tragödie der Kultur« darin, dass der Mensch sich einerseits nur mit Hilfe (von ihm selbst geschaffener) kultureller Formen wie Recht, Moral und sozialer Institutionen ganz verwirklichen kann, dass aber andererseits diese Formen dazu tendieren, das Leben und seine Weiterentwicklung zu fesseln. Der Spanier *José Ortega y Gasset* (1883–1955) wird zwar der Lebensphilosophie zugerechnet, doch ist das Leben, dem Kultur dienen soll, für ihn gerade das geistig kultivierte Leben. Ortega sah im Massenzeitalter die Gefahr, dass der *Aufstand der Massen* (1929), wie der Titel seines Hauptwerkes lautet, zur Verflachung der Kultur, ja zum Rückfall in die Barbarei führen würde. Auch die Psychoanalyse *Sigmund Freuds* (1856–1939) (→ Info IV) enthält kulturkritische Überlegungen. Obwohl Kultur für Freud stets auf einem gewissen Maß von Triebverzicht beruht, äußerte er sich dennoch kritisch gegenüber einer Kultur, die die Triebe zulasten der seelischen Gesundheit völlig unterdrückt. Im Anschluss an Marx entwickelte die Frankfurter Schule eine einflussreiche Kultur- und Gesellschaftskritik. Ihre beiden Hauptvertreter *Max Horkheimer* (1895–1973) und *Theodor W. Adorno* (1903–1969) kritisierten das entfremdete Leben und die ungerechten Lebensverhältnisse in der modernen Industriegesellschaft, die es den Menschen nicht erlauben, ein selbstbestimmtes Leben zu führen (→ Info II).

Die Auffassung von Kultur aus dem natürlichen Bereich menschlicher Selbstverwirklichung wurde im 20. Jahrhundert in verschiedenen Kontexten vertreten. In deutlicher Abgrenzung zur Lebensphilosophie hat die von *Max Scheler* (1874–1928) begründete Philosophische Anthropologie (→ Info II, IV) versucht Kultur als natürliche Folge der geistigen Fähigkeiten des Menschen zu verstehen. *Helmut Plessner* (1892–1985) hat die natürliche Unfertigkeit des Menschen und die daraus folgende Notwendigkeit betont, dass der Mensch sich im Rahmen einer Kultur erst ganz verwirklichen muss, und *Arnold Gehlen* (1904–1976) stellte Kultur als notwendige Kompensation der natürlichen Mängel des Menschen heraus. Verschiedene Denker des 20. Jahrhunderts haben wie die Kulturphilosophen der Aufklärung und der Romantik die Betonung der Macht der Kultur über den Menschen mit geschichtsphilosophischen Konzepten verbunden. Nach *Oswald Spengler* (1880–1936) besteht die Weltgeschichte in einer Abfolge verschiedener, einander wesensfremder Kulturen, wobei jede Kultur demselben zyklischen Gesetz von Aufstieg, Blüte und Verfall unterliegt. Die Kultur des Abendlandes, d.h. die christlich geprägte europäische Kultur, befindet sich nach Spengler bereits in der Phase des schicksalhaften Untergangs. Auch *Arnold Joseph Toynbee* (1889–1975) sah die Entwicklung der Kulturen als Kreisläufe an, dennoch verstand er, anders als Spengler, Geschichte als Werk freier menschlicher Gestaltung. Der amerikanische Politologe *Samuel P. Huntington* (1927–2008) trat gegen Ende des 20. Jahrhunderts mit der Aufsehen erregenden These hervor, dass politische Konflikte nicht primär in ökonomischen oder nationalen Interessen wurzeln, sondern in kulturellen Eigenheiten. Er unterschied neben der westlich-christlichen Kultur sechs weitere Kulturkreise, deren Aufeinanderprall nach seiner Ansicht die politischen Konflikte des 21. Jahrhunderts ausmachen werden.

VI MIT LEIB UND SEELE – LEBEN ÜBER DEN TOD HINAUS?

Einführung

Wie alle Lebewesen, die wir kennen, ist der Mensch sterblich und hat nur eine begrenzte Lebensspanne. Doch der Mensch ist das einzige Lebewesen, das sich seiner Vergänglichkeit auch bewusst ist. Auch wenn wir nur »in den Tag hinein« leben und den eigenen Tod verdrängen, haben wir doch im Unterschied zu den Tieren ein Bewusstsein vom Vergehen der Zeit und bleiben uns unterschwellig unserer Endlichkeit bewusst.

Dieses Bewusstsein der Vergänglichkeit hat den Menschen immer wieder zu der Frage veranlasst, ob der leibliche Tod wirklich das Ende oder nur der Beginn einer neuen Existenz sei. Die Frage nach einem möglichen »Leben nach dem Tod« hat die Religion und die Philosophie seit ihren Anfängen beschäftigt. Gibt es ernst zu nehmende Hinweise auf ein solches Leben oder machen wir uns nur Illusionen und versäumen dabei, unser jetziges Leben richtig zu nutzen? Verschafft uns vielleicht die moderne Naturwissenschaft Möglichkeiten, die Vergänglichkeit des Lebens zu überwinden? Und wie kann man sich ein Leben nach dem Tod überhaupt vorstellen? Hat es Sinn, zwischen den zwei Welten eines »Diesseits« und eines »Jenseits«, d.h. einer »Transzendenz«, zu unterscheiden?

Solche Überlegungen führen auch immer zu der Frage, ob es im Menschen selbst etwas Unsterbliches, einen unvergänglichen Teil gibt. Da der Körper schon im Prozess des Alterns und nach dem Tod besonders augenfällig verfällt, hat man diesen Teil häufig im »Geist« oder in der »Seele« des Menschen gesehen. Redewendungen wie »der Geist ist willig, das Fleisch ist schwach« oder »Essen und Trinken hält Leib und Seele zusammen« zeigen, dass die Unterscheidung von Körper und Geist bzw. Leib und Seele zum alltäglichen Weltverständnis gehört. Wir unterscheiden ganz selbstverständlich zwischen körperlichen Prozessen wie Atmung, Herzschlag und Verdauung einerseits und seelischen Prozessen wie Denken, Fühlen und Wahrnehmen andererseits. Doch ebenso selbstverständlich nehmen wir an, dass körperliche und seelische Prozesse eng miteinander verbunden sind und sich gegenseitig beeinflussen. So verursacht der Gedanke an eine bevorstehende Prüfung bei vielen Menschen Herzklopfen und der übermäßige Genuss von Alkohol bewirkt bekanntlich eine Trübung des Bewusstseins.

Ausgehend von solchen alltäglichen Vorstellungen wird in der Philosophie die Frage nach dem wirklichen Verhältnis von Leib und Seele gestellt.

Edvard Munch, Am Totenbett, 1896

VI 1: René Descartes: Körper und Geist als zwei verschiedene Substanzen

Der Franzose René Descartes gilt als einer der Begründer der neuzeitlichen Philosophie. Die Suche nach einer sicheren Grundlage des menschlichen Wissens führte Descartes zu der Einsicht, dass nur die Existenz des denkenden, zweifelnden Ich selbst gewiss ist. »Ich denke, also bin ich« (»cogito ergo sum«) ist daher das erste Prinzip seiner Philosophie. Von der Gewissheit des erkennenden Ich ausgehend, versuchte er zu zeigen, dass Körper und Geist zwei völlig verschiedene Dinge (»Substanzen«) sind. Descartes erneuerte damit zugleich die Lehre von der Unsterblichkeit der Seele. Zu seinen wichtigsten Schriften zählen Abhandlung über die Methode *(1637),* Meditationen über die erste Philosophie *(1641) und* Prinzipien der Philosophie *(1644). Die Auseinandersetzung mit der Lehre Descartes' hat die Entwicklung der neuzeitlichen Philosophie entscheidend bestimmt. Descartes wurde 1596 in La Haye (Touraine) geboren, studierte Mathematik und Rechtswissenschaft und trat zunächst in militärische Dienste. Danach zog er sich als Privatgelehrter zurück und lebte seit 1628 an verschiedenen Orten in Holland. Er starb 1650 in Stockholm während eines Aufenthalts am Hof von Königin Christine von Schweden.*
Der folgende Text ist aus der Abhandlung über die Methode *und aus den* Meditationen *zusammengestellt.*

[...] Daraus also, dass ich weiß, ich existiere und dass ich inzwischen bemerke, dass durchaus nichts anderes zu meiner Natur oder Wesenheit gehöre, als allein, dass ich ein denkendes Ding bin, schließe ich mit Recht, dass meine Wesenheit allein darin besteht, dass ich ein denkendes Ding bin. Und wenngleich ich vielleicht – oder vielmehr gewiss, wie ich später auseinander setzen werde – einen Körper habe, der mit mir sehr eng verbunden ist, so ist doch – da ich ja einerseits eine klare und deutliche Idee meiner selbst habe, sofern ich nur ein denkendes, nicht ein ausgedehntes Ding bin, und andrerseits eine deutliche Idee vom Körper, sofern er nur ein ausgedehntes, nicht denkendes Ding ist – soviel gewiss, dass ich von meinem Körper wahrhaft verschieden bin und ohne ihn existieren kann.

[...] Nun bemerke ich hier erstlich, dass ein großer Unterschied zwischen Geist und Körper insofern vorhanden ist, als der Körper seiner Natur nach stets teilbar, der Geist hingegen durchaus unteilbar ist. Denn, in der Tat, wenn ich diesen betrachte, d.h. mich selbst, insofern ich nur ein denkendes Ding bin, so vermag ich in mir keine Teile zu unterscheiden, sondern erkenne mich als ein durchaus einheitliches und ganzes Ding. Und wenngleich der ganze Geist mit dem ganzen Körper verbunden zu sein scheint, so erkenne ich doch, dass, wenn man den Fuß oder den Arm oder irgendeinen anderen Teil des Körpers abschneidet, darum nichts vom Geiste weggenommen ist. Auch darf man nicht die Fähigkeiten des Wollens, Empfindens, Erkennens als seine Teile bezeichnen, ist es doch ein und derselbe Geist, der will, empfindet und erkennt. Im Gegenteil aber kann ich mir kein körperliches, d.h. ausgedehntes Ding denken, das ich nicht in Gedanken unschwer in Teile teilen und ebendadurch als teilbar erkennen könnte, und das allein würde hinreichen, mich zu lehren, dass der Geist vom Körper gänzlich verschieden ist, wenn ich es noch nicht anderswoher zu Genüge wüsste. [...]

An dieser Stelle besonders hatte ich eingehalten, um Folgendes deutlich zu machen: Wenn es Maschinen mit den Organen und der Gestalt eines Affen oder eines anderen vernunftlosen Tieres gäbe, so hätten wir gar kein Mittel, das uns nur den geringsten Unterschied erkennen ließe zwischen dem Mechanismus dieser Maschinen und dem Lebensprinzip dieser Tiere; gäbe es dagegen Maschinen, die unseren Leibern ähnelten und unsere Handlungen insoweit nachahmten, wie dies für Maschinen wahrscheinlich möglich ist, so hätten wir immer zwei ganz sichere Mittel zu der Erkenntnis, dass sie deswegen keineswegs wahre Menschen sind. Erstens könnten sie nämlich niemals Worte oder andere Zeichen dadurch gebrauchen, dass sie sie zusammenstellen, wie wir es tun, um anderen unsere Gedanken bekannt zu machen. Denn man kann sich zwar vorstellen, dass eine Maschine so konstruiert ist, dass sie Worte und manche Worte sogar bei Gelegenheit körperlicher Einwirkungen hervorbringt, die gewisse Veränderungen in ihren Organen hervorrufen, wie zum Beispiel, dass sie, berührt man sie an irgendeiner Stelle, gerade nach dem fragt, was man ihr antworten will, dass sie, berührt man sie an einer anderen Stelle, schreit, man täte ihr weh und ähnliches; aber man kann sich nicht vorstellen, dass sie die Worte auf verschiedene Weisen zusammenordnet, um auf die Bedeutung alles dessen, was in ihrer Gegenwart laut werden mag, zu antworten, wie es der stumpfsinnigste Mensch kann. Das zweite Mittel ist dies: Sollten diese Maschinen auch manches ebensogut oder vielleicht besser verrichten als irgendeiner von uns, so würden sie doch zweifellos bei vielem anderen versagen, wodurch offen zutage tritt, dass sie nicht aus Einsicht handeln, sondern nur zufolge der Einrichtung ihrer Organe. Denn die Vernunft ist ein Universalinstrument, das bei allen Gelegenheiten zu Diensten steht, während diese Organe für jede besondere Handlung einer besonderen Einrichtung bedürfen; was es unwahrscheinlich macht, dass es in einer einzigen Maschine genügend verschiedene Organe gibt, die sie in allen Lebensfällen so handeln ließen, wie uns unsere Vernunft handeln lässt.

Diese zwei Mittel kennzeichnen nun auch den Unterschied zwischen Mensch und Tier; denn es ist ganz auffällig, dass es keinen so stumpfsinnigen und dummen Menschen gibt, nicht einmal einen Verrückten ausgenommen, der nicht fähig wäre verschiedene Worte zusammenzuordnen und daraus eine Rede aufzubauen, mit der er seine Gedanken verständlich macht; und dass es im Gegenteil kein anderes Tier gibt, so vollkommen und glück-

Erschaffung und Beseelung Adams, Mittelalterliches Mosaik, Markuskirche, Venedig.

lich veranlagt es sein mag, das ähnliches leistet. Dies liegt nicht daran, dass den Tieren Organe dazu fehlten; denn man kann beobachten, dass Spechte und Papageien ebenso wie wir Worte hervorbringen können und dass sie dennoch nicht reden, d.h. zu erkennen geben können, dass sie denken, was sie sagen, wie wir. Von Geburt taubstumme Menschen dagegen müssen die Organe, die andere zum Reden gebrauchen, ebenso oder mehr noch entbehren als die Tiere und erfinden doch für gewöhnlich selbst Zeichen, mit denen sie sich Leuten ihrer gewohnten Umgebung, die Zeit haben ihre Sprache zu lernen, verständlich machen. Dies zeigt nicht bloß, dass Tiere weniger Verstand haben als Menschen, sondern vielmehr, dass sie gar keinen haben. [...]

Es ist auch sehr bemerkenswert, dass zwar viele Tiere in manchen ihrer Handlungen mehr Geschicklichkeit zeigen als wir, dass man aber trotzdem dieselben Tiere in vielen anderen Fällen überhaupt keine zeigen sieht. Der Tatbestand also, dass sie es besser machen als wir, beweist nicht, dass sie Geist haben; denn wenn man es so nimmt, dann hätten sie mehr als irgendeiner von uns und würden es in jeder Beziehung besser machen. Aber sie haben im Gegenteil gar keinen, und es ist die Natur, die in ihnen je nach der Einrichtung ihrer Organe wirkt, ebenso wie offensichtlich eine Uhr, die nur aus Rädern und Federn gebaut ist, genauer die Stunden zählen und die Zeit messen kann als wir mit all unserer Klugheit. [...]

[Diese Gründe beweisen,] dass unsere Seele ihrer Natur nach vollkommen unabhängig vom Leibe und folglich nicht mit ihm zu sterben bestimmt ist, und wird [man] alsdann, zumal man ja keine andere Ursache ihrer Zerstörung findet, dadurch natürlicherweise auf den Schluss geführt, dass sie unsterblich ist.

VI 2: Julien Offray de Lamettrie: Die Materie ist die einzige Substanz und der Mensch eine Maschine

Der 1709 in Saint-Malo in der Bretagne geborene französische Arzt und Aufklärungsphilosoph Julien Offray de Lamettrie war Vertreter eines radikalen Materialismus und Atheismus. Durch Vergleiche des tierischen und menschlichen Körpers gelangte er in seinem Hauptwerk Der Mensch als Maschine *(1748) zu der Auffassung, dass Bewusstsein lediglich eine Funktion des Gehirns ist und dass der menschliche Organismus wie eine Maschine funktioniert. Als Konsequenz dieser Auffassung leugnete er die Unsterblichkeit der Seele, die menschliche Willensfreiheit und die Existenz Gottes. Wegen seiner Ansichten wurde Lamettrie in Frankreich und Holland verfolgt. Er fand Zuflucht am Hof Friedrich des Großen in Potsdam, wo er 1751 starb. Der Textauszug stammt aus dem genannten Hauptwerk und versucht die Grundthese vom Menschen als Maschine zu begründen.*

Die verschiedenen Zustände der Seele stehen also immer in Wechselbeziehung zu denen des Körpers. Um aber diese ganze Abhängigkeit und ihre Ursachen besser zu beweisen, wollen wir hier die vergleichende Anatomie[1] in Anspruch nehmen; legen wir die Eingeweide des Menschen und der Tiere bloß! Das ist der Weg, die menschliche Natur kennen zu lernen, solange man über eine genaue Parallelität der Strukturen zwischen den einen und den anderen nicht genau Bescheid weiß!

1 vergleichende Anatomie: Wissenschaft, die Form und Aufbau der Lebewesen, besonders zwischen Mensch und Tier, vergleicht.

Im Allgemeinen ist die Form und die Zusammensetzung des Gehirns bei den Vierfüßlern annähernd die gleiche wie beim Menschen. Überall dieselbe Gestalt und dieselbe Veranlagung, mit diesem wesentlichen Unterschied, dass der Mensch von allen Tieren dasjenige ist, das am meisten Gehirn hat und das Gehirn mit den meisten Windungen, im Verhältnis zur Masse seines Körpers: es folgen der Affe, der Biber, der Fuchs, die Katze etc., das sind die Tiere, die dem Menschen am meisten gleichen. [...]

Da aber alle Fähigkeiten der Seele so sehr von dem eigentümlichen Bau des Gehirns und des ganzen Körpers abhängen, dass sie offensichtlich nur dieser organische Bau selbst sind, so haben wir es mit einer gut »erleuchteten« Maschine zu tun! Denn auch, wenn schließlich dem Menschen allein das Naturgesetz zuteil geworden wäre – wäre er dann weniger eine Maschine? Räder und einige Triebfedern mehr als bei den vollkommensten Tieren, das Gehirn verhältnismäßig dem Herzen näher und auch mehr Blut empfangend, bei der gleichen Vernunft – was weiß ich schließlich? unbekannte Ursachen würden immer dieses empfindliche, leicht verletzbare Bewusstsein hervorbringen, diese Gewissensbisse, welche der Materie ebenso wenig fremd sind wie der Gedanke – und so mit einem Wort den ganzen Unterschied, den man hier voraussetzt. Sollte der organische Bau allem genügen? Noch einmal: ja. Da sich das Denken offenbar mit den Organen entwickelt, warum sollte der Stoff, aus dem sie geschaffen sind, nicht ebenso empfänglich für Gewissensbisse sein, wenn er einmal im Laufe der Zeit das Empfindungsvermögen erlangt hat?

Die Seele ist also nur ein leerer Begriff, von dem man keinerlei Vorstellung hat und den ein kluger Kopf nur gebrauchen darf, um den Teil zu bezeichnen, der in uns denkt. Setzt man nur das geringste Bewegungsprinzip voraus, so werden die belebten Körper alles haben was sie brauchen, um sich zu bewegen, zu fühlen, zu denken, zu bereuen – kurz, um sich in der physischen wie in der moralischen Welt[2], die von jener abhängt, richtig zu verhalten.

[...] Ich glaube, Descartes[3] wäre ein in jeder Hinsicht achtungswürdiger Mann, wenn er – geboren in einem Jahrhundert, das er nicht hätte aufklären müssen – den Wert von Erfahrung und Beobachtung erkannt hätte, sowie die Gefahr, sich von ihnen zu entfernen. Aber es ist nicht mehr als gerecht, wenn ich hier diesem großen Mann eine aufrichtige Genugtuung zuteil werden lasse gegenüber all jenen kleinen Philosophen, Witzbolden und schlechten Epigonen[4] von Locke[5], die, statt Descartes unverschämt ins Gesicht zu lachen, besser daran täten einzusehen, dass ohne ihn das Feld der Philosophie ebenso brachläge wie das der Wissenschaft ohne Newton[6].

Es ist wahr, dass dieser berühmte Philosoph sich vielfach geirrt hat, und niemand streitet das ab. Aber schließlich hat er die animalische Natur erkannt; er hat als Erster überzeugend bewiesen, dass die Tiere bloße Maschinen sind. Nun, nach einer Entdeckung von dieser Wichtigkeit und die so viel Scharfsinn voraussetzt, wäre es undankbar, ihm all seine Irrtümer nicht nachzusehen!

In meinen Augen werden sie alle wieder gutgemacht durch dieses große Bekenntnis. Denn schließlich – soviel er auch die Unterscheidung der beiden Substanzen[7] preist – han-

2 moralische Welt: der Bereich des menschlichen Erlebens und Handelns, der durch psychische Phänomene wie Gefühle, Gedanken und Absichten bestimmt wird.

3 René Descartes: französischer Philosoph (1596–1650), Begründer des neuzeitlichen Leib-Seele-Dualismus, demzufolge Körper und Geist wesentlich verschieden sind.

4 Epigone: wörtlich »Nachgeborener«, zweitrangiger Nachfolger und Nachahmer.

5 John Locke: englischer Philosoph (1632–1704), Vertreter des Empirismus und Liberalismus.

6 Isaac Newton: englischer Naturforscher und Mathematiker (1642–1727), Begründer der klassischen Mechanik.

7 beide Substanzen: Materie und Geist.

delt es sich doch offensichtlich nur um einen Kunstgriff, eine stilistische List, um die Theologen ein Gift schlucken zu lassen, das unter einer dunklen Analogie verborgen ist, die jedem auffällt und nur sie nicht sehen. Denn sie ist es, diese auffällige Analogie ist es, die alle Gelehrten und wirklich Kundigen zwingt zuzugeben, dass jene stolzen und eitlen Wesen, die sich mehr durch ihren Hochmut als durch die Bezeichnung Mensch auszeichnen, im Grunde – wie sehr sie sich auch erheben möchten – nur Tiere und aufrecht kriechende Maschinen sind. Sie haben alle jenen wunderbaren Instinkt, den die Erziehung zu Geist verwandelt, und der seinen Sitz immer im Gehirn hat und – wenn es fehlt oder verknöchert ist – an seiner Stelle im verlängerten Rückenmark, aber niemals im Kleinhirn; denn ich habe selbst gesehen, wie es erheblich beschädigt war; andere haben es als Krebsgeschwulst vorgefunden, ohne dass die Seele aufgehört hätte ihre Funktionen auszuüben.

Eine Maschine sein, empfinden, denken, Gut und Böse ebenso unterscheiden können wie Blau von Gelb – kurz: mit Intelligenz und einem sicheren moralischen Instinkt geboren und trotzdem nur ein Tier sein, sind also zwei Dinge, die sich nicht mehr widersprechen, als ein Affe oder ein Papagei sein und dennoch sich Vergnügen zu bereiten wissen. Denn – da sich hier die Gelegenheit bietet, es auszusprechen – wer hätte jemals *a priori*[8] geahnt, dass ein Tropfen der Flüssigkeit, die sich bei der Paarung ergießt, göttliche Freuden empfinden lässt, und dass daraus ein kleines Geschöpf hervorgeht, das eines Tages – bestimmte Gesetzmäßigkeiten vorausgesetzt – die gleiche Wonnen genießen kann? Ich halte das Denken für so wenig unvereinbar mit der organisch aufgebauten Materie, dass es ebenso eine ihrer Eigenschaften zu sein scheint wie die Elektrizität, das Bewegungsvermögen, die Undurchdringlichkeit, die Ausdehnung etc. [...]

Da schließlich der Materialist – was immer ihm seine eigene Eitelkeit einflüstert – überzeugt ist, dass er nur eine Maschine oder ein Tier ist, wird er seinesgleichen bestimmt nicht schlecht behandeln, denn über die Natur dieser Handlungen, deren Unmenschlichkeit immer proportional zu dem oben bewiesenen Grad der Analogie steht, ist er zu gut unterrichtet und, dem Naturgesetz folgend, das allen Lebewesen gegeben ist, will er – kurz gesagt – keinem das antun, was er nicht will, dass man es ihm antue.

Ziehen wir also die kühne Schlussfolgerung, dass der Mensch eine Maschine ist und dass es im ganzen Universum nur eine einzige Substanz – in unterschiedlicher Gestalt – gibt.

8 a priori: von vornherein, ohne Bezug zur Erfahrung.

VI 3: Karl R. Popper: Der Mensch ist keine Maschine

Karl Raimund Popper ist einer der einflussreichsten Philosophen des 20. Jahrhunderts. Als Begründer des sog. Kritischen Rationalismus betont er die Fehlbarkeit des menschlichen Erkennens und Handelns sowie die unentbehrliche Rolle der Kritik als Motor des wissenschaftlichen und sozialen Fortschritts. Mit seiner Logik der Forschung *(1934), worin die Widerlegbarkeit (»Falsifizierbarkeit«) als Kriterium wissenschaftlicher Theorien herausgestellt wird, hat Popper das bedeutendste Werk der modernen Wissenschaftstheorie geschaffen. Sein zweibändiges Werk* Die offene Gesellschaft und ihre Feinde *(1945) verteidigt die westliche Demokratie gegen jede Art von totalitärer Weltanschauung. In späteren Schriften hat er sich auch mit metaphysischen Themen wie dem Leib-Seele-Problem und dem Problem der Willensfreiheit beschäftigt. Sein Spätwerk* Das Ich und sein Gehirn *(1977), aus dem auch der Textauszug stammt, ist von der Überzeugung getragen, dass die modernen Wissenschaften keineswegs zu einem materialistischen Weltbild führen und dass der menschliche Geist etwas ganz anderes ist als ein physisch-materieller Gegenstand.*

Popper wurde am 28. Juli 1902 in Wien geboren. Er machte eine Tischlerlehre, studierte Mathematik, Physik und Philosophie und arbeitete zunächst als Erzieher und Hauptschullehrer. 1937 ging er als Universitätsdozent für Philosophie nach Christchurch (Neuseeland), ab 1946 nach London. Er lebte seitdem in England, wo er am 27. September 1994 starb.

»Zwei Dinge«, so sagt Kant[1] im »Beschluss« seiner *Kritik der Praktischen Vernunft*, »erfüllen das Gemüt mit immer neuer und zunehmender Bewunderung und Ehrfurcht…: der bestirnte Himmel über mir und das moralische Gesetz in mir.« »Der bestirnte Himmel« symbolisiert für ihn das Problem unseres Wissens vom physikalischen Universum und die Frage nach unserer Stellung darin. »Das moralische Gesetz« betrifft unsere unsichtbare Seele, unser Ich, die menschliche Persönlichkeit und damit, wie Kant erklärt, die menschliche Freiheit. Das Erste macht unsere Bedeutung zunichte: Es lässt die Bedeutung des Menschen als Teil des physikalischen Universums zu einem Nichts zusammenschrumpfen. Das Zweite erhebt dagegen unseren Wert als intelligente und verantwortliche Wesen ins Unermessliche.

Ich glaube, Kant hat im Wesentlichen Recht. Josef Popper-Lynkeus[2] drückte es einmal so aus: Immer wenn ein Mensch stirbt, wird ein ganzes Universum zerstört (Was man sofort verstehe, wenn man sich mit diesem Menschen identifiziere). Menschliche Wesen sind unersetzlich; und dadurch unterscheiden sie sich deutlich von Maschinen. Menschen können das Leben genießen; sie können leiden und sie können dem Tod bewusst ins Auge sehen. Sie haben Bewusstsein, sie haben ein Ich, eine Seele. Eine Person ist Zweck, nicht Mittel zum Zweck, wie Kant betont.

Diese Auffassung scheint mir mit der materialistischen Lehre unvereinbar zu sein, wonach Menschen Maschinen sind.

Die Lehre, dass Menschen Maschinen oder Automaten sind, ist ziemlich alt. Ihre erste klare und ausdrückliche Formulierung geht anscheinend auf den Titel [...] eines berühmten Buches von Lamettrie[3], *L'homme machine* [1747] (Der Mensch als Maschine), zurück;

1 Immanuel Kant: bedeutendster deutscher Philosoph (1724–1804) der Aufklärung.

2 Josef Popper-Lynkeus: österreichischer Sozialreformer (1838–1921).

3 Julien Offray de Lamettrie (auch: la Mettrie): französischer Philosoph (1709–1751), Vertreter der Aufklärung und des Materialismus.

obwohl der erste Schriftsteller, der mit der Idee von menschenähnlichen Automaten oder Robotern spielte, Homer[4] war.

Aber eine Maschine ist offenbar niemals ein Selbstzweck, wie kompliziert sie auch sein mag. Sie kann wegen ihrer Nützlichkeit von Wert sein; und ein bestimmtes Exemplar kann aufgrund seiner historischen Einzigartigkeit kostbar sein. Doch Maschinen werden wertlos, wenn sie nicht auch Seltenheitswert haben: Wenn es zu viele von einer Art gibt, sind wir sogar bereit dafür zu zahlen, dass sie weggeschafft werden. Dagegen halten wir das menschliche Leben für wertvoll, ungeachtet der Übervölkerung, dem schwersten aller sozialen Probleme unserer Zeit. Wir respektieren sogar das Leben eines Mörders.

Man muss zugeben, dass nach zwei Weltkriegen und unter der Bedrohung durch neue Massenvernichtungsmittel in einigen Gesellschaftsschichten die Achtung vor dem menschlichen Leben erschreckend gesunken ist. Es ist daher besonders dringend, im Folgenden für jene Auffassung einzutreten, von der wir meiner Überzeugung nach nicht abweichen sollten: die Auffassung, dass der Mensch Selbstzweck ist, im Unterschied zu einer bloßen Maschine.

Mann kann die, die da meinen, Menschen seien Maschinen, in zwei Gruppen einteilen: jene, die Bewusstsein, persönliche Erlebnisse oder psychische Vorgänge leugnen, oder etwa erklären, die Frage, ob es solche Erlebnisse gebe, sei von untergeordneter Bedeutung und könne offen gelassen werden; und jene, die zwar die Existenz von Bewusstseinsvorgängen zugeben, aber behaupten, diese seien »Epiphänomene«[5]: alles könne ohne sie erklärt werden, da die materielle Welt kausal in sich geschlossen[6] sei. Welcher Gruppe sie auch angehören mögen – beide sind gezwungen, wie mir scheint, die Realität des menschlichen Leidens und die Bedeutung des Kampfes gegen unnötiges Leiden zu vernachlässigen.

Ich halte deshalb die These, dass Menschen Maschinen sind, nicht nur für falsch, sondern für eine Lehre, die dazu tendiert, eine humane Ethik[7] zu untergraben. Gerade deshalb ist es wichtig festzustellen, dass die großen Verfechter dieser Lehre – die großen Philosophen des Materialismus – fast alle Vorkämpfer einer humanistischen Ethik[8] waren. Von Demokrit[9] und Lukrez[10] bis zu Herbert Feigl[11] und Anthony Quinton[12] waren die materialistischen Philosophen im Allgemeinen Humanisten und Kämpfer für Freiheit und Aufklärung; und ihre Gegner waren, wie man leider zugeben muss, nicht selten das Gegenteil. Deshalb möchte ich, gerade weil ich den Materialismus für falsch halte – gerade weil ich nicht glaube, dass Menschen Maschinen oder Automaten sind –, die große und wirkliche lebenswichtige Rolle betonen, die die materialistische Philosophie in der Entwicklung des menschlichen Denkens und der humanistischen Ethik gespielt hat.

4 Homer: erste bekannte griechische Dichterfigur (etwa 8. Jhdt. v. Chr.), die als Verfasser der Heldenepen *Ilias* und *Odyssee* gilt.

5 Epiphänomene: Begleiterscheinungen, Folgeerscheinungen.

6 kausal in sich geschlossen (hier): die Auffassung, dass alle Phänomene in der Welt, einschließlich der geistigen, allein von physischen Ursachen hervorgerufen werden, sodass die geistigen Phänomene ohne Einfluss auf die physische Welt bleiben.

7 humane Ethik: die Position, die humane Werte wie Freiheit und Gerechtigkeit als höchste Ziele anstrebt.

8 humanistische Ethik (hier): anderer Ausdruck für »humane Ethik«. Im englischen Original heißt es in beiden Fällen »humanist ethics«.

9 Demokrit: griechischer Philosoph (ca. 460–371 v. Chr.), Vertreter des Materialismus und Begründer des Atomismus.

10 Lukrez: römischer Dichter und Philosoph (96–55 v. Chr.), Anhänger Epikurs, der wie Demokrit einen Atomismus vertrat.

11 Herbert Feigl: österreichischer Philosoph (1902–1988), Vertreter des Logischen Empirismus und des Materialismus.

12 Anthony Quinton: englischer Philosoph (1925–2010).

FORUM

Zur Texterschließung

1 | Welche grundsätzlichen Unterschiede sieht Descartes zwischen Körper und Geist?
2 | In welchem Sinne ist das Tier für Descartes eine Art Maschine?
3 | Welche Gründe führen nach Descartes zur Annahme der Unsterblichkeit der Seele?
4 | Wie kommt Lamettrie zu dem Schluss, der Mensch sei eine »gut erleuchtete Maschine«?
5 | In welchem Punkt stimmt Lamettrie mit Descartes überein?
6 | Was meint Lamettrie mit dem letzten Satz, »dass es im ganzen Universum nur eine einzige Substanz gibt«? Was bedeutet diese These für das Verhältnis von Körper und Geist?
7 | Nennen Sie einige der Unterschiede, durch die sich nach Popper der Mensch von einer Maschine unterscheidet! Erklären Sie Poppers These, dass der Mensch Selbstzweck ist!
8 | Inwiefern hat die materialistische Philosophie nach Popper eine »lebenswichtige Rolle« gespielt, obwohl er selbst den Materialismus ablehnt?

Körper und Geist – Zur Diskussion

1 | Stimmen Sie der These Descartes' zu, dass das Tier eine Art von Maschine ohne Vernunft ist? Was ist Ihrer Meinung nach wahr an dieser These, was ist falsch? Wie sind Ihre eigenen Erfahrungen mit Tieren?
2 | Popper spricht von der »Realität des Leidens« als typisch menschliche Erfahrung. Ist es Ihrer Meinung nach berechtigt, menschliches Leiden von tierischem Leiden zu unterscheiden? Begründen Sie Ihre Meinung!
3 | Welche Belege gibt es dafür, dass der Geist bzw. die Seele eng mit dem Körper zusammenhängt? Berichten Sie von eigenen Erfahrungen! Erklären Sie, was eine »psychosomatische« Krankheit ist und nennen Sie Beispiele dafür.
4 | Versuchen Sie zu erklären, was Sie selbst unter »Seele« verstehen.
5 | Der Physiker Stephen Hawkins kann sich nur im Rollstuhl bewegen und nur mit Hilfe eines speziellen Mikrophons sprechen. Dennoch ist er geistig äußerst produktiv und ein bedeutender Wissenschaftler. Beurteilen Sie angesichts dieses Falles den lateinischen Spruch: Mens sana in corpore sano!
6 | Wie würde Lamettrie Ihrer Meinung nach zu der These stehen, man könne Menschen durch hochkomplizierte Roboter oder Computerprogramme ersetzen? Wie stehen Sie selbst zu dieser These?
7 | Stimmen Sie Popper zu, dass eine humane Ethik unmöglich wäre, wenn man annimmt, der Mensch sei eine Maschine? Begründen Sie Ihre Meinung!
8 | Die Zellen unseres Körpers werden während unseres Lebens vielmals erneuert. Dennoch haben wir das Bewusstsein, immer dieselbe Person zu bleiben. Glauben Sie, dass dieses Bewusstsein eine Täuschung ist oder nicht? Was bedeutet dieses Bewusstsein Ihrer Meinung nach für das Verhältnis von Körper und Geist?
9 | Erläutern Sie den Satz: Seit damals bin ich ein ganz anderer geworden.

VI 4: Roald Dahl: Weiterleben als Gehirn

Roald Dahl ist ein beliebter Kinderbuchautor und einer der meistgelesenen Unterhaltungsschriftsteller der Gegenwart. Er gilt als Meister des makabren angelsächsischen Humors. Dahl wurde 1916 in der Nähe von Cardiff in Wales als Sohn norwegischer Eltern geboren. Nach Kaufmannslehre und freiwilliger Kriegsteilnahme lebte er als freier Schriftsteller in den USA und England. Er starb 1990 in der Nähe von London. Der Text ist ein Auszug aus der Erzählung »William und Mary« aus dem Band Küsschen, Küsschen! *(1953). Das Zentrum dieser Erzählung ist der Abschiedsbrief des an Krebs verstorbenen William an seine Frau Mary, worin er dieser erklärt, wie er durch seinen Freund, den Gehirnchirurgen Landy, dazu überredet wurde, sein Gehirn, getrennt vom toten Körper, am Leben erhalten zu lassen.*

[...] »Na, mein Lieber«, sagte er, während er sich einen Stuhl ans Bett zog, »in ein paar Wochen werden Sie also tot sein. Stimmt's?«

Aus Landys Mund klang die Bemerkung keineswegs unfreundlich. Im Grunde war es erfrischend, dass endlich einmal ein Besucher den Mut hatte das verbotene Thema anzuschneiden.

»In diesem Zimmer«, fuhr er fort, »werden Sie den letzten Atemzug tun und dann wird man Sie hinausbringen und verbrennen.«

»Begraben«, sagte ich.

»Noch schlimmer. Und dann? Glauben Sie, dass Sie in den Himmel kommen?«

»Das bezweifle ich«, war meine Antwort, »so tröstlich dieser Gedanke auch wäre.«

»Oder vielleicht in die Hölle?«

»Womit sollte ich das wohl verdient haben?«

»Kann man nie wissen, mein lieber William.«

»Was soll das alles?«, fragte ich.

»Nun«, sagte er, und ich sah, dass er mich aufmerksam betrachtete, »ich persönlich glaube nicht, dass Sie nach Ihrem Tode jemals wieder von sich hören werden – sei sei denn...« Er machte eine Pause, lächelte und beugte sich ein wenig vor, »...es sei denn, Sie wären so vernünftig sich meinen Händen anzuvertrauen. Sind Sie bereit einen Vorschlag zu erwägen?«

Er blickte mich unverwandt an, forschend, abschätzend, mit einem merkwürdigen Ausdruck der Begierde, als wäre ich ein besonders gutes Stück Fleisch auf dem Ladentisch, das er gekauft hatte und nun einpacken lassen wollte.

»Ganz im Ernst, William, sind Sie bereit einen Vorschlag zu erwägen?«

»Ich weiß nicht, wovon Sie sprechen.«

»Sie werden es gleich erfahren. Wollen Sie mich anhören?«

»Meinetwegen, wenn Ihnen soviel daran liegt. Schaden wird's mir ja wohl nicht.«

»Im Gegenteil, es kann Ihnen viel nützen – vor allem *nach Ihrem Tode.*«

Sicherlich hatte er erwartet, ich würde erschrecken, aber irgendwie war ich vorbereitet. Ich sah ihm ruhig ins Gesicht und beobachtete, wie sein bedächtiges, freundliches Lächeln auf der linken Mundseite die goldene Klammer entblößte, die im Oberkiefer um den Eckzahn griff.

»Ja, William, es handelt sich um eine Sache, an der ich seit Jahren im Stillen arbeite. Ein oder zwei Kollegen haben mir hier im Hospital geholfen, vor allem Morrison, und wir können eine Anzahl recht erfolgreicher Versuche an Tieren verzeichnen. Nun bin ich so weit, dass ich mich an einen Mensch wagen kann. Es ist eine grandiose Idee, die Ihnen zuerst etwas ausgefallen erscheinen mag, doch vom Standpunkt des Chirurgen gibt es keinen Grund, warum sie nicht mehr oder weniger ausführbar sein sollte.«

Landy beugte sich noch weiter vor und stützte beide Hände auf meine Bettkante. Er ist ein gut aussehender Mann, einer von der knochigen Sorte, und er hat nicht den üblichen Arztblick. Du kennst diesen Blick, die meisten haben ihn. Aus ihren Augäpfeln schimmert einem so etwas wie ein melancholisches elektrisches Signal entgegen. *Nur ich kann dich retten*, bedeutet das. John Landys Augen aber waren groß und strahlend und es tanzten kleine Begeisterungsfunken darin.

»Vor ziemlich langer Zeit«, erzählte er, »habe ich einen kurzen medizinischen Film gesehen, der aus Russland stammte. Eine recht grausige, aber hochinteressante Angelegenheit. Man hat einen Hundekopf gänzlich vom Körper abgetrennt, jedoch den Blutkreislauf durch Arterien und Venen vermittels eines künstlichen Herzens aufrechterhalten. Worauf ich hinauswill, ist Folgendes: Der Hundekopf, der ganz für sich auf einer Art Brett ruhte, *lebte*. Das Gehirn funktionierte, wie durch mehrere Versuche bewiesen wurde. Schmierte man zum Beispiel dem Hund Fressen ums Maul, so kam die Zunge heraus und leckte es ab. Ging jemand durchs Zimmer, so folgten ihm die Hundeaugen.

Dieses Experiment lässt ohne weiteres den Schluss zu, dass Kopf und Gehirn nicht unbedingt mit dem übrigen Körper verbunden sein müssen, um weiterzuleben – vorausgesetzt natürlich, dass für eine Zufuhr von genügend sauerstoffhaltigem Blut gesorgt wird.

Nun, als ich den Film sah, kam mir der Gedanke, nach dem Todes eines Menschen sein Gehirn aus dem Schädel herauszulösen und es als unabhängige Einheit für unbegrenzte Zeit am Leben und in Funktion zu erhalten. Zum Beispiel *Ihr* Gehirn nach *Ihrem* Tode.«

»Davon will ich nichts hören«, sagte ich.

»Unterbrechen Sie mich nicht, William. Lassen Sie mich ausreden. Wie meine anschließenden Experimente ergeben haben, ist das Gehirn ein besonders selbstgenügsames Objekt. Es stellt seine eigene Hirnrückenmarkflüssigkeit her. Die magischen Prozesse des Denkens und Erinnerns, die in ihm vorgehen, werden offenbar nicht durch das Fehlen der Gliedmaßen, des Rumpfes oder sogar des Schädels beeinträchtigt, vorausgesetzt, wie ich bereits sagte, dass man die richtige Art sauerstoffhaltigen Blutes unter den entsprechenden Bedingungen hineinpumpt.

Und jetzt, mein lieber William, denken Sie einen Augenblick an Ihr eigenes Gehirn. Es ist in tadellosem Zustand. Und vollgestopft mit allem, was Sie in Ihrem Leben gelernt haben. Jahrelange Arbeit war erforderlich, es zu dem zu machen, was es ist. Es hat gerade angefangen, erstklassige eigene Ideen zu produzieren. Und nun soll es bald mit Ihrem übrigen Körper sterben, nur weil Ihre alberne kleine Bauchspeicheldrüse von Krebs zerfressen wird.«

»Nein«, sagte ich, »danke. Sprechen Sie nicht weiter. Ich finde den Gedanken einfach widerlich, und selbst wenn Ihnen das Experiment gelänge, was ich bezweifle, hätte es gar keinen Sinn. Wozu sollte man denn mein Gehirn am Leben erhalten, wenn ich nicht mehr imstande wäre zu sprechen, zu sehen, zu hören oder zu fühlen? Wirklich, ich könnte mir nichts Unangenehmeres vorstellen.«

»Ich glaube aber, es wäre möglich für Sie, mit Ihrer Umwelt in Verbindung zu bleiben«, antwortete Landy. »Und wahrscheinlich bringen wir es sogar fertig Ihnen eine gewisse Sehkraft zu bewahren. Aber gehen wir langsam vorwärts.« [...]

[...] »Glauben Sie ehrlich, dass mein Gehirn, wenn es in der Schale liegt, genauso funktionieren wird wie in diesem Augenblick? Glauben Sie, ich werde denken und überlegen können wie jetzt? Und wird mir das Gedächtnis erhalten bleiben?«

»Davon bin ich überzeugt«, antwortete er. »Das Gehirn bleibt ja unverändert. Es lebt. Es ist unbeschädigt, unangetastet. Wir haben nicht einmal die Dura[1] geöffnet. Einen großen

1 Dura: Dura mater, äußerste Hülle des Gehirns.

Unterschied würde es allerdings geben: Da wir jeden zum Gehirn führenden Nerv abgetrennt haben – mit Ausnahme des einen Sehnervs –, wäre Ihr Denken nicht mehr durch Ihre Sinne beeinflusst. Sie würden in einer außerordentlich reinen, von allem Irdischen losgelösten Welt leben. Nichts könnte Sie plagen, nicht einmal Schmerzen, denn Sie hätten keine Nerven, also auch keine Möglichkeit etwas zu empfinden. In gewisser Weise wäre Ihre Lage geradezu beneidenswert. Kein Kummer, keine Sorgen, keine Schmerzen, weder Hunger noch Durst. Nicht einmal Wünsche. Nur Ihre Erinnerungen und Ihre Gedanken. Und falls die Sache mit dem Auge klappt, könnten Sie sogar Bücher lesen. Mir erscheint das alles sehr schön.«

»Im Ernst?«

»Ja, William, im Ernst. Besonders für einen Doktor der Philosophie müsste es ein ungeheures Erlebnis sein. Sie wären in der Lage, mit bisher nie erreichter Objektivität und Gelassenheit über das Weltgeschehen nachzudenken. Und wer weiß, was noch alles geschehen könnte! Vielleicht würden Sie auf große Gedanken und Lösungen von Problemen kommen, auf Ideen, die imstande wären, unser ganzes Leben zu revolutionieren. Versuchen Sie, wenn Sie können, sich den Grad von Konzentration vorzustellen, den zu erreichen Ihnen möglich wäre!«

»Und die Entsagungen?«, warf ich ein.

»Unsinn. Entsagungen gäbe es nicht. Ohne Wünsche keine Entsagung, und was für Wünsche sollten Sie denn haben? Körperliche jedenfalls nicht.« [...]

Meine unmittelbare Reaktion war, dass ich Landys Vorschlag rundweg ablehnte. Diese ganze Angelegenheit behagte mir gar nicht. Es lag etwas überaus Abstoßendes in dem Gedanken, dass ich mit all meinen unverminderten geistigen Fähigkeiten auf ein schleimiges Klümpchen in einer Schüssel mit Wasser reduziert werden sollte. Das war monströs, schmutzig, gottlos. Und noch etwas anderes quälte mich: der Gedanke an das Gefühl der Hilflosigkeit, das ich zweifellos empfinden würde, wenn Landy mich erst einmal in der Schale hatte. Dann gab es kein Zurück mehr, keine Möglichkeit zu protestieren oder zu diskutieren. Dann war ich ihnen ausgeliefert, solange sie mich am Leben erhalten konnten.

Und was, wenn ich es nicht zu ertragen vermochte? Wenn ich furchtbare Seelenqualen erdulden müsste! Wenn ich hysterisch würde?

Keine Beine zum Davonlaufen. Keine Stimme zum Schreien. Nichts. Für die nächsten beiden Jahrhunderte müsste ich die Zähne zusammenbeißen und gute Miene zum bösen Spiel machen.

Die Zähne zusammenbeißen? Ja, wie denn?

Hier kam mir ein merkwürdiger Gedanke, und zwar dieser. Leidet nicht ein Mann, dem ein Bein amputiert worden ist, oft unter der Täuschung, das Bein noch zu haben? Sagt er nicht zu der Krankenschwester, dass ihm die Zehen – die er nicht mehr hat – wahnsinnig jucken und so weiter. Mir war, als hätte ich erst vor kurzem so etwas gehört.

Sehr gut. War es dann nicht denkbar, dass mein Gehirn, wenn es allein in der Schale läge, unter einer ähnlichen Täuschung hinsichtlich meines Körpers leiden würde? In diesem Fall konnten mich all die vertrauten Schmerzen und Qualen überschwemmen, ohne dass ich auch nur die Möglichkeit hätte, sie durch Aspirin zu vertreiben. Vielleicht würde ich mir einbilden, einen entsetzlichen Krampf im Bein zu haben oder eine heftige Verdauungsstörung, und ein paar Minuten später hätte ich das Gefühl, meine arme Blase – du kennst mich ja – sei so voll, dass sie platzen werde, wenn ich sie nicht bald entleeren dürfte.

Gott behüte.

Lange schlug ich mich mit diesen schrecklichen Gedanken herum. Dann, gegen Mittag, änderte sich auf einmal meine Stimmung. Die unangenehme Seite der Angelegenheit machte mir jetzt weniger zu schaffen und ich war imstande Landys Vorhaben in einem günstigeren Licht zu sehen. War nicht doch etwas Tröstliches an dem Gedanken, dass mein Gehirn nicht unbedingt in wenigen Wochen sterben und verschwinden musste? Ja, so war es. Ich bin stolz auf mein Gehirn. Es ist ein empfindungsreiches, lichtvolles, fruchtbares Organ. Es enthält einen gewaltigen Vorrat an Wissen und ist noch immer fähig schöpferisch zu sein und selbständige Theorien zu produzieren. Wie Gehirne so sind, ist es ein verdammt gutes, das muss ich bei aller Bescheidenheit sagen. Mein Körper dagegen, mein armer alter Körper, den Landy wegwerfen will – nun, sogar du, meine liebe Mary, wirst zugeben, dass wirklich nichts an ihm ist, was wert wäre erhalten zu bleiben.

Ich lag auf dem Rücken und aß eine Weinbeere. Sie schmeckte herrlich und ich nahm drei kleine Kerne aus dem Mund und legte sie auf den Tellerrand.

»Ich will es tun«, sagte ich ruhig. »Ja, bei Gott, ich will es tun. Wenn Landy mich morgen besucht, werde ich ihm sofort mitteilen, dass ich es tun will.« Mein Entschluss war gefasst. Und von diesem Augenblick an fühlte ich mich viel besser. [...]

VI 5: Bertolt Brecht/Hans Küng: Gegen Verführung

Bertolt Brecht gehört zu den bedeutendsten deutschsprachigen Schriftstellern des 20. Jahrhunderts. Besonders als Bühnenautor und Theaterregisseur errang er weltweite Anerkennung. Brecht machte die Bühne zu einem Ort der weltanschaulichen Diskussion und der politischen Erziehung. In seinen zumeist sozialkritischen Stücken zeigt er die Widersprüche der bestehenden Gesellschaft auf und tritt für ihre Veränderung ein.
Brecht wurde am 10. 2. 1898 in Augsburg geboren. Seit den 20er Jahren arbeitete er in Berlin, wo er seine neue Form des »epischen Theaters« entwickelte. Als überzeugter Marxist und Antifaschist ging er 1933 ins Exil. Nach dem 2. Weltkrieg lebte er in der DDR, wo er das berühmte »Berliner Ensemble« gründete und leitete. Er starb in Berlin (Ost) am 14. 8. 1956. Zu seinen bekannteren Werken zählen Die Dreigroschenoper *(1928),* Leben des Galilei *(1938/39) und* Mutter Courage *(1939).*
Das hier von Brecht abgedruckte Gedicht ist der Gedicht- und Liedersammlung Die Hauspostille *(1927) entnommen, in der Brecht geistliche Lieder parodiert und mit atheistischen und antibürgerlichen Inhalten versieht.*

Hans Küng zählt zu den einflussreichsten Theologen der Gegenwart. In seinen Schriften Existiert Gott? *(1978) und* Ewiges Leben? *(1982) hat er sich darum bemüht, die christliche Lehre mit der Philosophie und den modernen Wissenschaften zu vereinbaren. Küng wurde 1928 in Sursee (Schweiz) geboren, studierte Theologie und Philosophie in Rom und Paris und war zunächst als praktischer Seelsorger tätig, bevor er 1960 Professor für katholische Theologie in Tübingen wurde. Wegen seiner kritischen Einstellung zur Lehrpraxis der katholischen Kirche wurde ihm 1979 die kirchliche Lehrbefugnis entzogen.*
Die beiden hier ausgewählten Texte von Küng sind der Schrift Ewiges Leben? *entnommen. Der erste ist eine »theologische Umkehrung« des zuvor abgedruckten Gedichts von Brecht. Im zweiten erläutert er die christliche Vorstellung von einer menschlichen Existenz nach dem Tod.*

Maurizio Cattelan, Liebe hält nicht ewig, 1997

Gegen Verführung

1 Laßt euch nicht verführen!
Es gibt keine Wiederkehr.
Der Tag steht in den Türen;
Ihr könnt schon Nachtwind spüren:
Es kommt kein Morgen mehr.

2 Laßt euch nicht betrügen!
Das Leben wenig ist.
Schlürft es in schnellen Zügen:
Es wird euch nicht genügen
Wenn ihr es lassen müßt!

3 Laßt euch nicht vertrösten!
Ihr habt nicht zu viel Zeit!
Laßt Moder den Erlösten!
Das Leben ist am größten:
Es steht nicht mehr bereit.

4 Laßt euch nicht verführen
Zu Fron und Ausgezehr!
Was kann euch Angst noch rühren?
Ihr sterbt mit allen Tieren
Und es kommt nichts nachher.

Bertolt Brecht

VI 6: Hans Küng: Begründetes Vertrauen auf ein ewiges Leben

Das ewige Leben erscheint zutiefst als eine Sache des *Vertrauens!* Hier genau liegt der entscheidende Knoten zur Lösung der Frage nach dem postmortalen[1] Leben: Dass ewiges Leben ist, kann nur in einem – in der Wirklichkeit freilich begründeten – *Vertrauen* angenommen werden. In einem vor der Vernunft verantworteten und deshalb *durchaus vernünftigen* Vertrauen! Dieses hoffende Vertrauen – darin der Liebe sehr ähnlich – ist keineswegs einfachhin Projektion, verfügt nicht über zwingende rationale Beweise, wohl aber über einladende vernünftige Gründe. [...]

Dieses vertrauende Sich-Einlassen auf einen letzten Sinn der gesamten Wirklichkeit und unseres Lebens, auf den ewigen Gott, auf ein ewiges Leben, wird im allgemeinen Sprachgebrauch zu Recht als *»Glauben«* an Gott, *an ein ewiges Leben* bezeichnet. Dabei geht es freilich um Glauben in einem weiten Sinn, der hier besser mit Vertrauen oder Hoffnung umschrieben wäre. Das heißt: ein solcher Glaube muss nicht notwendig von der biblischen Verkündigung provoziert sein; er ist grundsätzlich auch Nichtchristen und Nichtjuden möglich: Hindus[2], Konfuzianern[3], Buddhisten[4]... und natürlich erst recht Muslimen[5], die sich auf den (von der Bibel inspirierten) Koran[6] berufen.

Sobald die Frage in ihrer ganzen Tiefe für den Einzelnen aufbricht, wird eine freie – und keineswegs willkürliche – *Entscheidung unumgänglich.* Wie bei der Gottesfrage, so gilt auch in der Ewigkeitsfrage: Der Mensch hat sich zu entscheiden, ohne intellektuellen Zwang,

Lasst euch nicht verführen!
Es gibt eine Wiederkehr.
Der Tag steht in den Türen;
Ihr könnt schon Nachtwind spüren:
Es kommt ein Morgen mehr.

Lasst euch nicht betrügen!
Das Leben wenig ist.
Schlürft nicht in schnellen Zügen!
Es wird euch nicht genügen
Wenn ihr es lassen müsst!

Lasst euch nicht vertrösten!
Ihr habt nicht zu viel Zeit!
Fasst Moder die Erlösten?
Das Leben ist am größten:
Es steht noch mehr bereit.

Lasst euch nicht verführen
Zu Fron und Ausgezehr!
Was kann euch Angst noch rühren?
Ihr sterbt nicht mit den Tieren
Es kommt kein Nichts nachher.

Hans Küng

Hieronymus Bosch, Aufstieg zum ewigen Licht, um 1500

allerdings auch ohne rationalen Beweis. Ewigkeitsglaube oder »Zeitlichkeitsglaube«: beide sind ein Wagnis – beide ein Risiko. Wer wagt, gewinnt! Und wie bei der Gottesfrage, so gilt auch hier: Wer nicht wählt, wählt: Er hat gewählt, nicht zu wählen. Stimmenthaltung in einer Vertrauensabstimmung zum ewigen Leben bedeutet Vertrauensverweigerung, faktisch – wenn auch vielleicht nicht gewollt – ein Misstrauensvotum. [...]

Wie muss man sich die Auferweckung *vorstellen?* Antwort: überhaupt nicht! »Auferweckung« und »Auferstehen« sind metaphorische, bildhafte Termini, übernommen vom Aufwecken und Aufstehen aus dem *Schlaf.* Aber beim Aufwecken und Aufstehen aus dem *Tod*

1 postmortal: nach dem Tod.
2 Hindu: Anhänger des Hinduismus, der indischen Religion, die an die Wiedergeburt glaubt.
3 Konfuzianer: Anhänger der Lehre des chinesischen Philosophen K'ung-fu-tzu, auch Kung-fu-tse (lat. Form: Konfuzius) (ca. 551–479 v. Chr.), die in China zur beherrschenden Weltanschauung wurde.
4 Buddhist: Anhänger des Buddhismus, einer von Siddharta Gautama, genannt »Buddha« (ca. 560–480 v. Chr.) begründeten Lehre, die vor allem in Asien verbreitet ist und wie der Hinduismus an die Wiedergeburt glaubt.
5 Muslim: Anhänger der vornehmlich im Nahen Osten, in Afrika und in Asien verbreiteten, von Mohammed (570–632) begründeten Religion des Islam, die wie das Christentum an eine Auferstehung nach dem Tode glaubt.
6 Koran: heiliges Buch der Muslime, in dem die Lehre niedergelegt ist, die Mohammed als von Allah (= Gott) geoffenbart verkündet hat.

geht es nicht um die Rückkehr in den früheren Wachzustand des alltäglichen Lebens, sondern um die *radikale Verwandlung* in einen völlig anderen, unerhört neuen, endgültigen Zustand: das ewige Leben. Und da gibt es nichts auszumalen, vorzustellen, zu verobjektivieren[7]. Es wäre ja gar kein anderes Leben, wenn wir es mit den Begriffen und Vorstellungen aus unserem Alltagsleben anschaulich machen könnten, gleichsam als die Steigerung und Überbietung von Alltagswünschen und Sehnsüchten in einen paradiesisch ausgemalten Himmel. »Was keines Menschen Auge gesehen und kein Ohr gehört hat«: Weder unsere Augen und Ohren noch unsere Phantasie können uns hier weiterhelfen; sie können uns nur irreführen. Das neue Leben bleibt für uns erhoffbar, doch völlig *unanschaulich und unvorstellbar.*

Totaliter aliter[8], ganz anders: unsere Sprache stößt hier an Grenzen. So wie der Physiker versucht die unanschauliche Natur des Lichts im atomaren und subatomaren Bereich[9] mit gegensätzlichen Begriffen oder Bildern wie Welle und Korpuskel[10] und mit unanschaulichen mathematischen Formeln und Modellen zu umschreiben, so ähnlich können auch wir dieses ganz andere ewige Leben mit Bildern, Metaphern, Symbolen zu umschreiben versuchen oder aber gedanklich mit widersprüchlichen, paradoxen Begriffen, die für ein völlig anderes Leben verbinden, was in diesem Leben Gegensatz bleiben muss. Auch das Neue Testament greift in den Erscheinungsberichten zu solchen Paradoxen an der äußersten Grenze des Vorstellbaren: kein Phantom und doch nicht greifbar, erkennbar-unerkennbar, sichtbar-unsichtbar, fassbar-unfassbar, materiell-immateriell, diesseits und jenseits von Raum und Zeit. Und besonders Paulus[11] formuliert sehr zurückhaltend und arbeitet zur Umschreibung der Auferstehungswirklichkeit diskret mit paradoxen Chiffren[12], die selbst auf die Grenze des Sagbaren hinweisen: ein unvergänglicher »Geistleib«, ein »Leib der Herrlichkeit«, der durch die radikale »Verwandlung« aus dem vergänglichen Fleischesleib hervorgegangen ist und der so verschieden ist wie die Pflanze vom Samen.

Wenn Paulus von Auferweckung spricht, so meint er also gerade nicht in griechischer Weise die Unsterblichkeit einer Seele, die aus dem Kerker des sterblichen Leibes befreit werden müsste. [...] Körperliches und Seelisches sind nun einmal nie – nicht einmal im Traum – rein zu haben. Körperliche und seelische Eigenschaften werden, an die elterlichen Chromosomen[13] gebunden, jedem Individuum schon in die Wiege mitgegeben; jedem Bewusstseinszustand liegt von daher ein psycho-physischer[14] Prozess zugrunde. So sind Leib und Seele immer gleichzeitig gegeben und – die Psychologie legt darauf heute ebenso Gewicht wie die Medizin – als eine psycho-somatische Einheit. Wir haben uns daran gewöhnt, von unserem einen »Ich«, von der menschlichen »Person«, kurz eben vom einen »Menschen« zu reden; denn es ist ja der eine ganze Mensch, der empfindet, denkt, will, leidet, handelt.

7 verobjektivieren: eine Idee oder Auffassung so formulieren, dass sie von jedermann beobachtet oder nachgeprüft werden kann.

8 totaliter aliter: (lateinisch) »völlig anders«.

9 subatomarer Bereich: wörtl. Bereich »unterhalb« der Atome, umfasst die Elementarteilchen, aus denen die Atome zusammengesetzt sind.

10 Korpuskel: wörtl. »Körperchen«, Partikel, Elementarteilchen.

11 Paulus: (ca. 10–64 n.Chr.), zunächst ein jüdischer Gegner, später ein Anhänger der Lehre des Jesus von Nazaret, wurde zum wichtigsten Verkünder und Interpreten des frühen Christentums.

12 Chiffre: verschlüsseltes Bild.

13 Chromosom: Bestandteil der Zellkerne und Träger der Erbanlagen.

14 psycho-physisch, psycho-somatisch: seelisch-leiblich.

So ist nun offenkundig, dass biblisches und heutiges anthropologisches Denken in der Auffassung vom Menschen als einer leib-seelischen Einheit konvergieren[15], was auch für die Frage eines Lebens nach dem Tode von entscheidender Bedeutung ist. Wenn das Neue Testament von Auferweckung spricht, dann nicht von der natürlichen Fortdauer einer von unseren leiblichen Funktionen unabhängigen Geist-Seele. Es meint dann vielmehr – auf der Linie jüdischer Theologie – die *Neuschaffung, Verwandlung des ganzen Menschen durch Gottes lebenschaffenden Geist.* Der Mensch wird also nicht – platonisch[16] – aus seiner Leiblichkeit erlöst. Er wird *mit* und *in* seiner – nun verherrlichten, vergeistigten – Leiblichkeit erlöst: eine Neuschöpfung, ein neuer Mensch. Ostern ist nicht ein Fest der Unsterblichkeit, eines Postulats[17] der praktischen Vernunft, sondern ist ein Christusfest, das Fest des verherrlichten Gekreuzigten.

Also doch eine *leibliche Auferstehung*, eine Auferweckung des Menschen mit seinem Leib? Nein und ja. Nein, wenn man unter »Leib« physiologisch den jeweiligen Körper versteht, den »Leichnam«, die »Reliquien«. Ja, wenn »Leib« im Sinn des neutestamentlichen »Soma« weniger physiologisch als personal verstanden wird: als die identische personale Wirklichkeit, dasselbe Ich mit seiner ganzen Geschichte. [...]

VI 7: Epikur: Der Tod ist für uns ein Nichts

Epikur war der Begründer einer der bekanntesten, aber auch verfemtesten Philosophenschulen der Antike. Den sogenannten »Epikureern« wurde vorgeworfen, die Lust zum obersten Lebensprinzip zu machen und einen unmoralischen Lebenswandel zu propagieren. In der Tat war Epikur Materialist und Sensualist: Er vertrat die These, dass die Welt aus dem Zusammenprall von Atomen entstanden ist und dass die sinnliche Erfahrung Quelle aller Erkenntnis ist. Auch in seiner Ethik war die sinnliche Erfahrung das entscheidende Prinzip. Um Glück, d.h. den Zustand der Seelenruhe erreichen zu können, sollte man nach Epikur »Freude« zum Maßstab des Handelns machen und schmerzliche Erfahrungen meiden. Dazu gehörte für ihn auch sich von der Furcht vor den Göttern und vor dem Tod zu befreien. Für Epikur bestand Freude in der Erfüllung menschlicher Grundbedürfnisse wie Kleidung und Nahrung. Anders als seine Gegner ihm unterstellten, lehnte er jede Art der Ausschweifung ab.

Epikur selbst wurde 341 v.Chr. auf der griechischen Insel Samos geboren. Im Jahre 306 v.Chr. ließ er sich in Athen nieder und sammelte unter dem Namen »Der Garten« eine Gemeinschaft von Schülern um sich. Er starb 271 v.Chr. in Athen. Von seinen Schriften ist nur ein kleiner Teil der Nachwelt erhalten geblieben.

Der folgende Text ist Epikurs Brief an Menoikeus *entnommen, einem Lehrbrief an einen seiner Schüler, dem er die Prinzipien einer vernünftigen Lebensführung erläutert.*

15 konvergieren: zusammentreffen, übereinstimmen.

16 platonisch: im Sinne der Lehre des griechischen Philosophen Platon (427–347 v.Chr.), nach der die materielle Welt vergänglich und nur die Welt des Geistes, der »Ideen«, ewig ist.

17 Postulat: Forderung.

Gewöhne dich an den grundlegenden Gedanken, dass der Tod für uns ein Nichts ist. Denn alles Gute und alles Schlimme beruht darauf, dass wir es empfinden. Verlust aber dieser Empfindung ist der Tod. Deshalb macht die rechte Erkenntnis, dass der Tod für uns ein Nichts ist, die Sterblichkeit des Lebens zu einer Freude; sie fügt nicht nach dem Tode eine grenzenlose Zeit hinzu, sondern tilgt in uns die Sehnsucht nach der Unsterblichkeit. Für den, der recht begriffen hat, dass es im Nichtleben nichts Schreckliches gibt, für den gibt es ja auch im Leben nichts Schreckliches. Daher ist ein Tor, wer da erklärt, er fürchte den Tod nicht, weil er Leid zufügen werde, wenn er da sei, sondern weil er Leid zufüge, da er bevorstehe. Es ist unsinnig zu glauben, was nicht beunruhige, wenn es da sei, werde Leid zufügen, weil es zu erwarten sei.

So ist also der Tod, das schauervollste Übel, für uns ein Nichts; wenn wir da sind, ist der Tod nicht da, aber wenn der Tod da ist, sind wir nicht mehr. Er geht also weder die Lebenden noch die Gestorbenen an; für die einen ist er ja nicht vorhanden, die andern aber sind für ihn nicht mehr vorhanden. Die große Menge freilich flieht den Tod bald als das größte Übel, bald sehnt sie ihn herbei als ein Ausruhen von den Mühsalen des Lebens. Der Weise jedoch weicht weder dem Leben aus, noch fürchtet er das Nichtleben. Das Leben ist ihm nicht zuwider, noch hält er das Nichtleben für ein Übel. Wie er bei der Speise nicht die größere Menge, sondern das Wohlschmeckendste vorzieht, so will er sich nicht eines möglichst langen, sondern eines möglichst angenehmen Lebens erfreuen.

VI 8: Robert Nozick: Vermutungen über ein mögliches Dasein nach dem Tod

Robert Nozick ist einer der bekanntesten amerikanischen Philosophen der Gegenwart. Als Vertreter eines extremen Neoliberalismus hat er sich vor allem durch seine politische Philosophie einen Namen gemacht.
Robert Nozick wurde 1938 im New Yorker Stadtteil Brooklyn geboren und war seit 1969 Professor für Philosophie an der Harvard Universität in Cambridge/Massachusetts. Er starb 2002. In seinem Hauptwerk Anarchie, Staat, Utopie *(1974) fordert er, auf der Grundlage der Menschenrechte die Aufgaben des Staates auf das Nötigste zu beschränken und die individuellen und privaten Spielräume des Bürgers erheblich zu erweitern.*
Der folgende Text ist in dem Buch Vom richtigen, guten und glücklichen Leben *(1989) enthalten, in dem Nozick zahlreiche Essays zu Problemen des Alltags, der Existenz und der Lebensführung gesammelt hat.*

Wir zögern zu glauben, dass alles, was wir sind, im Tode ausgelöscht wird; wir reichen, so scheint es uns, tiefer als bis zu dem Punkt, der das bloße Aufhören von Leben markiert. Doch das, was über ein »Fortleben« geschrieben wird und was man dafür an Beweisen anbietet, wirkt kindisch. Vielleicht ist das, was möglicherweise weiterbesteht, nicht in der Lage, mit uns in Verbindung zu treten, oder es hat Wichtigeres zu tun, oder es denkt, wir werden es sowieso früh genug herausfinden – wieviel Energie verwenden *wir* denn darauf, Embryos[1] zu signalisieren, dass da noch ein Bereich kommt?

1 Embryo: Entwicklungsstadium des Menschen vor der Geburt bis zum Ende des dritten Schwangerschaftsmonats.

Liegender Buddha – Eingehen ins Nirwana, Polonnaruwa, Sri Lanka, um 1200

Wenn der Tod keine Auslöschung wäre – *wenn* –, wie wäre er dann beschaffen? (Selbst wenn wir denken, dass Nichtauslöschung äußerst unwahrscheinlich ist, können wir darüber spekulieren, was dann käme, vorausgesetzt oder angenommen, diese Unwahrscheinlichkeit träte ein.) Meine Vermutung – nicht besser als die jedes anderen – ist, dass er in seinem Charakter eher meditativen Zuständen in der hinduistischen oder buddhistischen[2] Tradition ähneln würde, verbunden mit bewussten Zuständen, vielleicht unter Einbeziehung von Bildeindrücken (aber nicht von physischen Wahrnehmungen), ein Zustand, der etwas Ähnliches wie *samadhi*[3], Nirvana[4] oder Erleuchtung ist.

Oder vielleicht befindet sich jeder Mensch im Tode fortwährend in dem höchsten und wirklichsten Zustand, den er während seines Lebens ohne Hilfe von Chemikalien oder ähnlichen Dingen verbürgterweise erreicht hat. Ist die Erkenntnis hiervon der Grund, weshalb Meditationsmeister (angeblich) dem Tod mit Gelassenheit und Gleichmut begegnen? Oder vielleicht ist das Fortleben keine dauernde Unsterblichkeit, sondern mehr wie ein zeitweiliges Echo des Lebens, auf das es folgt, etwas, das verklingt, sofern dann nicht weitere Schritte unternommen werden, um es zu organisieren und zu entwickeln.

Nichtauslöschung ist aus dieser Sicht nicht ungetrübt erfreulich; ein Mensch kann sterben, bevor er das höchste Bewusstsein erreicht, zu dem er fähig ist, oder er kann sich durch seine eigenen Entscheidungen auf Dauer zu einem niederen Zustand verdammen. Ständig im *höchsten* Zustand zu verweilen, den man gesichert erreichen konnte, ist jedoch eine erfreulichere Aussicht, als dauernd im niedrigsten oder in einem durchschnittlichen Zustand zu verharren. In jedem Fall würden wir es zweifellos begrüßen, wenn es noch eine zusätzli-

2 hinduistisch, buddhistisch: sich auf die asiatischen Religionen des Hinduismus und Buddhismus beziehend, in denen Formen der Versenkung, der Meditation eine große Rolle spielen.

3 samadhi: im Buddhismus und in den Übungen des Yoga der Zustand der Versenkung.

4 Nirvana: auch »Nirwana« oder »Nibbana«, wörtl. »Verlöschen«, im Buddhismus Befreiung des Bewusstseins vom Leiden und endgültige Aufhebung der individuellen Existenz.

William Hogarth, Das Ende oder der Tiefpunkt, 1764

che Chance gäbe – es wäre eine Ironie, wenn wir eine bekämen, aber, da uns nicht klar wäre, dass es eine zweite Chance ist, sie genau wie die erste vorübergehen ließen.

Es könnte schön sein einer solchen Theorie zu glauben, aber ist die Wirklichkeit nicht sachlicher? Dieses Leben ist die einzige Existenz, die es gibt; danach gibt es nichts. Selbst wenn ich über den Tod nachdenke, finde ich es angenehmer, über eine heitere Alternative zu spekulieren, und ich neige dazu, zu einem Viertel zu glauben, dass die Dinge so sind oder dass wir jedenfalls auf dieser Basis leben sollten. Selbst bei der sachlicheren Sicht zögere ich, es einfach *finis*[5] zu nennen; ich möchte zumindest sagen, dass es *immer* der Fall sein wird, dass wir waren, was wir waren, und das Leben führten, das wir führten; und dass unser Leben eine permanente Möglichkeit werden kann, auf die sich andere beziehen können.

Ich frage mich manchmal, ob es nicht ein Zeichen von Oberflächlichkeit ist, wenn man keinen Sinn für eine dunkle oder tragische Sicht hat. Doch können nicht sehr verschiedene Temperamente gleichberechtigt sein? Von den großen Komponisten hat jeder einen einzigartigen Wert; wir haben nicht den Wunsch, dass einer von ihnen im Stil eines anderen komponiert hätte. Es gibt einen legitimen Spielraum auch für uns andere.

5 finis: (lateinisch) »Ende«.

Nichtfortleben ist düster, aber auch Unsterblichkeit kann sich mit dunkleren Visionen verbinden. Hier ist eine, die gegenwärtig wie Sciencefiction klingt. Eines Tages werden Computerprogramme in der Lage sein die intellektuelle Seinsweise, das Persönlichkeitsmuster und die Charakterstruktur eines Menschen zu erfassen, sodass spätere Generationen wieder darauf zurückgreifen können. Auf diese Weise wäre eine der beiden Seiten der Unsterblichkeit verwirklicht: dass man als kohärentes[6] Muster einer individuellen Persönlichkeit, das ein anderer wahrnehmen kann, fortexistiert. Und die andere Seite, dass man weiter Dinge erfährt und handelt, ließe sich teilweise gewinnen, wenn das Programm, das eine Person zusammenfasst, dazu veranlasst würde, einen Computer zu lenken, der in der Welt agiert. Solche Unsterblichkeit brauchte jedoch nicht völlig ein Segen zu sein. Genau wie die Ideen eines Menschen missbraucht oder vulgarisiert[7] werden können, könnten auch spätere Kulturen die individuelle Persönlichkeit eines Menschen ausbeuten oder missbrauchen und sie dazu mobilisieren, Vorhaben und Zielen zu dienen, zu denen sich der Mensch nie hergegeben hätte, als er in Fleisch und Blut lebendig war. Und es kann sein, dass es nicht einfach um die »individuelle Persönlichkeit« geht. Wenn »Ihre« Programme einem Organismus eingepflanzt und dann Erfahrungen in ihm erzeugt würden, wären *Sie* es dann nicht, der diese Erfahrungen hätte? Künftige Kulturen könnten dann am Ende die Schöpfer von Himmel und Hölle sein, indem sie einfach Wüsten parzellierten[8].

FORUM

Zur Texterschließung

1 | Welchen Vorschlag macht der Chirurg Landy seinem Patienten William in der Erzählung von Roald Dahl?

2 | Welche Vorteile und welche Nachteile sieht William in einem solchen Vorschlag?

3 | Worin besteht nach Brecht die »Verführung«, gegen die sich sein Gedicht richtet?

4 | Welche Bedeutung erhält dagegen das Wort »Verführung« in der veränderten Version Küngs?

5 | Welche Schlussfolgerung sollte der Mensch nach Brecht aus einer realistischen Sicht des Lebens ziehen? Welche gegenteilige Schlussfolgerung zieht Küng?

6 | Was kann den Menschen nach Küng dazu bewegen, an die Unsterblichkeit zu glauben?

7 | Wie deutet und erklärt Küng die christliche Vorstellung einer »Auferstehung zu einem ewigen Leben«?

8 | Wie steht Küng zur Frage der Unsterblichkeit der Seele?

9 | Was meint Epikur, wenn er sagt, der Tod sei ein Nichts?

10 | Welche Haltung sollte der Weise nach Epikur gegenüber dem Tod und gegenüber dem Leben einnehmen?

11 | Wie könnte man sich nach Nozick eine Weiterexistenz nach dem Tod vorstellen?

12 | Welches ist nach Nozick die »sachliche Sicht« gegenüber einem Leben nach dem Tod?

13 | Welche »Sciencefiction«-Version vom Fortleben nach dem Tod entwirft Nozick?

6 kohärent: in sich stimmig.

7 vulgarisieren: ins Vulgäre, Banale ziehen.

8 parzellieren: in einzelne Stücke aufteilen.

Der Tod – Ende oder Neubeginn? – Zur Diskussion

1 | Welche Erfahrungen haben Sie selbst schon mit dem Tod und mit dem Sterben anderer Menschen gemacht? Welchen Einfluss haben solche Erfahrungen auf Sie selbst?

2 | Was halten Sie an dem Gehirnexperiment in der Geschichte von Dahl für realistisch und was für unrealistisch? Können Sie sich vorstellen, dass die Naturwissenschaft den Tod eines Tages abschaffen kann? Begründen Sie Ihre Meinung!

3 | Stellen Sie sich vor, man könnte, so wie Nozick es vorschlägt, Ihre Persönlichkeit als Computerprogramm neu erzeugen. Wäre dies für Sie eine angenehme oder unangenehme Vorstellung? Begründen Sie Ihre Meinung! Würde sich Ihrer Meinung nach eine identisch programmierte Persönlichkeit genauso verhalten wie Sie? Würde sich Ihre Biographie wiederholen? Begründen Sie Ihre Antwort!

4 | Was halten Sie von dem Argument Brechts, dass der Glaube an ein Jenseits nur eine Vertröstung ist, die den Menschen vom Diesseits abhält?

5 | Die Weltreligionen und philosophischen Traditionen haben ganz verschiedene Auffassungen von einem Leben nach dem Tod: Juden und Christen glauben an die Auferstehung der ganzen Person; die Griechen glaubten an ein Weiterleben der Seele; Hinduisten und Buddhisten glauben an eine Reinkarnation, d.h. an eine Wiedergeburt in einem neuen Körper bis zur Erlösung, dem Ausscheiden aus dem Kreislauf der Wiedergeburten und der Erfahrung des Einsseins mit dem Absoluten bzw. dem Erlöschen im Nirwana. Welche dieser Vorstellungen halten Sie für wahrscheinlich? Welche sagt Ihnen am meisten zu?

6 | Stellen Sie sich vor, Sie hätten nur noch ein Jahr zu leben. Was würden Sie in dem verbleibenden Jahr mit Ihrem Leben machen?

7 | Stellen Sie sich ebenfalls vor, Sie könnten unsterblich werden und dürften sich das Alter auswählen, an dem der Alterungsprozess stehen bleibt. Welches Alter würden Sie wählen und warum? Welche Folgen hätte die Unsterblichkeit für Ihre Lebensplanung?

William Blake, Die über dem Körper schwebende Seele, Anfang 19. Jh.

Das Verhältnis von Körper und Geist als philosophisches Problem

Den frühen Griechen war die Vorstellung einer vom Körper wesentlich verschiedenen Seele zunächst fremd. Unter Seele, griech. »Psyche«, verstanden sie vielmehr den Atem oder Hauch, wodurch sich belebte Wesen von toten Körpern unterscheiden. Für die griechische Philosophie wurde Seele dementsprechend zum Lebensprinzip, das die Bewegungen der Lebewesen erklären sollte. Die Vorstellung einer unkörperlichen Seele entwickelte erstmals der Mathematiker und Philosoph *Pythagoras* (580–500 v. Chr.). Unter dem Einfluss orientalischer Religionen vertrat er die Lehre von der Seelenwanderung, derzufolge der Körper die vorübergehende Wohnstätte, ja der Kerker der Seele ist und die Seele sich durch ein tugendhaftes Leben aus dem Kreislauf der Wiedergeburten befreien kann. Auch *Platon* (427–347 v. Chr.) schloss sich der Lehre von der Seelenwanderung an und entwickelte eine Reihe von Argumenten für die Unsterblichkeit der Seele (→ Info III, IV). So hat er etwa aus der Erfahrung, dass die Seele als erkennendes, denkendes Wesen in allem Erleben identisch bleibt, gefolgert, dass die Seele eine unkörperliche Einheit ist, die nicht weiter geteilt werden kann und daher unvergänglich sein muss. Auch *Aristoteles* (384–322 v. Chr.) hat die menschliche Seele, jedenfalls den für den Menschen charakteristischen vernünftigen Seelenteil (»Nous«), für unsterblich gehalten (→ Info III, IV). Für Platon und Aristoteles blieb die menschliche Seele dabei die höchste Form des Lebensprinzips, der »Psyche«. *Heraklit* (544–483 v. Chr.), die Stoiker und *Plotin* (205–270) haben zwar auch die Unsterblichkeit der Seele gelehrt, doch verstanden sie darunter nicht ein Fortdauern der Person mit ihren individuellen Eigenschaften, sondern vielmehr eine Rückkehr der Seele, gleichsam ihr Abtauchen in den unpersönlichen göttlichen Weltgrund. Jede Art von Unvergänglichkeit der Seele geleugnet haben die Materialisten *Demokrit* (ca. 460–371 v. Chr.) und *Epikur* (341-271 v. Chr.), da für sie die Seele lediglich ein Komplex von Atomen war, der sich im Tod auflöst.

Die Philosophie des christlichen Mittelalters war geprägt durch die Lehre von der Unsterblichkeit der Seele. Das Frühchristentum kannte zwar nur die biblische Lehre von der Auferstehung des Leibs, doch setzte sich unter dem Einfluss der Antike in der christlichen Philosophie seit *Augustinus* (354–430) die Lehre von der Trennung von Leib und Seele und die Vorstellung einer unsterblichen Seele durch. Im Unterschied zur antiken Auffassung war damit jedoch keine Seelenwanderungslehre verbunden. Die Seele hat als Geschöpf Gottes vielmehr einen Anfang und ihr Schicksal entscheidet sich in einem einzigen Leben. Im Hochmittelalter vertrat vor allem *Thomas von Aquin* (1225–1274) die Unsterblichkeitslehre und zählte sie zusammen mit den Lehren von der Willensfreiheit und der Existenz Gottes zu den durch Vernunft beweisbaren »natürlichen Wahrheiten«, also zu den Lehren, die nicht auf die Offenbarung der Bibel angewiesen sind. Im Spätmittelalter ging die Überzeugung von der rationalen Beweisbarkeit der christlichen Glaubenslehren merklich zurück.

Die für die Philosophie der Neuzeit maßgeblichen Positionen zum Leib-Seele-Problem entstanden im Anschluss an die Philosophie *René Descartes'* (1596–1650). Für Descartes sind Körper und Seele zwei verschiedene, unvergängliche Substanzen, die miteinander in Wechselwirkung stehen. Der Körper ist eine sog. »ausgedehnte Sache« (»res extensa«), die wie eine Maschine funktioniert, wohingegen die Seele eine unausgedehnte, unkörperliche Sache ist, die allein durch Denken bzw. Bewusstsein charakterisiert ist (»res cogitans«) (→ Info IV). Diese Verbindung eines *Leib-Seele-Dualismus* mit der Annahme einer *Wechselwirkung zwischen Körper und Geist* war in der nachfolgenden Philosophie sehr umstritten. Man bezweifelte, dass zwei völlig verschiedene Dinge aufeinander einwirken können. *Nicolas Malebranche* (1638–1715) und *Gottfried Wilhelm Leibniz* (1646–1716) ließen daher die These der Wechselwirkung fallen und gingen zu der Auffassung über, dass körperliche und seelische Prozesse aufgrund einer geheimnisvollen, von Gott installierten Ordnung (»prästabilierte Harmonie«) parallel ablaufen, ohne sich zu beeinflussen. Nach diesem »psycho-physischen Parallelismus« ist ein Schlag auf den Kopf nicht die Ursache von Kopfschmerzen, sondern der Schlag und seine körperlichen Folgen einerseits und die Folge der Schmerzzustände andererseits sind parallele Prozesse, die von Gott so eingerichtet sind, dass jedes seelische Erlebnis stets mit seinem körperlichen Gegenstück auftritt.

Andere Denker haben nicht bloß die Wechselwirkungsthese, sondern auch den Leib-Seele-Dualismus preisgegeben und stattdessen die Ansicht vertreten, dass Körper und Seele nicht wesentlich (»substantiell«) verschieden, sondern irgendwie »eins« sind. Dem Dualismus wurde damit der *Monismus* entgegengesetzt. Einen Monismus hat zunächst *Baruch de Spinoza* (1632–1677) vertreten. Für ihn sind Körper und Geist zwei Erscheinungsformen (»Attribute«) einer einzigen Substanz, die er zugleich als Gott und Natur begriff. Körper und Geist sind also ein und dieselbe Sache, die einmal psychisch (»von innen«) und einmal physisch (»von außen«) wahrgenommen wird (»Doppelaspektlehre«). Die Annahme, dass körperliche und seelische Prozesse zwei Seiten derselben Sache sind, bedeutet zugleich, dass es keine Wechselwirkung zwischen Leib und Seele gibt. Da die zugrunde liegende Substanz nach Spinoza neutral gegenüber Leib und Seele ist, bezeichnet man diese Auffassung auch als *neutralen Monismus*. Eine andere Form des Monismus ist der *Spiritualismus*, der alles Wirkliche als im Grunde geistig versteht. Die Materie ist sonach eine Erscheinungsform des Geistes. Vertreten wurde diese Position von *George Berkeley* (1685–1753) und *Georg Wilhelm Friedrich Hegel* (1770–1831), wobei Berkeley das Dasein der Materie überhaupt leugnete und alles Wirkliche als bloße Vorstellung deutete, während Hegel zwar eine vom Bewusstsein unabhängige materielle Außenwelt anerkannte, diese jedoch als Erscheinungsform eines göttlichen Geistes betrachtete. Die Gegenposition zum Spiritualismus ist der *Materialismus*, der alles Wirkliche als im Grunde materiell begreift. Bewusstsein, Geist und Seele sind danach Erscheinungsformen, Eigenschaften oder Funktionen der Materie. Vertreten wurde der Materialismus bereits von *Thomas Hobbes* (1588–1679), vor allem aber von den französischen Aufklärungsphilosophen *Julien Offray de Lamettrie* (1709–1751) und *Paul Heinrich Dietrich Baron von Holbach* (1723–1789). Lamettrie und Holbach betonten die Abhängigkeit des Bewusstseins von organischen Prozessen und behaupteten, dass es keine vom Körper unabhängige Seele gibt. Sie betrachteten den Menschen daher als Maschine und leugneten die Unsterblichkeit der Seele sowie die Existenz Gottes (→ Info IV). Auch *Immanuel Kant* (1724–1804) lieferte eine scharfe Kritik der traditionellen Unsterblichkeitsbeweise, indem er bestritt, dass irgendeine Erfahrung einen Schluss auf ein Dasein nach dem Tod zulässt.

Zu Beginn der Philosophie der Moderne, im 19. Jahrhundert, hat *Gustav Theodor Fechner* (1801–1887) mit seiner sog. »Psychophysik« die Lehre Spinozas erneuert, dass Körper und Geist zwei Seiten derselben Sache sind. *Karl Marx* (1818–1883), *Friedrich Engels* (1820–1895) und später *Lenin* (1870–1924) haben im sog. »dialektischen Materialismus« die Ansicht vertreten, dass die Kultur der »Überbau« der sozio-ökonomischen Verhältnisse und der Geist eine Erscheinungsform der Materie ist. Als eine gemäßigte Form des Materialismus kann man den von *Thomas Henry Huxley* (1825–1895) vertretenen *Epiphänomenalismus* (nach griech. »epiphainesthai« = dabei erscheinen) betrachten. Nach dieser Auffassung ist Geist eine unselbständige Begleiterscheinung physischer Prozesse, die jedoch für das Verhalten des Menschen ebenso unbedeutend ist wie das Pfeifen für das Fahren einer Lokomotive.

Im 20. Jahrhundert wurde die Diskussion des Leib-Seele-Problems im Logischen Empirismus und vor allem in der Analytischen Philosophie fortgeführt. Klar dominiert haben dabei materialistische Positionen. Die am meisten vertretene Form des Materialismus ist die *Identitätstheorie,* die von *Moritz Schlick* (1882–1936) und *Herbert Feigl* (1902–1988) entwickelt wurde. Nach dieser Auffassung sind Bewusstseinsprozesse schlicht identisch mit bestimmten Gehirnprozessen, sodass sich alles menschliche Verhalten zuletzt in physikalischen Begriffen beschreiben lässt (»Physikalismus«). Andere Versionen des Materialismus haben *Willard v. O. Quine* (1908–2000), *Hilary Putnam* (geb. 1926) und *Paul Feyerabend* (1924–1994) vertreten. Neben den Materialisten gab es aber auch einige Anhänger des Dualismus. Der bedeutendste ist *Karl R. Popper* (1902–1994). Wie Descartes nimmt Popper an, dass körperliche und seelische Prozesse grundverschieden sind und miteinander in Wechselwirkung stehen, aber im Gegensatz zu Descartes betrachtet Popper die Seele nicht als eine unvergängliche Substanz. Sein Leib-Seele-Dualismus kennt daher keinen Dualismus von Substanzen, sondern von Prozessen. Da die Annahme einer psycho-physischen Wechselwirkung nach Popper unverzichtbar ist, um ein angemessenes Verständnis des Menschen zu erreichen, bezeichnet er seine Position auch als *Interaktionismus.*

Obwohl das Leib-Seele-Problem im Logischen Empirismus und in der Analytischen Philosophie eine breite Diskussion erfahren hat, wurde jedes Nachdenken über ein Leben nach dem Tod lange Zeit als wissenschaftlich unhaltbare, ja als »sinnlose« Spekulation strikt abgelehnt. Doch gerade in der jüngsten Vergangenheit wurde dieses Thema wieder entdeckt. So haben die amerikanischen Philosophen *Thomas Nagel* (geb. 1937) und *Robert Nozick* (1938–2002) Überlegungen und Spekulationen über den Tod und ein mögliches Dasein nach dem Tod angestellt.

Kleines Stichwortverzeichnis zur philosophischen Anthropologie

Tugend

Vernunft/Geist/Psyche

Aristoteles

Augustinus

J. O. de Lamettrie

Sigmund Freud

Max Scheler

Arnold Gehlen

Schema zur Geschichte der Philosophischen Anthropologie

Antike

Sophisten/griechische Aufklärung: Wende zum Menschen
Protagoras (»Der Mensch ist das Maß aller Dinge«)

Klassische griechische Philosophie: Mensch als Teil einer vernünftigen Welt, Platon (Unsterblichkeit der Seele u. Herrschaft der Vernunft), Aristoteles (Mensch als »gesellschaftliches Lebewesen«)

Nachklassische Philosophie: Suche nach dem glücklichen Leben, Epikur (»Der Tod ist für uns ein Nichts.«)

Mittelalter

Frühes Christentum/Patristik: Abkehr des Menschen von der Welt, Sünde als Teil der menschlichen Natur
Augustinus (Mensch als böses, auf Gottes Gnade angewiesenes Wesen)

Hochmittelalter/Scholastik: Harmonie von Glaube und Vernunft, Thomas v. Aquin (Stellung des Menschen zwischen Tier und Gott).

Neuzeit

Der wissenschaftlich verstehbare Mensch: F. Bacon (Technikoptimismus: »Wissen ist Macht«), Descartes (Leib-Seele-Dualismus), Holbach (Materialismus), Lamettrie (»Mensch als Maschine«)

Der handelnde Mensch und seine Natur: Hobbes (»Der Mensch ist des Menschen Wolf.«), Rousseau (Kulturkritik: »Zurück zur Natur!«), Hume (Egoismus u. Wohlwollen als Grundantriebe des Menschen)

Der Mensch und der Fortschritt der Geschichte: Glaube der Aufklärung an Fortschritt des Menschen zu Humanität und Freiheit, Kant (Fortschritt als sittliche Aufgabe des Menschen), Hegel (unaufhaltsamer Fortschritt der Geschichte)

Moderne

Macht der Triebe und des Unbewussten: Schopenhauer (Lebenswille als Wesen des Menschen), Nietzsche (»Wille zur Macht«), Bergson (Lebensphilosophie), Freud (Psychoanalyse)

Moderne Philosophische Anthropologie: Scheler (Mensch als instinktarmes Geistwesen), Plessner (Selbstverwirklichung des Menschen in der Kultur), Gehlen (Mensch als organisches »Mängelwesen«)

Macht der Gesellschaft: Marx (Kultur als »Überbau« der Produktionsverhältnisse), Bloch (Neomarxismus), Horkheimer, Adorno, Marcuse, Habermas (Frankfurter Schule)

Betonung der Freiheit des Individuums in der Existenzphilosophie: Heidegger, Jaspers, Sartre (»Wir sind zur Freiheit verurteilt«)

Leib-Seele-Debatte in der Analytischen Philosophie: Quine (Materialismus), Popper (Dualismus)

Kleines philosophisches Personenregister

Adorno, Theodor W. (1903–1969), Kulturkritiker und ein Hauptvertreter der neomarxistischen Frankfurter Schule.
- Kulturkritik an der modernen Industriegesellschaft: Info V.
- Kritik an moderner Technik: Info II.

Anders, Günter (1902–1992), Kulturkritiker, Essayist und Philosoph.
- »Antiquiertheit der Arbeit«: Info I.

Apuleius (125–170/180), Dichter und Philosoph der Spätantike.
- Leben und Werk: Einf. IV 4.
- »Platons Lehre von der Herrschaft der Vernunft«: IV 4.

Arendt, Hannah (1906–1975), politische Philosophin und Kritikerin totalitärer Diktaturen.
- Unterscheidung von Arbeit, Herstellen und Handeln: Info I.
- Banalität des Bösen: Forum III 4–5.

Aristoteles (384–322), neben Platon der bedeutendste und einflussreichste griechische Philosoph.
- Leben und Werk: Einf. V 4.
- Arbeit als niedere körperliche Tätigkeit: Info I.
- Unsterblichkeit der Seele: Info IV, Info VI.
- Herrschaft der Vernunft über die Triebe: Info IV.
- Nähe des Menschen zu den Göttern: Info VI.
- »Der Mensch als gesellschaftliches Lebewesen«: Text V 4, Text V 6, Info V.
- Begriff der »techne«: Info II.

Augustinus, Aurelius (354–430), Kirchenvater und bedeutendster Philosoph des frühen Mittelalters.
- Der Mensch als von Natur aus böse: Info III, Info IV.
- Unsterblichkeit der Seele: Info VI.

Bacon, Francis (1561–1626), englischer Politiker, Philosoph und Essayist. Begründer der naturwissenschaftlich-empirischen Methode.
- Mensch als Erforscher der Welt: Info III.
- Technische Unterwerfung der Natur durch den Menschen: Info II.

Baudrillard, Jean (1929–2007), französischer Philosoph der Postmoderne.
- Arbeit als Quelle menschlicher Entfremdung: Info I.

Bergson, Henri (1859–1941), französischer Philosoph und Vertreter der Lebensphilosophie.
- Kritik an der Technik: Info II.

Berkeley, George (1685–1753), anglo-irischer Philosoph, Vertreter des Empirismus.
- Materie als Erscheinungsform des Geistes: Info VI.

Bloch, Ernst (1885–1977), neomarxistischer deutscher Philosoph.
- Leben und Werk, Einf. I 8.
- »Nichtstun ist ungenießbar«: Text I 8.
- Optimistisches Menschenbild: Info III.
- Technik als Mittel zum Fortschritt: Info II.

Bruno, Giordano (1548–1600), italienischer Renaissancephilosoph.
- Mensch als Erforscher der Welt: Info III.

Calvin, Jean (1509–1564), radikaler Schweizer Reformator.
- Arbeitsproduktivität als Zeichen göttlicher Erwähltheit: Info I.

Cioran, Emil Michel (1911–1995), rumänisch-französischer Essayist, Vertreter eines radikal pessimistischen Menschenbildes.
- Neigung zum Bösen im Menschen: Info III.

Condorcet, Marie Jean Antoine Nicolas Caritat (1743–1794), französischer Aufklärungsphilosoph.
- Entwicklung des Menschen zur Vervollkommnung: Info II, Info III.

Spengler, Oswald (1880–1936), Vertreter einer pessimistischen Geschichtsphilosophie.
– Geschichte als zyklische Abfolge von Kulturen: Info V.

Spinoza, Baruch de (1632–1677), Vertreter des Rationalismus.
– Körper und Geist als Erscheinungsformen einer einzigen Substanz: Info VI.

Teilhard de Chardin, Pierre (1881–1955), christlicher Philosoph und Evolutionstheoretiker.
– Mensch als Träger des göttlichen Prinzips: Info III.

Thomas v. Aquin (1225–1274), bedeutendster Philosoph der mittelalterlichen Hochscholastik.
– Geistige Arbeit als höchste Form der Arbeit: Info I.
– Stellung des Menschen zwischen Tier und Gott: Info IV.
– Mensch als gesellschaftliches Wesen: Info V.
– Unsterblichkeit der Seele: Info VI.

Toynbee, Arnold Joseph (1889–1975), englischer Geschichts- und Kulturphilosph.
– Geschichte als zyklische Abfolge von Kulturen: Info V.

Unamuno, Miguel de (1864–1936), spanischer Dichter, Essayist und Philosoph.
– Leben und Werk: Einf. I 3.
– Muße als Lebensform: Text I 3.

Vico, Giambattista (1668–1744), italienischer Geschichtsphilosoph der Aufklärung.
– Geschichte als zyklische Abfolge von Kulturen: Info V.

Voltaire, eigentlich Francois-Marie Arouet (1694–1778), populärster Vertreter der Französischen Aufklärung.
– Pessimistisches Menschenbild: Text III 5.
– Kulturgeschichte als Weg von der Barbarei zur Zivilisation: Info V.

Weber, Max (1864–1920), Mitbegründer der modernen Soziologie.
– Zusammenhang zwischen protestantischer Ethik und kapitalistischer Arbeitsauffassung: Info I.
– auf Gelderwerb angelegte Existenz: Text V 6.

Wolff, Christian (1679–1754), deutscher Philosoph der Aufklärung und Vertreter des Rationalismus.
– Fähigkeit des Menschen zur Vervollkommnung: Info III.

Textverzeichnis

10–11 Jean-Jacques Rousseau, Emil oder Über die Erziehung, Schöningh Verlag, Paderborn 1971, S. 191–193. Übersetzung: Ludwig Schmidts.

11–12 Jean de La Fontaine, Fabeln, Goldmann Verlag, München 1996, S. 22. Übersetzer: Jürgen von Stackelberg.

12–14 Miguel de Unamuno, Die Produktivität des Müßiggangs aus: ders., Plädoyer des Müßiggangs, Literaturverlag Droschl, Graz-Wien 1996. Übersetzung: Erna Pfeiffer.

15–17 Karl Marx, Arbeit und ihre Rolle in der kapitalistischen Gesellschaft, aus: ders., Das Kapital, Bd. 1, S. 192–200, und Bd. 3, S. 828, Europäische Verlagsanstalt, Frankfurt a. M. 1968.

17–20 André Gorz, Weniger Arbeit und mehr freie Zeit?, aus: Abschied vom Proletariat, Europäische Verlagsanstalt, Frankfurt a. M. 1988, S. 123–131. Übersetzung: Heinz Abosch.

20–22 Jürgen Heinichen, Arbeitslosigkeit als Verlust, aus: ders., Arbeit und Arbeitslosigkeit. Erfahrungen mit Betroffenen, S. 61–67, in: Hilmar Hoffmann/Dieter Kramer (Hrsg.), Arbeit ohne Sinn? Sinn ohne Arbeit, Beltz Verlag, Weinheim 1994.

23–24 Luciano de Creszenzo, Die griechische Lebensform des »Agorazein«, aus: ders., Geschichte der griechischen Philosophie. Die Vorsokratiker, Diogenes Verlag, Zürich 1985, S. 9–11. Übersetzung: Linde Birk.

25–27 Ernst Bloch, Nichtstun ist ungenießbar, aus: ders., Spuren, Suhrkamp Verlag, Frankfurt a. M. 1985, S. 99–103.

32–33 Protagoras, aus: Die Vorsokratiker, hrsg. und übersetzt von Wilhelm Capelle, Alfred Kröner Verlag, Stuttgart 1968, S. 336–340.

34–36 Arnold Gehlen, Die Seele im technischen Zeitalter, Rowohlt Taschenbuch Verlag, Hamburg 1957, S. 7–10.

37–38 Hans Lenk/Günter Ropohl, Einführung. Technik zwischen Können und Sollen, in: Technik und Ethik, hrsg. von Hans Lenk/Günter Ropohl, Reclam Verlag, Stuttgart, 1987, S. 5–7.

40–42 Goethe, Faust – Zweiter Teil, zweiter Akt, Laboratorium (6819–6884).

43–45 Philip Kitcher, zit. n.: Der Tagesspiegel, 2. November 1998. Übersetzung: Ursula Grützmacher-Tabori.

51–53 Max Scheler, Die Stellung des Menschen im Kosmos, Francke Verlag, Bern und München ^{8}1975, S. 36–38, 55.

53–55 Karl Jaspers, Einführung in die Philosophie, Piper Verlag, München 1971, S. 50–52.

56–57 Burrhus F. Skinner, Jenseits von Freiheit und Würde, Rowohlt Verlag, Reinbek 1973, S. 21, 32, 205f. Übersetzung: Edwin Ertmann.

58–59 Walter Schulz, Philosophie in der veränderten Welt, Neske Verlag, Pfullingen 1972, S. 719ff.

60–62 Benjamin Korn, in: Der Tagesspiegel, 24. Mai 1998.

68–69 Udo Rauchfleisch, Allgegenwart von Gewalt, Vandenhoeck & Ruprecht, Göttingen 1992, S. 37f., 58, 60.

70–72 Konrad Lorenz, Das sogenannte Böse. Zur Naturgeschichte der Aggression, dtv, München 1974, S. 36, 37, 48f., 55f., 58. Originalquelle: Dr. G. Barotha-Schoeler Verlag, Wien 1963.

73–75 Erich Fromm, Anatomie der menschlichen Destruktivität, Deutsche Verlags-Anstalt, Stuttgart 1974, S. 3–5, 7–9. Übersetzung: Liselotte und Ernst Mickel.

77 Apuleius, Platon und seine Lehre, Verlag Hans Richarz, Sankt Augustin 1981, S. 38–46. Übersetzung: Karl Albert.

78–81 Sigmund Freud, (1) Vorlesungen zur Einführung in die Psychoanalyse, Fischer Taschenbuch Verlag, Frankfurt a. M. 1977, S. 226; (2) Abriss der Psychoanalyse, Fischer Taschenbuch Verlag, Frankfurt a. M. 1977, S. 9–12, 54; (3) Das Unbehagen in der Kultur, Fischer Taschenbuch Verlag, Frankfurt a. M. 1977, S. 102.

82–83 Dieter E. Zimmer, Tiefenschwindel, Die endlose und die beendbare Psychoanalyse, Rowohlt Verlag, Reinbek 1986.

84–89 Bernhard Rensch, Das universale Weltbild. Evolution und Naturphilosophie, Wissenschaftliche Buchgesellschaft, Darmstadt ^{2}1991, S. 111, 120–122.

89–91 Arnold Gehlen, Anthropologische Forschung, Rowohlt Verlag, Reinbek 1961, S. 46–48.

92–94 Ulrich Horstmann, Das Untier. Konturen einer Philosophie der Menschenflucht, Suhrkamp Verlag, Frankfurt a. M., S. 71–73.

100–103 Will und Ariel Durant, Kulturgeschichte der Menschheit, Bd. 1: Will Durant, Der alte Orient und Indien, Ullstein Verlag, Frankfurt, Berlin/Wien 1981, S. 19–22. © Südwest Verlag, München.

104–105 Jürgen Habermas, »Philosophische Anthropologie«, in: ders., Kultur und Kritik, Suhrkamp Verlag, Frankfurt a. M. 1973, S. 105–108.

106–107 Herbert Schnädelbach, »Kultur«, in: E. Martens/H. Schnädelbach, Philosophie. Ein Grundkurs, Bd. 2, Rowohlt Verlag, Reinbek 1985, S. 515–517.

109–110 Aristoteles, Politik, 1253a, übersetzt und herausgegeben von Olof Gigon, dtv, München ^{5}1984, S. 49f. © Artemis Verlag, Düsseldorf.

112–114 Otfried Höffe, Sieben Thesen zur Anthropologie der Menschenrechte, in: ders. (Hrsg.), Der Mensch – ein politisches Tier? Essays zur politischen Anthropologie, Reclam Verlag, Stuttgart 1992, S. 190–197.

120–122 René Descartes, Meditationen, hrsg. von A. Buchenau, Felix Meiner Verlag, Hamburg 1972, S. 67, 74 (V I 17,36); Von der Methode, hrsg. von L. Gäbe, Felix Meiner Verlag, Hamburg 1971, S. 45–48 (V, 10–12).

122–124 Julien Offray de la Mettrie, Die Maschine Mensch, hrsg. von Claudia Becker, Felix Meiner Verlag, Hamburg 1991, S. 43, 95f., 123f., 137.

125–126 Karl R. Popper/John C. Eccles, Das Ich und sein Gehirn, Teil I von Karl R. Popper, Piper Verlag, München ^{5}1982, S. 21–23. Übersetzung: Willy Hochkeppel.

128–131 Roald Dahl, William und Mary, aus: ders., Küßchen, Küßchen! Elf ungewöhnliche Geschichten, Rowohlt Verlag, Reinbek 1962, S. 23–25, 34–35, 36f.

132	Bertolt Brecht, Gegen Verführung, in: Bertolt Brechts Hauspostille, Suhrkamp Verlag, Frankfurt a. M. o. J.
133	Hans Küng, Ewiges Leben?, Piper Verlag, München 1984, S. 63 f.
132–135	Hans Küng, ebd., S. 105 f., 142 f., 145 f.
136	Epikur, Schriften, Goldmanns Gelbe Taschenbücher, München o. J., 67 f. Übersetzung: Paul M. Laskowsky.
136–139	Robert Nozick, Vom richtigen, guten und glücklichen Leben, dtv, München 1993, S. 25–28. © Carl Hanser Verlag, München 1991. Übersetzung: Martin Pfeiffer.

Abbildungsnachweis

Umschlag:	Pablo Picasso, La vie (Das Leben), 1903. © Succession Picasso/VG Bild-Kunst, Bonn 1999.
10	Allan Ramsay, Jean-Jacques Rousseau, Edingburgh, National Gallery.
12	(l.) Pablo Picasso, Gitarre spielender Harlekin, 1918. © Succession Picasso/VG Bild-Kunst, Bonn 1999. (r.) René Magritte, Das gute Beispiel, 1953. © VG Bild-Kunst, Bonn 1999.
16	Foto: IFA, Düsseldorf.
18	Vincent van Gogh, Auf dem Weg zum Feld, 1890.
18/19	Adolf von Menzel, Eisenwalzwerk, 1875.
19	Foto: Bavaria, Düsseldorf.
25	Foto: dpa, Frankfurt a. M.
31	© Walter Hanel.
35	Foto: Misha Erwitt/›One digital day‹.
38	Jenny Holzer, Aus der Überlebensserie, 1987, © bei der Künstlerin.
39	Foto: Stern 1980.
42	Louise Brown 1978 und 1994. Foto: Rex/Marion Schweitzer, München.
44	Der Spiegel, Nr. 10, vom 3. März 1997.
50	René Magritte, Der bedrohte Mörder, 1927. © VG Bild-Kunst, Bonn 1999.
53	Karl Jaspers mit seiner Frau Gertrud. Foto: Peter Thomann.
54	René Magritte, Der Therapeut, 1937. © VG Bild-Kunst, Bonn 1999.
61	Max Beckmann, Die Nacht, 1918/19. © VG Bild-Kunst, Bonn 1999.
67	Max Ernst, Steinbock, 1948/64. © VG Bild-Kunst, Bonn 1999.
69	(l.) Gerhard Mester. (r.) Jan Tomaschoff.
70/72	Aus: Harenbergs Personenlexikon des 20. Jahrhunderts.
73	© Konk.
79	»Sigmund Freud« von Artzybasheff, © beim Künstler.
85	(M.) © 1997 Freunde der Bayerischen Staatssammlung für Paläontologie und historische Geologie München e.V.
87	Nach: Franz M. Wuketits, Naturkatastrophe Mensch. Evolution ohne Fortschritt, Patmos Verlag, Düsseldorf ²1998; FOCUS 39/1998.
88	Michael Sowa, Homo sapiens, © VG Bild-Kunst, Bonn 1999.
92–94	Aus: s. S. 87.
99	René Magritte, Das rote Modell, 1937. © VG Bild-Kunst, Bonn 1999.
102	Diego Riviera, Die große Stadt Tenochtitlán, 1929–44.
105	Salvador Dali, Geopolitisches Kind beobachtet die Geburt des neuen Menschen, 1943. © Demart pro Arte B.V./VG Bild-Kunst, Bonn 1999.
107	Foto: Barbara Klemm, Frankfurt.
115	Joseph Beuys, Mensch. © VG Bild-Kunst, Bonn 1999.
119	Edvard Munch, Am Totenbett, 1896. © The Munch Museum/The Munch Ellingsen Group/VG Bild-Kunst, Bonn 1999.
121	Erschaffung und Beseelung Adams, Mosaik, Basilica San Marco, Venedig.
124	Foto: Science Photo Library/Sam Odgen. FOCUS.
132	Maurizio Cattelan, Love Doesn't Last Forever (Liebe hält nicht ewig), 1997. © beim Künstler.
133	Hieronymus Bosch, Aufstieg zum ewigen Licht, Altarflügel (Ausschnitt), Venedig, um 1500.
137	Foto: Hitoshi Tamura.
138	William Hogarth, Tail piece, or The Bathos, 1764.
140	William Blake, Die über dem Körper schwebende Seele, Anfang 19. Jh.

1. Auflage 1999
Druck 14 13 12 11

Umschlaggestaltung: Volker Butenschön, Lüneburg
Printed in Germany
ISBN 978-3-7627-0323-5
www.oldenbourg-bsv.de